Die Freimaurerei in Russland

D1919853

Quellen und Darstellungen zur europäischen Freimaurerei

hrsg. von Helmut Reinalter

in Zusammenarbeit mit dem Institut für Ideengeschichte und
der Wissenschaftlichen Kommission zur Erforschung der Freimaurerei

Band 4

Erich Donnert

Die Freimaurerei in Russland

Von den Anfängen bis zum Verbot 1822

FB Geschichte
23. Aug. 2023
AUSGESCHIEDEN

R II 155/10

StudienVerlag
Innsbruck
Wien
München
Bozen

Mit Unterstützung der Stiftung zur Förderung der Masonischen Forschung in Köln.

Inv.-Nr. 971/2003

HISTORISCHES SEMINAR
PHILOSOPHISCHE FAKULTÄT
CHRISTIAN-ALBRECHTS-UNIVERSITÄT ZU KIEL
COMMUNE ARTIUM VINCULUM

Bibliografische Information Der Deutschen Bibliothek
Die Deutsche Bibliothek verzeichnet diese Publikation in der
Deutschen Nationalbibliografie; detaillierte bibliografische Daten
sind im Internet über http://dnb.ddb.de abrufbar.

ISBN 3-7065-1729-9

© 2003 by StudienVerlag Ges.m.b.H., Amraser Straße 118,
A-6020 Innsbruck
e-mail: order@studienverlag.at
homepage: www.studienverlag.at

Buchgestaltung nach Entwürfen von Kurt Höretzeder/Circus, Innsbruck
Umschlag: Studienverlag/Karin Berner
Satz: Studienverlag/Markus Glettner

Alle Rechte vorbehalten. Kein Teil des Werkes darf in irgendeiner Form (Druck, Fotokopie, Mikrofilm oder in einem anderen Verfahren) ohne schriftliche Genehmigung des Verlages reproduziert oder unter Verwendung elektronischer Systeme verarbeitet, vervielfältigt oder verbreitet werden.

Gedruckt auf umweltfreundlichem, chlor- und säurefrei gebleichtem Papier.

Inhalt

Einleitung

Freimaurerei und Aufklärung

Das Wirken von Freimaurerei und paramaurerischen Vereinigungen[1] im 18. und beginnenden 19. Jahrhundert stellt ein bedeutungsvolles Phänomen dar, das aus der europäischen Gesellschafts- und Kulturgeschichte nicht wegzudenken ist. Die erstaunlich rasche Ausbreitung masonischer und masonoider Logen und Bünde auf dem europäischen Festland hat insbesondere in den letzten Jahrzehnten die erhöhte Aufmerksamkeit der Forschung gefunden. Das anhaltende Interesse an diesem Vorgang hängt dabei sicherlich mit der geistigen Vielfalt und Mehrdimensionalität zusammen, die das Aufklärungszeitalter kennzeichnen.

Seit langem herrscht die Auffassung vor, dass Freimaurerei und paramaurerische Vereinigungen in der Periode der Frühen Neuzeit Sprösslinge der *Aufklärung* sind. Als solche haben sie die Aufklärung spürbar mitgeprägt. Die europäische Aufklärungsbewegung befand sich in ihrem Konstituierungs- und Selbstverständigungsprozess dabei nicht nur im Kulturraum des Christentums, sondern ebenso im Kraftfeld esoterischer Strömungen. In diesem Zusammenhang wird darauf aufmerksam gemacht, dass es im frühneuzeitlichen Verständnis von Aufklärung und *Esoterik*[2] keinen Widerspruch gab. Demgemäß gelte es zu beachten, dass das esoterische Denken, das *geheime Wissen*, in seinen Anwendungen und seinem Verhalten am Beginn der europäischen Neuzeit innovativen Charakter trug und gleich bedeutend mit einem neuen Wissensverständnis war. Diese Funktion der Esoterik erfuhr erst durch die Gesellschaft der Aufklärer, das heißt, in der Bewegung von Freimaurerei und Geheimbünden, ihre Verwirklichung. Größte Bedeutung kam dabei dem in den maurerischen Logen in Ansätzen entwickelten demokratischen Potential zu, das sich in einer ständischen Nivellierung, der Verwirklichung der gesellschaftlichen Gleichheit und des humanistischen Prinzips „Mensch unter Menschen" manifestierte. Es waren Freimaurer, die die Losung „Freiheit, Gleichheit, Brüderlichkeit" prägten. Erst am Anfang des Aufklärungszeitalters wurde die Verbindung von vormoderner Esoterik und neuzeitlicher Vernunft überwunden.

Als keineswegs deckungsgleiche Bewegungen standen Aufklärung und Esoterik in der Frühen Neuzeit zueinander in einem Spannungsverhältnis gegenseitiger Anregung, war doch nicht jedwede Esoterik „aufgeklärte Esoterik". Daraus wurde deutlich, dass das Säkulum der Aufklärung erkennbare Züge vorangegangener Geschichtsepochen trug und in seinen geistigen Inhalten noch tief in esoterischen Denkhaltungen der Vormoderne wurzelte. Wie die Aufklärung, stellte auch die Freimaurerei keine einheitliche Bewegung dar, sondern wies zahlreiche Richtungen, Systeme und Obödizien auf. Nicht alle freimaurerischen Vereinigungen waren esoterische Bünde. So existierten in den Logen hermetische und aufklärerisch-rationale Strömungen nebeneinander, und es gab ebenso nicht selten ein betontes Miteinander von mystisch-spiritualistisch-rationalistischen Wissenschaftsübungen, wie insbesondere das Beispiel der Gold- und Rosenkreuzer deutlich machte. Was heute in der Forschung mehr oder weniger säuberlich getrennt wird – Freimaurer, Gold- und Rosenkreuzer, Illuminaten u. a. – war es in der Frühen Neuzeit nicht, und die verschiedenen Inhalte der *Hochgrade* in der Freimaurerei spielten in den Streitigkeiten unter den Mitgliedern zahlreicher Logen nicht selten eine ausschlaggebende Rolle.

Angesichts der Zwiegesichtigkeit der Aufklärungszeit wird in der Forschung im Hinblick auf das 18. Jahrhundert von einem doppelten Jahrhundert gesprochen: einem Säkulum der Aufklärung für die Elite und einem Zeitalter der Befangenheit in Aberglauben und Magie für das Volk. Dabei haben auch die neben den Freimaurerlogen wirkenden Geheimgesellschaften, von denen ein beträchtlicher Teil auf vielschichtigen esoterischen Geistestraditionen und hermetischen Vorstellungen aufbaute, als Gegenwelten zur aufklärerischen und rationalen Moderne besondere Bedeutung erlangt.

Während der Aufklärungszeit nahm die Freimaurerbewegung in Europa einen großen Aufschwung. Das Wirken von Freimaurerei und geheimen Gesellschaften in der vormodernen Zeit erlangte offensichtlich dort besondere Bedeutung, wo für die Aufklärung günstige Entfaltungsmöglichkeiten bestanden. Wo es größere Freiräume für private Initiative Einzelner oder von gesellschaftlichen Gruppen gab, wo verschiedenartige Einrichtungen – Universitäten, Akademien, Gelehrtengesellschaften, Wohlfahrts-, Sozial- und Gesundheitsanstalten etc. – nebeneinander existierten, dort fand auch die Maurerei Zuspruch und wurde eine wichtige, wenn auch keineswegs dominierende Erscheinung.

Anmerkungen

1 Angesichts der Uferlosigkeit der Freimaurerforschung wird auf die Anführung der einschlägigen Grundsatzliteratur verzichtet. Vgl. programmatisch: Helmut Reinalter, Freimaurerische Forschung heute, in: Zeitschrift für Internationale Freimaurerforschung 1 (1999), Heft 1, S. 9-28 (mit Bibliographie); derselbe, Freimauerische Wende vor 200 Jahren: 1798 – Rückbesinnung und Neuanfang, in: Ebenda, S. 103-106; derselbe, Das Jahr 1798 – eine Wende in der deutschen Freimaurerei?, in: „Freimaurerische Wende vor 200 Jahren". 3. Internationale Tagung der wissenschaftlichen Kommission zur Erforschung der Freimaurerei in Köln, 24.-26. April 1998, Bayreuth 1998, S. 9-12; Klaus Hammacher, Fichte und die Philosophie der Maurerei mit dem Versuch einer Rekonstruktion freimaurerischer Geschichtsschreibung nach Fichte, in: Ebenda, S. 31-44. Vgl. auch die Konferenzbände: Freimaurerische Historiographie im 19. und 20. Jahrhundert. Forschungsbilanz, Aspekte und Problemschwerpunkte, hrsg. von Helmut Reinalter, Bayreuth 1996 (2. Internationale Tagung der Wissenschaftlichen Kommission zur Erforschung der Freimaurerei vom 19.-21. Mai 1995 an der Universität Innsbruck); Aufklärung und Geheimgesellschaften: Freimaurer, Illuminaten und Rosenkreuzer. Ideologie, Struktur und Wirkungen, hrsg. von Helmut Reinalter, Bayreuth 1992 (Internationale Tagung der Wissenschaftlichen Kommission zur Erforschung der Freimaurerei vom 22.-23. Mai 1992). Als Übersichten seien genannt: Helmut Reinalter, Die Freimaurer, München 2000; Alexander Giese, Die Freimaurerei. Eine Einführung. 3. Auflage, Wien, Köln, Weimar 1998; Giuliano di Bernardo, Die neue Utopie der Freimaurerei, Wien 1997. Zur Bibliographie der Freimaurerforschung: Jürgen Luckas, Quatuor Coronati Jahrbücher. Gesamtverzeichnis Nr. 1/1964 bis Nr. 31/1994 (Quellenkundliche Arbeit Nr. 35 der Forschungsloge Quatuor Coronati), Bayreuth 1995. Richtungweisend neuestens Günter Mühlpfordt, Mitteldeutschland als Sekundärherd des kontinentalen Freimaurertums 1738-1817. Ein Überblick, in: Carl Czok/Volker Titel (Hrsg.), Leipzig und Sachsen. Beiträ-

ge zur Stadt- und Landesgeschichte vom 15.-20. Jahrhundert. Siegfried Hoyer zum 70. Geburtstag, Beucha 2000, S. 68-82. Vgl. jetzt auch: Lehmann-Carli u.a. (Hrsg.), Russische Aufklärungskonzeption; Lennhoff/Posner/Binder, Freimaurerlexikon.

2 Aufklärung und Esoterik, hrsg. von Monika Neugebauer-Wölk unter Mitarbeit von Holger Zaunstöck, Hamburg 1999; dieselbe: Esoterik in der Frühen Neuzeit. Zum Paradigma der Religionsgeschichte zwischen Mittelalter und Moderne, in: Zeitschrift für Historische Forschung 27 (2000), Heft 3, S. 321-364; Carsten Selle, Aufklärung und Esoterik (Bericht über die Tagung der Deutschen Gesellschaft für die Erforschung des 18. Jahrhunderts über „Aufklärung und Esoterik vom 2. bis 4. Oktober in Wolfenbüttel), in: Aufklärung-Vormärz-Revolution (Jahrbuch), Bd. 16/17 (1996/97), hrsg. von Helmut Reinalter, Frankfurt/Main u.a. 1999, S. 152-154, Helmut Reinalter, Aufklärung und Esoterik (ebenfalls Tagungsbericht), in: Zeitschrift für Internationale Freimaurerforschung (wie Anm. 1), S. 99-103; Monika Neugebauer-Wölk, Esoterische Bünde und Bürgerliche Gesellschaft. Entwicklungslinien zur modernen Welt im Geheimbundwesen des 18. Jahrhunderts, Göttingen 1995 (Besprechung von Helmut Reinalter, in: Aufklärung-Vormärz-Revolution, a.a.O., S. 328-329); Antoine Faivre, Esoterik, Braunschweig 1996. Zur Diskussion über Esoterik in der Freimaurerei an der Forschungsloge Bayreuth siehe die Beiträge von Karl Frick, Bedarf die moderne Freimaurerei noch der Esoterik?, in: Quatuor Coronati, Jahrbuch 1981, Nr. 18. S. 119-124; Alois Kehl, Zur Esoterik in der Freimaurerei, in Ebenda, Nr. 18, S. 125-134; Klaus Hammermacher, Bedarf die „moderne" Freimaurerei noch der Esoterik? Eine Erwiderung, in: Ebenda, Jahrbuch 1982, Nr. 19, S. 199-213; Gerald L. Eberlein, Was ist Esoterik?, in: Ebenda, Jahrbuch 30/1993, S. 127-132. Vgl. jetzt auch Alfred Schmidt, Religionsphilosophische Aspekte der Freimaurerei, in: IF 4/2000, S. 33-50.

Historiographisches

In der kaum mehr übersehbaren Literatur über die Freimaurerei nimmt die Forschung zum russischen Logenwesen einen bescheideneren Platz ein. Nichtsdestoweniger weist sie einen beträchtlichen Umfang auf, repräsentiert vor allem durch Arbeiten in russischer Sprache, von denen die wichtigsten in der zweiten Hälfte des 19. und in den ersten beiden Jahrzehnten des 20. Jahrhunderts erschienen sind. Zu ihnen gehören die noch heute maßgeblichen Einzeluntersuchungen und Quellenpublikationen von A. N. Pypin, G. V. Vernadskij, M. N. Longinov, P. P. Pekarskij, Ja. L. Barskov, A. A. Borovoj, M. O. Geršenzon, M. V. Dovnar-Zapol'skij, I. V. Lopuchin und zahlreichen anderen Autoren. In den darauf folgenden Jahrzehnten wurde die einschlägige Forschung wesentlich in der russischen Emigration und sporadisch auch in der UdSSR weitergeführt. Neben Vernadskij haben vor allem B. Telepnev, B. Ivanov, V. F. Ivanov und T. Bakunina im Ausland wichtige Arbeiten erscheinen lassen. Bei den seit den Siebzigerjahren in der Sowjetunion veröffentlichten Studien zur Geschichte der russischen Freimaurerei handelt es sich vornehmlich um Beiträge der Literaturhistoriker und Historiker N. D. Kočetkova, B. I, Krasnobaev, G. A. Lichotkin, Ju. M. Lotman und A. S. Myl'nikov, die zum Teil auch in deutscher Sprache veröffentlicht wurden. Wertvolle Untersuchungen zur russischen Freimaurerei haben ebenfalls englische und amerikanische Gelehrte[1] vorgelegt. Aus dem deutschsprachigen Raum sind neben anderen vornehmlich die neueren Abhandlungen und Studien des lange Jahre in Deutschland wirkenden ukrainischen Kulturhistorikers und Slawisten Dmytro Čyževśkj sowie der deutschen und Schweizer Slawisten, Literaturwissenschaftler, Theologen und Historiker Dieter Boden, Peter Brang, Erich Bryner, Hans-Bernd Harder, Heinz Ischreyt, Helmut Keipert, Reinhard Lauer, Georg von Rauch und Hans Rothe zu nennen. Auch in der Russischen Föderation selbst wurden in unseren Tagen die Forschungen zur Geschichte der Freimaurerei wieder aufgenommen. Es ist sehr zu hoffen, dass die neuesten Untersuchungen und Werke russischer Gelehrter recht bald dem ausländischen Forscher vollständig zugänglich werden.[2]

Anmerkungen

1 Vgl. die nordamerikanische Arbeit von Smith, Freemasony (und die dort verzeichnete englischsprachige Forschung).

2 Die einzelnen Arbeiten können hier nicht aufgeführt werden. Die wichtigsten im vorliegenden Werk benutzten Quellenausgaben und einschlägigen Studien sind in den Anmerkungen dokumentiert. Vgl. insbesondere Hammermayer, Europäische Freimaurerei, in: Beförderer, S. 9-68; Lichotkin, Freimaurertum; Reinalter, Freimaurer und Geheimbünde. Siehe ebenso: Masonstvo; Bašilov, Russkaja Evropija; derselbe, Masonstvo; Ivanov, Intelligencija i masonstvo; Serkov, Masonstvo; V.S. Bračev, Russkoe masonstvo XVIII-XX vv., St. Petersburg 2000, u.a.

Das 18. Jahrhundert: Freimaurerlogen als erste freie Vereinigungen in Russland

Von den Anfängen bis zu Beginn der Achtzigerjahre

Die Freimaurerei in Russland hat im Vergleich zu anderen Ländern nur über einen kurzen Zeitraum eine spürbarere Wirksamkeit zu entfalten vermocht. Dieser fiel in die zweite Hälfte des 18. und in das erste Viertel des 19. Jahrhunderts, als es gleichsam zu einer „Überfütterung“[1] des bis dahin vom übrigen Europa nur schwach beeinflussten Russischen Reiches mit westlichen Ideen kam. Verbunden mit diesem Vorgang war ein nicht zu übersehendes Durcheinander bei der Ausbreitung des maurerischen Gedankenguts im Zarenreich. Darauf haben bereits die Zeitgenossen im In- und Ausland sowie die älteren Historiker der europäischen Freimaurerei hingewiesen.[2] Wie die Freimaurerei stellt sich die gesamte kulturelle und geistige Entwicklung Russlands im genannten Zeitraum insgesamt als ein außerordentlich buntes, kaum überschaubares und oft schwer zu entwirrendes Gewebe von disparaten Elementen dar.[3] Wie sich zeigte, stand auch die russische Freimaurerei von Anfang an in engem Konnex mit der europäischen Aufklärung[4] und kann nur im Zusammenhang mit ihr verstanden werden. Die Grundlage der russischen Aufklärung beruhte auf der Einheit von Religions- und Geistesgeschichte, waren doch nahezu für jeden russischen Schriftsteller des 18. Jahrhunderts Religion und Frömmigkeit[5] Hauptthemen. Dies änderte sich erst im 19. Jahrhundert, wobei die religiöse Thematik noch im nachfolgenden Säkulum keineswegs verdeckt blieb.

Das Freimaurertum breitete sich in Russland rasch aus. Dies mag damit im Zusammenhang gestanden haben, dass in den dortigen Logen und anderen masonischen Vereinigungen die ersten Manifestationen eines Befreiungsdenkens[6] ihre Heimstatt fanden und die freimaurerischen Ideale von der jungen Generation des Zarenreiches als sichere Anhalts- und Stützpunkte auf ihrem Weg zu einem besseren Leben empfunden wurden. Bei den Auffassungen der Freimaurer in Russland handelte es sich ungeachtet der zahlreichen Richtungen um eine geschlossene Moralphilosophie, die die Grundlage für deren gesamtes Wirken abgab. Freimaurer waren nicht nur Höflinge und Politiker, sondern auch Generale, Professoren, Schriftsteller und Beamte. Der freimaurerische Einfluss auf das intellektuelle Leben des Landes erwies sich als enorm. Eine besondere Rolle kam dabei den Angehörigen der freien Berufe zu, deren Stand eben erst im Entstehen war. Die Repräsentanten der neuen Schicht rekrutierten sich aus allen Klassen und Schichten der Gesellschaft. Es waren dies Personen mit wissenschaftlicher, technischer und kulturpolitischer Bildung, die der so genannten *Intelligencija* zugerechnet wurden. Die Freimaurer machten ein Siebtel der neuen Bildungsschicht Russlands aus. Was die russischen Freimaurer-Schriftsteller des 18. und beginnenden 19. Jahrhunderts angeht, so gehören ihre Werke zu den besten literarischen Erzeugnissen des zeitgenössischen russischen Sentimentalismus. Demgemäß ist es schwer, die Freimaurerliteratur von der übrigen russischen Literatur dieses Zeitabschnitts abzugrenzen.[7]

Wie in anderen Ländern Europas kreuzten sich auch in der bewegten Logengeschichte Russlands[8] höchst heterogene esoterische und rationalistische Strömungen. Bei dem vom großen Zaren Peter I.[9] (1689-1725) in Gang gesetzten Prozess der Integration Russlands in die europäische Kultur wurden der Freimaurerei im Lande Wege aufgezeigt, wie man diesem Ziel näher kommen könnte. Es waren vor allem zwei maurerische Grundforderungen, die in diesem Zusammenhang aufgestellt wurden und eine organische Einheit bildeten: der stille geistige Widerstand gegen die Auswüchse des bestehenden Herrschaftssystems von Regierung und orthodoxer Kirche und das Streben nach Verwirklichung moralischer Integrität. Dieses Bestreben charakterisierte das Wirken der Logen in Russland schlechthin. Das Grundanliegen der russischen Freimaurerei, in dem christliche und erbaulich-belehrende Elemente einen zentralen Platz einnahmen, trat bereits in den Fünfziger- und Sechzigerjahren recht klar in Erscheinung.

Die Ursprünge der maurerischen Bewegung in Russland verlieren sich im Halblegendären.[10] Nicht selten wurde behauptet, bereits Peter I. sei Mitglied einer Londoner Loge gewesen. Richtiger scheint wohl, dass die ersten Freimaurer, die, angezogen von dem gewinnträchtigen Russlandhandel im zweiten Viertel des 18. Jahrhunderts in die neue russische Haupt- und Residenzstadt St. Petersburg kamen, Engländer[11] waren und hier 1731 die erste Loge gründeten. Die Genehmigung hierfür soll von der *Englischen Großloge* erfolgt sein, die dem britischen Kapitän John Phillips das Patent eines Provinzial-Großmeisters von Russland erteilte. Danach entstanden auch in Moskau und anderen Städten des Zarenreiches freimaurerische Logen, Bünde und Zirkel, über deren Werdegang und geistiges Antlitz jedoch nur wenig bekannt ist.

Fest steht aber, dass die maurerischen Gemeinschaften in Russland ihren Ausgangspunkt im höfisch-aristokratischen Milieu hatten, wobei bereits die 1731 neueingerichtete St. Petersburger *Heereskadettenanstalt* eine wichtige Rolle spielte. An ihr wurden nicht nur Offiziere für die Armee, sondern auch Beamte für den Staatsdienst ausgebildet. Das Kadettenkorps war in der ersten Jahrhunderthälfte neben der Akademie der Wissenschaften die einzige staatliche Bildungsanstalt von Rang, an der auch Sprachen und Literatur gelehrt wurden. Unter den Zöglingen der ersten Jahrgänge des Kadettenkorps überwogen noch deutlich Angehörige des Hochadels, wobei Fürstensöhne die Mehrheit bildeten. Abkömmlinge nichtadliger Familien stellten auch noch später eine Minderheit unter den Heereskadetten dar.

Im Jahre 1740 war im Rahmen der Betätigung ausländischer Freimaurer in den ersten Logen Russlands auch der zu dieser Zeit bekannte, aus Schwaben gebürtige deutsche Kupferstecher, Edelsteinschneider und Freimaurer Lorenz Natter, der an europäischen Fürstenhöfen wirkte, von Florenz aus in die russische Hauptstadt gekommen. In seinem Gepäck befanden sich Schriften der Florentiner Maurer, die er einem in St. Petersburg bereits bestehenden freimaurerischen Zirkel übergab. Natter folgte 1741 der schottische Lord

General Jakob James Keith, der im russischen und danach im preußischen Heer diente, und gleichfalls auf Veranlassung der Großloge von England die Würde eines Provinzialgroßmeisters von Russland übertragen bekam. Keith genoss in Freimaurerkreisen großes Ansehen, jedoch liegen über seine Wirksamkeit im Zarenreich keine näheren Angaben vor. Seit 1744 Vertrauter des Preußenkönigs Friedrich II., avancierte Keith 1749 zum Gouverneur von Berlin. Als dortiger Freimaurer amtete er zeitweilig als *Deputierter Großmeister der norddeutschen Logen* englischer Lehrart und *Zugeordneter Provinzialgroßmeister der Strikten Observanz.*

Die russische Maurerei erwies sich von Anfang an als ein komplexes, in sich widersprüchliches System, in dem unterschiedliche ethische und religiöse Strömungen zusammenflossen. Sie bot sich in ihrer Grundstruktur und geistigen Physiognomie als eine universelle gesellschaftliche, kosmopolitische und überkonfessionelle Bewegung dar, deren Hauptanliegen in der moralischen Vervollkommnung der Menschen mittels Aufklärung und Selbsterziehung bestand. Dadurch hofften die russischen Freimaurer, eine Veränderung der gesamtstaatlichen Strukturen zum Positiven hin herbeiführen zu können: zur Errichtung des Gottesreiches auf Erden. Für den Eintritt in eine Loge existierten – außer moralischen Vorbehalten – keinerlei Beschränkungen. Die freimaurerischen Orden nahmen Angehörige aller Völker und Stände auf, wobei alle den gleichen Rang, den des *Bruders*, erhielten. Darin kamen zwei der wichtigsten freimaurerischen Prinzipien zum Ausdruck: das der Gleichheit und der Brüderlichkeit. Mit dem Eintreten für die Unantastbarkeit der Menschenwürde, eine weltumfassende Brüderlichkeit und Wohltätigkeit hatte die Freimaurerei zweifelsohne eine bedeutende Funktion innerhalb der gesellschaftlichen Entwicklung Russlands übernommen.

Die verschiedenen Logen und anderen freimaurerischen Vereinigungen in Russland wirkten im Verborgenen. Lediglich Anfeindungen, Verbote und Verfolgungen machten führende Freimaurer öffentlich. Durch das Wirken vor allem deutschstämmiger Maurer in Russland fanden verschiedene auswärtige Hochgradsysteme ihren Weg auch ins Zarenreich. Neben Natter war es insbesondere Johann August Starck aus Schwerin[12], der in St. Petersburg von 1763 bis 1765 als Lehrer für Orientalistik und Römische Altertumskunde an der St. Petri-Schule wirkte und nochmals von 1768 bis 1770 im Dienste des Generalprokurators des Senats, Fürst Alekseevič Vjazemskij, stand. Starck brachte die 1765 von Natter den Petersburger Maurern übergebene Florentiner Lehrschrift und die Ritualregeln des nach dem Freimaurer Peter Ivanovič Melissino bekannten Systems als *Klerikale Akten* nach Deutschland.

Melissino, ein führender Freimaurer griechischer Abkunft, Generalleutnant in russischen Diensten, Meister vom Stuhl der Loge *Silence,* mit hervorragenden Sprachkenntnissen und glänzender Beredsamkeit ausgestattet, verließ freilich ob drohender Verfolgung zeitig seinen Platz und gab die Freimaurerei auf. Mit Vollmachten von Karl Gotthelf Freiherr v. Hund, eines Kursachsen aus dem Oberlausitzer Adel, einer Zentralgestalt der deutschen Freimaurerei, versehen, errichtete Starck, der eine eigene Sonderform der

Hundschen Oberservanz entwickelte und bis nach St. Petersburg verbreitete, hier 1768 eine *Präfektur* und das *Kapitel Zum Phönix* des deutschen Tempel-Ordens. Ein Maurer mit Namen v. Schwerdtheim wurde zum *Curator domus* und *Commissarius capituli* ernannt, und ein Kaufmann namens Lüder richtete als Stuhlmeister eine Loge (*Hauskomturei*) ein. Dem Petersburger *Kapitel*, das rasch an Bedeutung gewann, gehörten neben anderen zeitweilig auch der Historiker Generalmajor Ivan Nikitič Boltin, der Arzt und Professor Johann Böber, russischer Staatsrat und Direktor an der Heereskadettenanstalt, General Graf Jakov Aleksandrovič Brjus, Statthalter von Novgorod, Fürst Jurij Vladimirovič Dolgorukov, Generalleutnant und Oberprokurator Fürst Gavriil Petrovič Gagarin, Kammerherr Fürst Alexander Borisovič Kurakin, Geheimrat Fürst Ivan Vasil'evič Nesvickij sowie der Historiker und Senator Fürst Michail Michajlovič Ščerbatov an.

Zu den Mitgliedern der zweiten in Tempelburg (Kurland) eingerichteten *Präfektur* zählten zahlreiche Adlige, neben kurländischen Rittern auch der russische Graf Aleksej Semënovič Musin-Puškin. Als diplomatischer Vertreter Russlands in Hamburg, Polen, Schweden, den Niederlanden und Großbritannien war Musin-Puškin bereits 1766 in Hamburg als Freimaurer in der *Strikten Observanz* unter dem Ordensnamen *Alexius Eques ab Elephante* bekannt geworden. Nach seiner Rückkehr aus dem Ausland nahm er als Mitglied des *Kapitels* in Tempelburg eine leitende Stellung ein. Zu Musin-Puškins Plänen gehörte eine Freimaurerkolonie, die er im Verein mit anderen *Brüdern* in Saratov anlegen wollte, was jedoch nicht zu Stande kam. Starck schied bereits 1768 aus dem Petersburger *Kapitel* aus und verließ 1770 Russland. Von 1777 bis 1781 hielt er sich nochmals in Mitau auf, um sich dann endgültig in Deutschland niederzulassen.

In Mitau, der Haupt- und Residenzstadt des deutschen Herzogtums Kurland, das unter polnischer Oberhoheit stand und 1795 dem Russischen Reich inkorporiert wurde, war bereits 1754 die erste Freimaurerloge entstanden. Wie die neuere Forschung gezeigt hat, nahm das geistige und kulturelle Leben in diesem kleinen ostmitteleuropäischen Fürstentum[13] einen bedeutsamen Platz ein. Erstaunlich waren die Leistungen, die hier auf dem Gebiet von Bildung, Gelehrsamkeit und Verbreitung wissenschaftlicher Kenntnisse erzielt wurden. Ein bedeutendes Verdienst kam dabei der Mitauer *Academia Petrina* zu, die 1775 eröffnet wurde. Eine wichtige Rolle im Geistesleben Mitaus spielte auch die Freimaurerei, die Verbindungen zur deutschen, schwedischen und russischen Maurerei unterhielt, wie insbesondere aus den Studien von Heinz Ischreyt hervorgeht, wobei freilich noch vieles im Dunkeln bleibt. Das kurländische Mitau war eine bedeutungsvolle Mittlerstelle zwischen Russland und dem Westen, machten doch hier auch Persönlichkeiten des russischen Geistes- und Freimaurerlebens wie Johann Georg Schwarz und Nikolaj Michajlovič Karamzin Station. Was Kurland betraf, so hatten sich zahlreiche Adelige dieses Ländchens auf ihren Westreisen bereits in die Logen zu Jena, Halle, Braunschweig, Warschau und anderer Städte aufnehmen lassen und dort höhere Grade erlangt.

Zu den Logen des westlichen Auslands gehörte auch die zu Königsberg, die bereits 1746 eingerichtet worden war, jedoch keine kontinuierliche Entwicklung aufwies. Im

Unterschied dazu zählte die Mitauer Loge bereits 1761 nicht weniger als 86 Mitglieder aus dem Adel, der Geistlichkeit und den *Literaten*, das heißt den Angehörigen der bürgerlichen Bildungsschicht in Kurland. Ebenso war der erste Meister vom Stuhl der Königsberger Loge ein Kurländer, was von vornherein enge Beziehungen zwischen der kurländischen und preußischen Freimaurerei bezeugte. Hingegen ist von einem ähnlichen Verhältnis der kurländischen Freimaurer zu den seit 1750 bestehenden Rigaer Logen noch nichts bekannt geworden.

Als Ausgangspunkt der Mitauer Logengründung hatte die Freimaurerei von Halle[14] gedient, die vor allem von Studenten der dortigen Juristischen Fakultät frequentiert wurde. Von ihnen war 1743 die Loge *Zu den drei goldenen Schlüsseln* eröffnet worden. Als Mitglied gehörte der halleschen Loge auch der russische Diplomat Graf Zachar Grigoŕevič Černyšëv an, der spätere Generalfeldmarschall und Gouverneur von Weißrussland und Moskau. Zu den Logenbrüdern in Halle zählten von Anfang an mehrere adlige Kurländer, die, als *Curoni* ausgewiesen, auch namentlich bekannt sind. Einige von ihnen traten nach ihrem Weggang nach Jena in die dortige Loge *Zu den drei goldenen Rosen* ein. Eine neue Entwicklung in der kurländischen Freimaurerei bahnte sich im Jahre 1764 an, als das Hochgradsystem und der Templerorden in Mitau Fuß fassten und die Auseinandersetzungen um die Systeme von Klerikat und Templerorden einsetzten.

Was die Beziehungen zwischen der russischen Maurerei und der Berliner Landesloge betrifft, so wurden diese bereits frühzeitig aktiviert. Kaum hatten sich englische Freimaurer in Russland niedergelassen, da ordneten auch schon die Berliner Oberen 1770 den 1729 geborenen braunschweigischen Premierleutnant und Freimaurer Freiherr Johann Gottlieb Leonhard v. Reichel als ihren Emissär nach St. Petersburg ab, mit dem Auftrag, den dortigen Einfluss der englischen Maurerei zurückzudrängen. Über Reichels frühen Werdegang als braunschweigischer Prinzenhofmeister, Offizier und Freimaurer in Deutschland und danach in Russland als Inspektor des Petersburger Heereskadettenkorps, Generalauditor der Garden und Konsulent von Katharina II. Großen Moskauer Gesetzbuchkommission ist bislang noch immer wenig bekannt.[15] Aus einigen seiner Briefe, die er unmittelbar vor seinem Tode im Jahre 1791 aus der russischen Hauptstadt schrieb[16], wissen wir jedoch, dass er in Russland als ein hoch angesehener und autoritativer Maurer galt und zu den Zentralgestalten der russischen Maçonnerie im 18. Jahrhundert zählte. Die von ihm über sein Leben und seine masonische Tätigkeit angelegten Quellensammlungen, von denen er in seinen Schreiben berichtet, hatte er den Archiven der von ihm gegründeten oder geleiteten Logen einverleibt, um sie den *Brüdern* zugänglich zu machen und der Nachwelt zu erhalten. Sie sind wohl verloren gegangen oder der Vernichtung anheim gefallen, jedenfalls nicht mehr in die Hände der Forscher gelangt.

Als aktiver Maurer hatte Reichel sich dem von Johann Wilhelm Kellner Ellenberger, dem nachmaligen preußischen Generalarzt, genannt v. Zinnendorf, modifizierten *Schwedischen System* angeschlossen. In der russischen Hauptstadt Inspektor am dortigen Heereskadettenkorps, begründete der verschiedentlich als General-Auditor bezeichnete, in der russischen masonischen Bewegung alsbald führende „Baron Reichel", wie ihn die Russen nannten, ein eigenes nach ihm benanntes System. Einer nach seinem Ritual wirkenden Loge, die 1771 von Gardekapitän Ivan Sadaev eingerichtet wurde, gehörte auch der junge Nikolaj Ivanovič Novikov an. Das von Starck in St. Petersburg ins Leben gerufene *Kapitel* der Strikten Observanz, das bereits in Verfall war, wurde nun durch Reichel gänzlich zu Grabe getragen und verschwand von der Bildfläche. 1772 kam es im Zuge von Reichels Betätigung in St. Petersburg zur Eröffnung der Loge *Harpokrates.* 1773 konstituierte sich auch eine Militärloge, und wenig später folgten weitere Logen, so in Reval die Loge *Isis*, in Riga die Loge *Apollo*. Auch die englische Lehrart der Johannis-Maurerei war nach längerer Pause wieder in der russischen Reichsmetropole durch die 1771 neu eingerichtete Loge *Zur vollkommenen Einheit* vertreten. Der Meister vom Stuhl und die meisten Mitglieder dieser Loge waren englische Kaufleute. Zum Provinzial-Großmeister der russischen Provinzial-Großloge hatte 1772 der Großmeister der Englischen Großloge den Geheimen Rat, Kabinettsminister und Vertrauten Kaiserin Katharinas II. Ivan Perfil'evič Elagin ernannt.[17] Elagin ließ nicht nur in St. Petersburg, sondern ebenso in Moskau und Jassy weitere Logen eröffnen. Die Zahl der Russen, die Mitglieder von Logen in beiden Systemen waren, hatte sich in den Siebzigerjahren bereits beträchtlich erhöht.

Im September 1776 gelang es Nikita Panin, Reichel und Elagin zu veranlassen, die beiden masonischen Hauptsysteme zusammenzuführen und zwei Monate später im Auftrag der Vereinigten Russischen Logen eine Abordnung nach Schweden zu entsenden, um diesem Akt auch internationale Gesetzeskraft zu verleihen. Das *Schwedische System* in der russischen Freimaurerei befand sich zu diesem Zeitpunkt in den Händen von Freunden des Thronfolgers Paul, so der Fürsten Gavriil Petrovič Gagarin, Alexander Borisovič Kurakin und Nikolaj Vasil'evič Repnin sowie Osip Alekseevič Pozdeevs, eines früheren Mitarbeiters Nikita Panins. Dieser selbst, der als Berater der Kaiserin zugleich als deren erster Minister amtete, war in das Unternehmen nicht einbezogen. Die schwedische Maçonnerie wurde im Zusammenhang mit den außenpolitischen Gegensätzen, die zwischen den beiden Staaten bestanden, von der russischen Herrscherin als ernsthafte Bedrohung der von ihr verkörperten Staatsordnung aufgefasst. Dass dem so war, bezeugten ihre gegen die Freimaurer gerichteten Dramen, deren erste Serie eben erschien und deren Einzelstücke am Petersburger Hoftheater später aufgeführt wurden.

Wie Katharina II. empfand auch Großfürst Paul für Gustav III. keinerlei Sympathie, jedoch hatten dessen masonische Aktivitäten den Eindruck auf ihn nicht verfehlt. Überdies gab der schwedische König in seiner Person das Beispiel, dass ein Freimaurer sehr wohl König sein konnte. In dieser Hinsicht war ihm Friedrich II. von Preußen vorangegangen. Ob der russische Thronfolger dem schwedischen Monarchen nacheifern und sich wirklich in die masonische Brüderschaft einreihen wollte, ist schwer zu sagen. Fürst Kurakin und Graf Nikita Panin jedenfalls haben es ihm immer wieder nahe gelegt.[18] In einer Kanzleinotiz aus dem Polizeiministerium ist direkt gesagt, dass der Thronfolger heimlich durch den Freimaurer und Senator Elagin in dessen Haus und im Beisein von Panin in die masonische Gemeinschaft aufgenommen wurde.[19] Bereits die ältere Forschung hat daraus geschlossen, dass Paul, wenn überhaupt, dann nicht im Ausland, wie häufig angeführt wird, sondern in Russland, also inmitten der dortigen *Brüder*, Freimaurer geworden ist.

Folgt man dieser Auffassung, so müsste davon ausgegangen werden, dass dieser Akt bald nach der Abreise des schwedischen Königs aus St. Petersburg, im Sommer 1777, jedenfalls nicht später als 1779 vollzogen wurde. Auf zwei Porträts Kaiser Pauls sind freimaurerische Zeichen und Gestalten zu erkennen, eine davon soll die Göttin der Gerechtigkeit, *Asträa*, darstellen. Diese Annahme scheint glaubwürdig, haben die Freimaurer doch gern die Sentenz wiederholt, nach der Göttin Asträa alle Länder gemieden habe, in denen menschliche Ungerechtigkeiten vorherrschten. Zu Ehren dieser Göttin hatte man bereits 1775 in St. Petersburg die Loge *Asträa* gegründet, die 1779, zusammen mit anderen, in die Große Provinzialloge Russlands aufgenommen wurde. Im Übrigen gehen die Meinungen der Forscher über die auf den beiden Paul-Porträts angebrachten freimaurerischen Zeichen und Gestalten nach wie vor auseinander.[20]

Der Vereinigten Provinzialloge der universalen Maurerei in Russland wurde die schwedische Lehrart in der Zinnendorfschen Modifikation zugrundegelegt. Als Großmeister amtierte Elagin, als sein Stellvertreter Graf Peter Ivanovič Panin. Die Funktion des *Ersten Aufsehers* übernahm Generalmajor Peter Ivanovič Melissino, die des *Zweiten Aufsehers* Fürst Gavriil Petrovič Gagarin. Zu den *Großbeamten* gehörten die Generale Bernhard Lezzano und Graf Peter Aleksandovič Buturlin sowie Johann Adolph Freiher v. Ungern-Sternberg. Gegen die Regel der beiden vereinten Systeme wandte sich der Meister vom Stuhl der Loge *Apollo*, Georg Johann Freiherr v. Rosenberg. In Dresden aufgenommen war Rosenberg 1763 in der Pariser Loge *La Candeur* Hochgradmaurer geworden und hatte danach in der Metzer Loge *Saint Jean* den Grad eines *Chevalier d'Orient, d'Occident et de l'Aigle* im Perfektionsritus erworben. 1770 gründete Rosenberg in Hamburg zusammen mit den *Brüdern* Franz Heinrich August v. Sudthausen und Johann Daniel Leonhardi die Loge *Zu den drei Rosen*, in die im Oktober 1771 durch ihn auch Gotthold Ephraim Lessing als Maurer aufgenommen wurde.

Rosenberg war 1775 in der Absicht nach St. Petersburg gekommen, die dortige Loge *Apollo* zu reaktivieren und deren Stuhlmeister zu werden, wobei er sich zunächst Reichel angeschlossen hatte. Nach der Einrichtung der Vereinigten Logen durch diesen und Elagin nahm Rosenberg Kontakt zu Fürst Alexander Borisovič Kurakin in Stockholm auf, mit dem Vorsatz, diesen für die Einführung des Schwedischen Systems in Russland zu gewinnen, was auch gelang. Die deutsche Prinzessin von Anhalt-Zerbst, als Kaiserin Katharina II. 1762 auf den russischen Kaiserstuhl gelangt, stand der masonischen Bewegung nicht nur in Russland, sondern auch im übrigen Europa von Anfang an mit zwiespältigen Gefühlen gegenüber, was bei den einheimischen Freimaurern nicht unbemerkt blieb. In Deutschland im Sinne des strengen Lutheranertums erzogen und frühzeitig von der französischen Aufklärungsphilosophie beeinflusst, ergaben sich für sie in ihrer Geisteshaltung von vornherein zu ihrem in der Tradition der russischen Orthodoxie aufgewachsenen

Sohn Paul ernsthafte Gegensätze. So war es nur verständlich, dass die ebenfalls in der Orthodoxie wurzelnden russischen Freimaurer sich frühzeitig auf den jungen Thronfolger orientierten, bei dem sie sich eine maßgebliche Unterstützung bei der Erreichung ihrer Ziele erhofften.

Über Katharinas Sohn und nachmaligen Kaiser Paul ist viel geschrieben worden, ohne zu einem einhelligen Urteil zu gelangen. Wenig oder nur am Rande ist dabei der sich als Maurerfreund gebende Großfürst beachtet worden, haben doch bereits seine Mutter und die russischen Kaiser nach ihm, wenn man von Alexander I. absieht, dafür gesorgt, dass wichtiges Quellenmaterial vernichtet wurde und damit der Nachwelt vorenthalten blieb. Dies hat dazu geführt, dass die russische Geschichte der Regierungszeit Pauls, wie auch die nachfolgenden historischen Perioden, bis zum heutigen Tag nahezu ohne Berücksichtigung der Rolle dargestellt wurde, die die Freimaurerei in der Kultur und Gesellschaft des Russischen Reiches spielte. Ein Grund für diese Sachlage ist sicherlich darin zu suchen, dass der breiten Anhängerschaft, über die die zarische Autokratie bis hinein in das 20. Jahrhundert in den gebildeten konservativen Eliten des russischen Volkes verfügte, eine von einem Geheimnis geprägte Führungsgestalt auf dem Kaiserthron undenkbar erschien.

Während der langen Regierungszeit Katharinas II. (1762-1796) kam es im Russischen Reich zu einer beträchtlichen Ausbreitung der masonischen Bewegung, die auch am kaiserlichen Hof und der nahen Umgebung der Herrscherin über starke Stützpunkte verfügte. An der Spitze der Maurerpartei am Hofe stand der Erzieher und Lehrer Pauls, Nikita Panin, der den Großfürsten in den „Tempel der Freundschaft“ einführte. Gleiches oder Ähnliches wurde Nikitas Bruder Peter Panin nachgesagt. Nikita Panins rechte Hand war der Freimaurer Timofej Ivanovič Osterwald. Sichtbaren Einfluss auf den Werdegang des jungen Großfürsten Paul übte auch Fürst Nikolaj Vasil'evič Repnin aus. Es waren insbesondere Fürst Repnin und Graf Nikita Panin, die das unbegrenzte Vertrauen, das ihnen der Großfürst entgegenbrachte, voll nutzten. Neben den Panin-Brüdern und Fürst Repnin verstand es Fürst Alexander Borisovič Kurakin, ein weiterer hochgraduierter Maurer im System der masonischen Hierarchie, die Freundschaft des Großfürsten Paul zu erlangen. Kurakin war bereits mit einundzwanzig Jahren dem freimaurerischen Templerorden beigetreten. Es besteht kein Zweifel, dass er sich zeitlebens bemühte, den Thronfolger Paul für den Eintritt in die masonische Gemeinschaft zu gewinnen. Dabei fand er in dem Schriftsteller und Übersetzer Sergej Ivanovič Pleščeev, einem späteren Generaladmiral, einen ihm ergebenen Helfer, der als Freimaurer großes Ansehen genoss.

Pleščeev war 1764 in den Dienst der russischen Flotte getreten und hatte unter englischen Admiralen und Aleksej Grigoŕevič Orlov an Fahrten und Schlachten auf verschiedenen Meeren, darunter auch bei Česme im Juli 1770, teilgenommen. Pleščeev nutzte in seiner masonischen Arbeit die Bekanntschaft mit Fürst Nikolaj Vasil'evič Repnin, der ihm eine Tätigkeit im Wirkungskreis des Großfürsten vermittelte. So fand er 1776 Aufnahme als Begleitmann Kurakins in die vom Thronfolger geleitete diplomatische Mission, die ins westliche Europa führte. Eine unerlässliche Station war dabei die preussische Hauptstadt Berlin. Bei den ausländischen Diplomaten fand die Frage eines eventuellen Eintritts des russischen Thronfolgers Paul, dessen Verbindungen zu den Freimaurern bekannt waren, in die masonische Gemeinschaft besonderes Interesse.

So wurde in den westlichen Ländern darauf hingewiesen, dass ein solcher Schritt des Großfürsten zwangsläufig eine beschleunigte Annäherung zwischen ihm und dem designierten Nachfolger Friedrichs II., dem Freimaurer Prinz Friedrich Wilhelm v. Preußen, zur Folge hätte. Großfürst Paul, der ein Freund Preußens war, brachte Friedrich dem Großen bei der Berliner Visite seine Verehrung und Huldigung dar und lernte auch die übrigen Angehörigen der königlichen Familie kennen. Bei dieser Gelegenheit wurde der russische Thronfolger auch dem in der preußischen Metropole weilenden Hochgradfreimaurer König Gustav III. von Schweden vorgestellt. Die hochfürstliche Ansammlung in Berlin erregte verständlicherweise die Aufmerksamkeit breiter Kreise von Berlinern und fand auch in der Presse ihren Niederschlag.[21]

Die Oberen der russischen Freimaurerschaft von St. Petersburg waren von Anfang an durch ihren aristokratischen *Bruder* Kurakin in Pauls Auslandsvisite involviert. Sie drängten darauf, vom Oberhaupt der schwedischen Loge, König Gustav III., ihre Einweihung in weitere Hochgrade zu erreichen. In seiner Eigenschaft als Sekretär der großfürstlichen Gesandtschaft wandte sich Kurakin an den deutschen Freimaurer Wilhelm v. Rosenberg, den Bruder Georg v. Rosenbergs, mit dem Ansuchen, in Hamburg eine Loge unter dem Namen *Zu den drei goldenen Rosen* zu gründen. Nach deren Eröffnung wurde Kurakin vom Bruder König Gustavs III., Herzog Karl v. Södermanhand, in die Geheimnisse der schwedischen Freimaurerei eingeweiht. Das war die Bedingung, damit Fürst Gavriil Petrovič Gagarin in seiner Eigenschaft als Großmeister der *Russischen Provinzialloge* die Erlaubnis erhielt, seine Loge dem *Schwedischen Hauptkapitel* zu unterstellen. Daraufhin teilte Graf Löwenhaupt als Mitglied des schwedischen Hauptkapitels Fürst Kurakin brieflich mit, dass der König von Schweden den Arbeiten der russischen Freimaurer seine Unterstützung angedeihen lassen würde.[22] Und wirklich, im darauffolgenden Jahr 1777 kam Gustav III. nach St. Petersburg und führte dort auch intensive Gespräche mit russischen Maureroberen. Diese nahmen den hohen Besuch zum Anlass, um in der Loge *Apollo* eine glänzende Festversammlung zu veranstalten. Im Zusammenhang damit eröffnete Fürst Kurakin in der russischen Hauptstadt die Loge *Zum heiligen Alexander*, die nach dem schwedischen System arbeitete.

Nach St. Petersburg zurückgekehrt, weihte Kurakin die Freimaurer Gavriil Petrovič Gagarin, Melissino, Ungern-Sternberg und einen Kaufmann namens Jäger in die Höchstgrade des schwedischen Rituals ein. Mit Fürst Gagarin traten auch weitere Petersburger Logen zum schwedischen System über, so die Logen *Phönix* und *Zur Wohltätigkeit* sowie die Kronstädter Loge *Neptun*. In Reval schloss sich die Loge *Zu den drei Streithämmern* ebenfalls der schwedischen Lehrart an. Nach diesen Vorarbeiten wurde durch ein Patent Gustavs III. und des Herzogs Karl v. Södermanland die Provinzialloge des Russischen Reiches auf der Grundlage des schwedischen Systems ins Leben gerufen, bezeichnet auch als *Große Nationalloge von Russland.* Als Großmeister führte Gagarin den Hammer, als Deputierter Großmeister wirkte Wilhelm v. Rosenberg, das Amt des Ordensoberen, des *Vicarius Salomonis* der IX. Provinz (Russland), versah seit März 1780 Karl v. Södermanland selbst. Dem *Chapitre Illuminé* von Stockholm gehörten zu dieser Zeit in Russland sechs Logen an. Im September 1779 war der Herzog v. Södermanland bereits zum *Heermeister der VII. Provinz* (Deutschland) im System der Strikten Observanz geworden.

Zum National-Großsekretär der neuen Provinzialloge hatte man Johann Böber bestellt. Ihm fiel die Aufgabe zu, durch Rundschreiben die noch abseits stehenden Logen aufzufordern, sich der Russischen Nationalloge anzuschließen, falls sie nicht Gefahr laufen wollten, für illegal erklärt zu werden. Unter dem Druck der Nationalloge brach nun das übrige Logensystem, das auf der Grundlage der Zinnendorfschen Lehrart gearbeitet hatte, rasch zusammen.

Heterogene Maurersysteme existieren freilich nicht nur in den beiden Hauptmetropolen Russlands, sondern machten auch in den Provinzstädten von sich reden. Ihr Einfluss war zwar anhaltend, jedoch von nur kurzer Dauer. Die Freimaurerei im Russischen Reich unterhielt sowohl Verbindungen zur internationalen Maurerbewegung als auch zu nationalen Logen in den einzelnen europäischen Ländern. Die meisten in Russland wirkenden freimaurerischen Logen, Clubs und Zirkel sahen ihre Aufgabe in der Verbreitung des rationalistischen Deismus, während eine geringere Anzahl von ihnen sich in stärkerem Maße vom Mystizismus beeinflusst zeigte, der mit christlichen, insbesondere griechisch-orthodoxen Elementen durchsetzt war. Auf der Suche nach den geistigen Wurzeln des Christentums stieß die vom westlichen Gedankengut erfüllte Freimaurerei im Zarenreich auf die Traditionen altrussischer Frömmigkeit. In Russland wirkende Freimaurer und von ihnen angeregte Literaten priesen in ihren Schriften und Gedichten ebenso wie die freimaurerischen Schriftsteller in anderen Ländern Europas vorrangig Tugenden wie Ehrlichkeit, Gleichheit, Brüderlichkeit, Gerechtigkeit, Armenhilfe, Bescheidenheit und Vaterlandsliebe und wandten sich mit Verachtung gegen jedwede Form menschlicher Eitelkeit.

Bereits in den Sechzigerjahren ging von dem russischen Logenwesen eine erstaunliche Anziehungskraft auf die durch Bildung privilegierte Gesellschaft[23] aus, zu der nicht nur Aristokraten, sondern auch die Angehörigen der nichtadligen „Intelligencija" gehörten. Offensichtlich bot die überaus verschiedenartige Freimaurerei ihren *Brüdern* die Möglichkeit, die inneren Widersprüche der in Russland gängigen Aufklärung in einer fiktiven elitären Gesellschaft aufzuheben. Die Logen waren jener Ort, wo die in Staat und Öffentlichkeit üblichen Normen keine Gültigkeit besaßen. Insofern wirkte die Freimaurerei als Alternative zur wirklichen Welt, sie erlaubte zu simulieren, was in der Welt versagt blieb: Emanzipation von äußeren Zwängen, von überkommenen Hierarchien, Freisetzung der Aufklärungsideale, ihrer Tugend- und Moralbegriffe zu praktischer Tätigkeit, Steigerung des aufgeklärten Denkens über die Grenzen der Vernunft hinaus. Dies alles wurde von Menschen erstrebt, die als Staatsdiener darzustellen hatten, was sie als Freimaurer verabscheuten.

Wie im übrigen Europa kam es auch in Russland unter den Maurerorganisationen zu heftigen Rivalitätskämpfen. Als an die Freimaurerei grenzende Systeme galten die *Illuminaten*[24] und *Rosenkreuzer*[25], die jedoch organisatorisch nicht immer als selbstständige Einheiten hervortraten. Besondere Bedeutung unter den freimaurerische Gedanken und Prinzipien verfolgenden Systemen errangen in Russland die Rosenkreuzer. Diese unterschieden sich von der traditionellen Freimaurerei nicht nur durch den Ritus, sondern auch durch bestimmte Wege und Verfahren zur Erlangung des „goldenen Zeitalters der Asträa". In den vor sich gehenden polemischen Auseinandersetzungen wurden die *Moskauer Rosenkreuzer* von den Petersburger Freimaurern häufig wegen ihrer „Geheimnisse" verspottet, mit denen sie ihre rituellen Handlungen umgaben. Wichtigste Heimstatt des Rosenkreuzertums und Ausgangspunkt für die russischen Rosenkreuzer wurde Preußen. Hier war Friedrich II. (1740-1786) bereits 1738 als Kronprinz durch den Freimaurer Graf Wolfgang von Schaumburg-Lippe, der sich um die Ausbreitung der Maurerei auf dem Kontinent bemühte, in die *Loge d'Hamborg* aufgenommen worden. Seiner Danksagung vom 26. Juli gleichen Jahres an diesen, den er „seinen Freund" und „künftigen Mitbruder" nannte, hatte Friedrich bei dieser Gelegenheit den Satz angefügt: „Ich hoffe, daß Sie meine Aufnahme niemals bereuen werden."[26]

Als Thronfolger war Friedrich zwei Jahre hindurch ein eifriger Freimaurer. Er nahm seine engsten Freunde und Verwandten in der Hofloge auf, vermied aber jeden Kontakt zur Stadtloge. Nach der Thronbesteigung stellte er alle Aktivitäten ein und unterhielt über dreißig Jahre keinerlei Verbindung zu den Logen seines Landes. Er reagierte auch nicht, als diese ihrer internen Streitigkeiten wegen an ihn als Staatsoberhaupt mit der Bitte um den notwendigen Ordnungsspruch herantraten. Gleichwohl behielt der König das ihm übertragene Amt eines *natürlichen Großmeisters* bei. Sein Freimaurertum, sein wachsendes Ansehen in Adel und Bürgertum sowie der Aufstieg seines Reiches zur europäischen Großmacht kamen der Freimaurerei im Lande allerorts zugute.[27]

Nach Friedrichs Tod erlangten in Preußen hohe Staatsbeamte als Freimaurer starken Einfluss auf König Friedrich Wilhelm II. (1786-1797), der selbst Rosenkreuzer wurde. Zu ihnen gehörten vor allem der aus Kursachsen gebürtige Major Johann Rudolph v. Bischoffwerder, der Kammerrat Johann Christoph Wöllner und der Generalchirurg Johann Christian Anton Theden.[28] Zu den führenden Vertretern der Berliner Rosenkreuzer hatten die Moskauer Freimaurer bereits 1781/82 Verbindungen aufgenommen. Die Beziehungen wurden bedeutend intensiviert, als die Berliner Loge *Zu den drei Weltkugeln* sich 1783 als unabhängig von jeglicher anderer Freimaurerei erklärte und ihre völlige Selbstständigkeit proklamierte. 1784 verkündeten auch die Moskauer Anhänger des Rosenkreuzes die Umorganisation ihres Logensystems und bildeten den „Theoretischen Grad" zu einem gesonderten Geheimzentrum innerhalb der offenen Organisation der freimaurerischen Provinzlogen um.

Den Moskauer paramaurerischen Gold- und Rosenkreuzern gelang es in kurzer Zeit, sich im Gerangel um maurerische Grade, Hochgrade, Titel und Ehrenzeichen durchzusetzen und zur tonangebenden Gruppierung zu werden. Im Mittelpunkt der Achtziger- und Neunzigerjahre entfalteten die Moskauer Rosenkreuzer eine breite philanthropische und sozialfürsorgerische Wirksamkeit. Angesichts des geheimen Widerstands gegen die Auswüchse des von der Regierung Katharinas II. repräsentierten Herrschaftssystems und des starken esoterischen Einschlags des Rosenkreuzertums wurden die freimaurerischen Bestrebungen seit Mitte der Siebzigerjahre von der Staatsmacht und der Kirche mehr und mehr Verfolgungen ausgesetzt. Anstoß bei Kirche und Staatsmacht erregten vor allem das permanent stark theosophisch geprägte System der Gold- und Rosenkreuzer sowie die aus Deutschland und Frankreich nach Russland eindringenden mystisch-spiritualistisch-martinistischen Lehren und Anschauungen. Nach den ersten Anzeichen von Freimaurerlogen in St. Petersburg, als deren Gründer sich vor allem Ausländer hervortaten, die als Mitglieder auch den Grundstock der für Russland neuen gesellschaftlichen Vereine abgaben, waren seit der Mitte des 18. Jahrhunderts auch die Namen der in den beiden Hauptstädten und in anderen Teilen des Reiches wirkenden Logen bekannt geworden. Neben Ausländern hatten jetzt auch zahlreiche russische Gardeoffiziere Eingang in die Logen gefunden, in ihrem Gefolge ebenso Angehörige der nichtadligen Bildungsschicht des Landes. So gehörten der Loge *Silence* in St. Petersburg, die sich unter dem Staatskanzler Graf Michail Illarionovič Voroncov profilierte, bereits erwähnte bekannte Persönlichkeiten wie der Historiker und Publizist Fürst Michail Michajlovič Ščerbatov, der Historiker Ivan Nikitič Boltin, Generalfeldmarschall Graf Alexander Ivanovič Šuvalov und andere russische Aristokraten an.

In den ersten Jahrzehnten der Regierung Katharinas II.[29] hatte die Freimaurerei in Russland einen beträchtlichen Aufschwung genommen, der zunächst insbesondere mit dem Namen des kaiserlichen Günstlings und Kabinettssekretärs Ivan Perfil'evič Elagin, seit 1772 Großmeister von Russland, verbunden war, der seine Provinzloge 1776 dem Berliner Zinnendorfschen System anschloss.[30] Anlässlich des Besuchs des schwedischen Königs Gustav III. in St. Petersburg im Jahre 1777, den sein Bruder Herzog Karl v. Södermanland begleitete, wurde ganz deutlich, in welchen Formen sich die Rivalität auswärtiger Maurersysteme um den Einfluss auf die russischen Logen vollzog. Die Visite des nordischen Monarchen zielte darauf ab, die sich anbahnenden Verbindungen der russischen Freimaurerei zu den preußischen Logen zu vereiteln und den Einfluss der schwedischen Maurerei im Zarenreich zu verstärken. Angeblich soll Gustav III. als Großmeister der schwedischen Logen den russischen Thronfolger Paul persönlich in die Freimaurergemeinschaft aufgenommen haben, was freilich nicht glaubhaft erscheint.

Jedoch just zur selben Zeit vermochte die russische Freimaurerei ihre Aktivitäten beträchtlich zu verstärken, erwies sich doch nahezu die gesamte elitäre Gesellschaft, die sich um Kaiserin Katharina II. scharte, bereits mehr oder weniger stark vom Geist der Maurerei angesteckt. Zu deren Gliedern zählten jetzt die vornehmsten Familien des Russischen

Reiches wie Ščerbatov, Dolgorukov, Volkonskij, Trubeckoj, Nesvickij, Meščerskij, Kurakin, Daškov, Saltykov, Stroganov, Voroncov und andere. Freimaurer waren auch der Dichter Alexander Petrovič Sumarokov, die Feldherren und Fürsten Anikita Ivanovič und Nikolaj Vasil'evič Repnin sowie Alexander Illarionovič Bibikov, ebenso die Admirale Samuel Greigh und Grigorij Andreevič Spiridov, der Schriftsteller und Kurator Michail Matveevič Cheraskov, der Historiker, Geograph und Universitätsprofessor Chariton Andreevič Čebotarëv, der Schauspieler Ivan Afanaśevič Dmitrievskij, der Schriftsteller und Geheimsekretär Kaiserin Katharinas II., Alexander Vasil'evič Chrapovickij, und viele, viele andere. Der aristokratische Freimaurerkreis spielte im russischen Geistesleben der Achtziger- und Neunzigerjahre des 18. Jahrhunderts eine hervorragende Rolle.

Wie die Namen Elagin und Chrapovickij verdeutlichen, hatten die russischen Freimaurer mit ihren Anschauungen und ihrer praktischen Wirksamkeit selbst nicht vor den Palais und Kanzleien der kaiserlichen Günstlinge, Vertrauten und Beamten des Reiches Halt gemacht. Es waren hoch gebildete Persönlichkeiten, die sich dem Anliegen der Logen verschrieben. Durch Fürst Nikolaj Nikitič Trubeckojs Förderung der Moskauer Rosenkreuzer, eines mächtigen Kulturmäzens und engagierten Freimaurers, bildete sich in der alten Hauptstadt alsbald das masonische Hauptdirektorium heraus, das eine Neuordnung des Logensystems in Russland nach dem Vorbild der Berliner Rosenkreuzer vornahm.

Die Moskauer Rosenkreuzer setzten sich zum Ziel, durch tief schürfende Ergründung der Lehrsätze und Inhalte von Mystik, Pansophie, Alchimie und Magie in das Wesen der menschlichen Gesellschaft einzudringen. Dabei gingen sie nicht selten Bündnisse mit Angehörigen anderer maurerischer Systeme ein. Die rosenkreuzerischen Geheimorden beanspruchten in solchen Fällen eine höhere Stufe, wodurch sie sich von der *gewöhnlichen* Freimaurerei abgrenzten. Nach dem Selbstverständnis der Rosenkreuzer konnten nur sie eine vollkommene Erkenntnis der tiefsten Geheimnisse von Natur und Leben gewinnen. Die Berliner, die unter der Leitung des preußischen Ministers Johann Christoph v. Wöllner standen, vermittelten dem Rosenkreuzertum in Russland bei dessen Bestreben spürbare Impulse. Zwischen den Berliner und den Moskauer Rosenkreuzern ergaben sich in der Folge immer engere und vielfältigere Beziehungen. Der Wöllner-Kreis in Berlin setzte große Erwartungen in die russischen Freimaurerkreise. Ebenso viel erhoffte er sich von der russisch-orthodoxen Kirche. Jedoch diese Erwartung stellte sich bald als Illusion heraus, bar jeglicher Aussicht auf Verwirklichung. Wichtig wurden freilich auf die Dauer gesehen die Anstöße, die im Zusammenhang mit der Gründung des Moskauer Rosenkreuzerordens im Jahre 1782 von Berlin ausgegangen waren.

Mit Beginn der Achtzigerjahre waren die *masony* dazu übergegangen, ihre Arbeiten auf Moskau zu konzentrieren. Die Herrscherin sah in deren Wirken nicht nur ein Störmanöver und eine „Narretei" der *Moskauer Martinisten*, wie sie diese nannte, sondern vor allem eine Gefahr für Staat und Gesellschaft in Russland. Die Lobpreisungen des Thronfolgers durch freimaurerische Schriftsteller machten der Kaiserin klar, welche Lage sich im Lande ergeben hatte. Die Moskauer Maurer entsandten jetzt einen ihrer hochrangigen *Brüder*, Fürst Nikolaj Vasil'evič Repnin, nach St. Petersburg mit dem Auftrag, von dort aus zu dem „künftigen Väterchen", dem Großfürsten Paul Petrovič, direkte Kontakte anzubahnen. Im Herbst 1781 brach Thronfolger Paul, in dessen Begleitung sich wiederum Fürst Alexander Borisovič Kurakin und Sergej Ivanovič Pleščeev befanden, erneut zu einer Reise ins westliche Ausland auf. Wie 1776 rief auch diese Visite an den europäischen Fürstenhöfen Aufsehen hervor und fand in der Öffentlichkeit ein breites Echo. Katharina II. steuerte zu diesem Zeitpunkt außenpolitisch bereits einen eindeutigen proösterreichischen Kurs, hatte ihr doch Kaiser Joseph II. im Jahre 1780 in Russland einen Besuch abgestattet.[31]

Auch bei dieser Reise war Berlin eines der Ziele des russischen Thronfolgers. Zu den Obliegenheiten der freimaurerischen Begleitmänner Kurakin und Pleščeev gehörte wiederum obligatorisch die Wahrnehmung der Interessen der russischen *Brüder*, wie aus den Logenbesuchen Pauls im Frühjahr 1782 in Wien deutlich wurde. Über Pauls Absicht, sich in einer österreichischen Loge zum Freimaurer weihen zu lassen, finden sich Anhaltspunkte in einem Schreiben des Prinzen Karl v. Hessen-Kassel an Johann Georg Schwarz vom Jahre 1782. Aus ihm geht hervor, dass Kurakin ernsthaft bemüht war, den Großfürsten der Freimaurerbrüderschaft zuzuführen. In Russland selbst sahen die masonischen Oberen auch in Pauls Auslandsreise von 1781/82 einen Erfolg in ihrem Bemühen, den Großfürsten für sich zu gewinnen, und sie nominierten bereits 1783 gelegentlich der ihnen zugestandenen Einrichtung der selbstständigen *VIII. Provinz Russland* den Großfürsten Paul als ihren Provinzial-Großmeister.

Fürst Kurakin war nach seiner Teilnahme an der Auslandsvisite des Thronfolgers unmittelbar auf sein Saratover Dorf Nadeždino zurückgekehrt, um der Kaiserin nicht unter die Augen treten zu müssen, hatte doch deren Verstimmung gegen ihn und den Fürsten Gagarin beträchtlich zugenommen, die die beiden Aristokraten als Pauls „Lieblinge"[32] bezeichnete. Auch die Doppelrolle des Grafen Nikita Panin, der diese vor Katharina zu verbergen suchte, schien die Herrscherin durchschaut zu haben. Jedenfalls nahm der Einfluss, den der Graf am Hofe bislang besessen hatte, zusehends ab. Am meisten störte die Monarchin, dass der gealterte König Friedrich II. in Panin noch immer einen Parteigänger Preußens sah und diesen in seinen vertrauten Briefen ausdrücklich einen solchen nannte. Panin selbst hatte im Verein mit dem Fürsten Gagarin gelegentlich des Besuchs des preußischen Thronfolgers Prinz Friedrich Wilhelm in St. Petersburg vom Jahre 1780 erneut der Kaiserin verdächtige Gespräche auch mit Berlinern Maurern geführt.

Die russischen Freimaurer sahen sich angesichts der erfolgreich verlaufenen Westreise Pauls in ihren Ansichten und Aktivitäten bestärkt. Sie hofften jetzt ernsthaft darauf, dass der künftige Herrscher Russlands ein Freimaurer sein würde, wie dies in Preußen und Schweden der Fall war. Diese Auffassung machten sie auch in ihren Erörterungen und Stellungnahmen publik. Aus dem, was da geschrieben stand, wurde freilich deutlich, dass sie keine rechte Vorstellung von den wirklichen Gegebenheiten in Russland und der Stellung des Thronfolgers in Staat und Gesellschaft hatten, dem sie beständig applaudierten. Davon zeugten zahlreiche Lieder, Gedichte und Lobpreisungen, die zu seinen Ehren verfasst wurden. So hatte man im *Freimaurer-Magazin*[33] vom Jahre 1784 auch ein Preislied auf Paul aus der Feder Ivan Vladimirovič Lopuchins abgedruckt.

Katharina II. verfolgte aufmerksam die freimaurerischen Aktivitäten und zeigte sich entschlossen, dem masonischen Tun und Treiben, wie sie sagte, in ihrem Reich rasch ein Ende zu setzen. Großfürst Paul und Graf Nikita Panin hatten bereits Ende 1769 begonnen, ihre Meinungen in zahlreichen Briefen auszutauschen. In den Schreiben ging es vorrangig um Fragen der Staatsordnung und der Außenpolitik des Russischen Reiches. Die Oberen der russischen Freimaurerei unterstützten Pauls gegen die Kaiserin gerichtete geheime Opposition, die von Nikita Panin inspiriert war, der sich mit Reichsreformplänen trug, die Katharina II. ablehnte. Der Thronfolger hatte seine Abweichungen von der Linie der kaiserlichen Politik bereits auch auf diplomatischer Bühne kund getan, was bei der freimaurerischen Elite auf großen Beifall gestoßen war.

Im Jahre 1784 entsandten die Moskauer Rosenkreuzer den russischen Architekten Vasilij Ivanovič Baženov als ihren Geheimemissär nach St. Petersburg zum ersten Gespräch mit dem Thronfolger. Unmittelbar danach wurde Ivan Perfil'evič Elagin, der führende Freimaurer Russlands, im Beisein von Nikita Ivanovič Panin vom Großfürsten empfangen. Es war verständlich, dass es ob dieser Sachlage in den Kreisen der russischen Freimaurer zu Freudenkundgebungen kam, war man dort doch jetzt fest davon überzeugt, dass nach dem Ableben Katharinas II. den Thron des Russischen Kaiserreichs ein masonischer Bruder besteigen würde. In Vorbereitung und zu Ehren dieses Ereignisses wurden freimaurerische Lieder komponiert und Hymnen verfasst. Die Begegnungen von Abgesandten der Freimaurer mit Großfürst Paul nahmen ihren Fortgang. Sie entgingen freilich nicht Katharinas Aufmerksamkeit. 1785 setzten die ersten Verfolgungen von Angehörigen des Moskauer Rosenkreuzerkreises ein.

Im Unterschied zu seiner kaiserlichen Mutter vermochte Großfürst Paul in der Existenz der russischen Maurerei keine Bedrohung von Staat und Gesellschaft zu erkennen. Er konnte nicht glauben, dass Menschen, die mit ihm über Gott, Moral und Gerechtigkeit sprachen, Gefahr bringen sollten. Unter dem Eindruck von Katharinas Vorgehen gegen die Freimaurer ließ der Thronfolger freilich bereits sichtbare Unsicherheiten im Umgang mit deren Abgesandten erkennen. So soll er bei einem erneuten Treffen mit Baženov diesen gefragt haben, ob denn die Freimaurer nicht doch auch üble Absichten verfolgten, was von seinem Gegenüber ganz und gar verneint wurde. Worauf der Thronfolger das Gespräch abgebrochen und zu Baženov gesagt haben soll: „Gott mit Ihnen, nur verhalten Sie sich ruhig!“[34]

Anmerkungen

1 Paul Hennings, Zur Geschichte der Freimaurerei im zarischen Rußland, in: Quatuor Coronati Nr. 2, Juni 1965, S. 25-36, Zitat S. 25. Grundlegend Bašilov, Russkaja Evropija.
2 Vgl. Einleitung.
3 Rothe, Religion und Kultur.
4 Lichotkin, Freimaurertum.
5 Rexheuser, Geistliche Freunde.
6 T. Sokolovskaja, Masonstvo kak položitel'noe dviženie russkoj mysli, St. Petersburg 1904; dieselbe, Russkoe masonstvo i ego značenie v istorii obščestvennogo dviženija (XVIII i pervaja četvert' XIX stoletija), St. Petersburg 1907 (Moskau 1999); dieselbe, Masonstvo v teorii i v žizni, in: More 1-2(1906), S. 392-397; 13-14(1906), S. 479-491.
7 Brang, Kutuzov, S. 53; Lauer, Russische Literatur, S. 96ff; Waegemans, Russische Literatur, S. 36ff.
8 Pypin, Quellen; T. Sokolovskaja, V masonskich Ložach, Petrograd 1914; dieselbe, Taurnaja Loža u masonov, in: More 6(1906), S. 205-211; N.K. Kul'man, K istorii masonstva v Rossii. Kišinëvskaja Loža, St. Petersburg 1907; Osnovnoe uslovie Velikoj Loži ili Loža pod eja upravleniem soedinënnych, Teil 1, St. Petersburg 1815.
9 Erich Donnert, Peter der Große, Wien, Köln, Graz 1989.
10 Darauf wird in allen Darstellungen der russischen Maurerei hingewiesen, so auch bei Karl R.H. Fricke, Licht und Finsternis. Gnostisch-theosophische und freimaurerisch-okkulte Geheimgesellschaften bis an die Wende zum 20. Jahrhundert, Teil 2, Graz 1978, S. 438 ff. Vgl. auch Smith, Freemasonry, S. 7ff.
11 A.G. Cross, The British in Catherine's Russia, in: The Eighteenth Century in Russia, Oxfort 1973; derselbe, Britisch Freemasons in Russia during the Reign of Catherine the Great, in: Oxford Slavonic Papers 4(1971), S. 43-72 (auch in: Ars Quatuor Coronatorum 84, 1971); B. Telepnev, Freemasonry in Russia, in: Ars Quatuor Coronatorum 35(1922), S. 252ff.
12 B. Telepnev, Johann August Starck and his Rite of Spiritual Masonry, in: Ars Quatuor Coronatorum 41(1929), S. 238ff.
13 Erich Donnert, Kurland im Ideenbereich der Französischen Revolution. Politische Bewegungen und gesellschaftliche Erneuerungsversuche, Frankfurt/Main u.a. 1992; derselbe, Wissenschaftslehre und Bildung am Gymnasium Academicum zu Mitau 1745-1806, in: Wegenetz des europäischen Geistes, Wien 1983, S. 178-205.
14 Heinz Ischreyt, Streiflichter über die Freimaurerei in Kurland, in: Beförderer, S. 226-256; derselbe, Die Königsberger Freimaurerloge und die Anfänge des modernen Verlagswesens in Rußland, in: Rußland und Deutschland, Stuttgart 1974, S. 108-119; derselbe (Hrsg.), Königsberg und Riga, Tübingen 1995. Weitere Forschungen siehe bei Donnert, Kurland (wie Anm. 13), S. 324-325. Interessante Mitteilungen über die kurländische Freimaurerei finden sich in den Memoiren des Barons Karl Heinz Heyking: Aus Polens und Kurlands letzten Tagen, hrsg. von Baron Alfons Heyking sen., Berlin 1897, S. 223 ff. Vgl. auch Friedrich August Eckstein, Geschichte der Freimaurer-Loge im Orient von Halle, Halle 1844; Werner Piechocki (†), Die Anfänge der Freimaurerei in Halle, in: Donnert (Hrsg.), Europa in der Frühen Neuzeit, Bd. 4, S. 479-486. Vgl. auch Mühlpfordt, Mitteldeutschland (Einleitung, Anm. 1); Holger Zaunstöck, Sozietätslandschaft und Mitgliederstrukturen. Die mitteldeutschen Aufklärungsgesellschaften im 18. Jahrhundert, Tübingen 1999, insbesondere S. 8ff, 26ff, 44ff, 232ff.
15 Auch Smith, Freemasonry, S. 105ff, nennt ihn nur einige Male. Offensichtlich hatte auch er, der auf Recherchen in russischen Archiven verweist, nichts Neues über Reichel gefunden.
16 Vgl. meine Bemerkungen über Reichel unten, S. 57 ff.
17 Elagin, von Haus aus Historiker, übte am Hof Katharinas II. die Ämter des Hofmusik- und Theaterdirektors aus. Eine der Inseln im Neva-Delta wurde nach ihm benannt. Aus seiner Feder stammt das Werk Opyt povestvovanija o Rossii. Vgl. auch: Zapiska o masonstve I.P. Elagina, in: Russkij Archiv (1864), 586-604, und unten, S.86 ff.
18 Vgl. in der Folge, Ivanov, Intelligencija i masonstvo, S. 217 ff; E.S. Šumigorskij, Imperator Pavel I i masonstvo, in: Masonstvo, Bd. 2, S. 235 ff., 141.
19 Šumigorskij, S. 142.
20 Ebenda.
21 Ebenda, S. 140.
22 Ebenda, S. 141.

23 Vgl. Erich Donnert, Katharina II. in ihrem Verhältnis zur Aufklärung, Freimaurerei und gesellschaftskritischen Literatur in Rußland, in: Archiv für Kulturgeschichte 81 (1999), Heft 1, S. 81-104.

24 Hier sei vor allem verwiesen auf Hermann Schüttler: Bibliographie zum Illuminatenorden (1776-1787/93), in: Helmut Reinalter (Hrsg.), Der Illuminatenorden. Ein politischer Geheimbund der Aufklärungszeit, Frankfurt/Main u.a. 1997, S. 393-418; derselbe, Zwei freimaurerische Geheimgesellschaften des 18. Jahrhunderts im Vergleich: Strikte Observanz und Illuminatenorden, in: Donnert (Hrsg.), Europa in der Frühen Neuzeit, Bd. 4, S. 521-544; Pierre-André Bois, Der Illuminatismus als Schritt in die Modernität, in: Ebenda, S. 545-556.

25 Roland Edighoffer, Die Rosenkreuzer, München 1995; Horst Möller, Die Bruderschaft der Gold- und Rosenkreuzer: Struktur, Zielsetzung und Wirkung einer anti-aufklärerischen Geheimgesellschaft, in: Freimaurer und Geheimbünde im 18. Jahrhundert in Mitteleuropa, hrsg. von Helmut Reinalter, Frankfurt/Main 1983, S. 199-239.

26 Thomas Richert, Quellen zur freimaurerischen Tätigkeit Friedrichs des Großen, in: Quatuor Coronati, Jahrbuch Nr. 27/1990, S. 157-214. Zitat S. 162; Karl Demeter, Probleme um das Freimaurertum Friedrichs des Großen, in: Quatuor Coronati, Nr. 2, Juni 1965, S. 54-60.

27 Richert, Quellen, S. 212 f.

28 Zur Berliner Freimaurerei, auf die im vorstehenden Beitrag nicht näher eingegangen werden kann, vgl. insbesondere die grundlegenden Untersuchungen von Karlheinz Gerlach: 1798: Die preußische Freimaurerei zwischen staatlicher Reglementierung und Reform, in: Freimaurerische Wende vor 200 Jahren: 1798 – Rückbesinnung und Neuanfang (3. Internationale Tagung der Wissenschaftlichen Kommission zur Erforschung der Freimaurerei in Köln, 24. Bis 26. April 1998), hrsg. von Helmut Reinalter, Bayreuth 1998, S. 13-29; Karlheinz Gerlach, Die Berliner Freimaurer 1740-1806. Zur Sozialgeschichte der Freimaurerei in Brandenburg-Preußen, in: Donnert (Hrsg.), Europa in der Frühen Neuzeit, Bd. 4, S. 433-453; Karlheinz Gerlach, Freimaurer und Rosenkreuzer in Frankfurt an der Oder (1776-1806), in: Ebenda, S. 455-477; derselbe (Hg.), Berliner Freimaurerreden 1753-1804, Frankfurt/Main u.a. 1996.

29 Donnert, Katharina II.

30 Pypin, Masonstvo, S. 103 ff, 135 ff.

31 Journal der Rußlandreise Kaiser Josephs II. im Jahr 1780, hrsg. v. Erich Donnert und Helmut Reinalter, Thauer bei Innsbruck 1995; Erich Donnert, Die Rußlandreise Josephs II. im Jahre 1780, in: Deutsch-russische Beziehungen im 18. Jahrhundert, hrsg. v. Conrad Grau u.a., Wiesbaden 1997, S. 23-38.

32 Šumigorskij (wie Anm. 18), S. 143.

33 Ebenda, S. 144 f.

34 Ivanov, Intelligencija, S. 279.

Der Moskauer Rosenkreuzerorden. Nikolaj Novikov, Johann Georg Schwarz und Heinrich Jakob v. Schröder

Bei den freimaurerischen Emissären, die das Gespräch mit dem Großfürsten Paul suchten, handelte es sich vor allem um Abgesandte der stark mystisch geprägten russischen Freimaurerlogen, unter denen die Rosenkreuzerorganisationen den Vorrang einnahmen. Dieser Grundzug wurde bereits seit dem Jahre 1780 deutlich. Als einer der führenden Oberen und Organisatoren des *Moskauer Rosenkreuzerordens*, gleichsam dessen Seele, erwies sich Nikolaj Ivanovič Novikov.[1] Es gibt wohl kaum einen russischen Schriftsteller und Freimaurer, der die Forschung so eingehend beschäftigt hat wie Novikov. Dies bezeugt die lange Reihe der Monographien, die seit 1859 bis auf unsere Tage erschienen sind. Dabei fällt auf, dass eine Biographie dieses Mannes in deutscher Sprache fehlt.

Erfolgloser, relegierter Moskauer Student, Vertrauter Kaiserin Katharinas II., Herausgeber satirischer Journale, Freimaurer in St. Petersburg und Moskau, fern vom Hofleben, Redakteur von Freimaurerzeitschriften und Übersetzungswerken, Schriftsteller, Aufklärer, Philanthrop, Verleger, Buchhändler, Historiker und Schulmann, in enger Verbindung mit politischen Frondeuren, mehrfachen offiziellen Untersuchungen und Zensurmaßnahmen ausgesetzt, schließlich angeklagt, verurteilt und nach Einkerkerung begnadigt, jedoch nie voll rehabilitiert, sollte Novikovs Leben in Einsamkeit enden. Geboren in Tichvinskoe bei Moskau als Sohn eines Staatsrats, entstammte Novikov einer vermögenden Gutsbesitzerfamilie. In seinen ersten Lebensjahren auf dem väterlichen Gut Avdot'ino, bezog er danach bereits 1755 das Gymnasium der im selben Jahr eröffneten Universität Moskau, die in der Geistes- und Kulturgeschichte Russlands eine hervorragende Rolle spielt. Freilich erwiesen sich deren Anfänge mehr als schwierig, was auch für den beginnenden Unterrichtsbetrieb an dem der Hohen Schule zugeordneten Gymnasium galt. So sprach der hier gebotene Lehrstoff kaum an, was nicht ohne Wirkungen auf die Schüler blieb, die wenig Fleiß an den Tag legten. Zu denen, die wegen Desinteresses und ungenügender Leistungen aus dem Gymnasium ausgeschlossen wurden, gehörte auch Nikolaj Novikov.

Vom Vater finanziell unterstützt, begab sich Novikov ohne Schulabschluss 1760 nach St. Petersburg, um dort in das Izmajlovskij-Garderegiment einzutreten, das als eine der ersten Militäreinheiten im Juni 1762 der neuen Kaiserin Katharina II. den Treueid leistete. Zum Leutnant der Garde avanciert, ging er mit Eifer daran, seine Wissenslücken zu schließen, und galt bald als einer der gelehrtesten Offiziere seines Regiments. Als solcher von der Kaiserin, der er persönlich bekannt war, auserwählt, gehörte Novikov zu denen, die während der Verhandlungen der *Großen Gesetzbuchkommission* in Moskau 1767/68 das Protokoll führen durften. Durch seine Mitwirkung an den Arbeiten der Kommission erhielt er Einblick in die Vielgestaltigkeit der wirtschaftlichen, gesellschaftlichen und kulturellen Verhältnisse im Russischen Kaiserreich. Bei dieser Gelegenheit kam er auch unmittelbar mit der im Gerichtswesen bestehenden Korruption sowie der Rechtlosigkeit der leibeigenen Bauern und steuerpflichtigen Stadtleute in Berührung. Dabei erkannte er mit aller Deutlichkeit die tiefe Kluft, die zwischen seinem Stand, dem Adel, und dem Volk bestand. Nach der Auflösung der Kommission 1768 kündigte der erst vierundzwanzigjährige Novikov den Staatsdienst auf und begab sich auf den bei Moskau gelegenen Familienbesitz Avdot'ino, von wo aus er gute Möglichkeiten sah, sich als freier Schriftsteller und Journalist zu betätigen. Bereits zu diesem Zeitpunkt nahm er sich vor, gegen die ihm auf der Moskauer Reichsversammlung bewusst gewordenen Ungerechtigkeiten, die es im Lande gab, mit satirischer Feder vorzugehen.

Bei seinem Vorhaben stellte er sich die Aufgabe, durch Aufklärung für die Wiederherstellung der Menschenwürde in der russischen Gesellschaft einzutreten und damit einen Beitrag zur moralischen Erziehung der Gesellschaft und des Individuums zu leisten. In diesem Sinne kritisierte er in den von ihm in den Jahren 1769 bis 1774 herausgegebenen satirischen Zeitschriften *Die Drohne* (*Truteń*), *Der Schwätzer* (*Pustomelja*), *Der Maler* (*Živopisec*), *Das Haarnetz* (*Košelëk*) sowie in anderen Journalen die Willkür der Gutsbesitzer sowie die Unwissenheit, Rohheit, Verschwendungssucht, moralische Verkommenheit und blinde Anbetung der französischen Kultur durch den Adel.

Die Kaiserin, der die von Novikov aufgezeigten Zustände in ihrem Reich bekannt waren, hatte unmittelbar nach ihrer Thronbesteigung Anstrengungen unternommen, um den bestehenden Übeln abzuhelfen. Zu diesem Zweck proklamierte sie einen offenen Meinungsstreit, an dem sich neben ihr und Novikov auch andere russische Schriftsteller beteiligten. Als übergeordnetes Ziel wurde von der Herrscherin und Novikov gleichermaßen die Schaffung einer gelehrten Öffentlichkeit, eines lesenden Publikums, angestrebt. So war es seit den Tagen der Moskauer Gesetzbuchkommission von 1767/68 beider Anliegen, einen *Dritten Stand* zu formieren. Dabei bescheinigte Novikov in der in Gang gekommenen lebhaften Diskussion der Kaiserin Reformeifer und lobte deren unermüdlichen Einsatz und ihr Bestreben, unter den jungen Adeligen das Ideal eines guten Edelmanns zu propagieren, der nach ihrer Auffassung den wahren, patriotisch gesinnten „Sohn des Vaterlandes" verkörpere.

Freilich kam es im Zuge der literarischen Kontroversen, an denen sich zahlreiche russische Schriftsteller beteiligten, auch zu Meinungsverschiedenheiten zwischen Katharina und Novikov, die sich zum Teil recht zuspitzten. In Verbindung damit hatte Novikov bereits 1772 eine *Gesellschaft zur Förderung des Buchdrucks* ins Leben gerufen und sein Werk *Versuch eines historischen Lexikons der russischen Schriftsteller* veröffentlicht. 1773 begann er mit der Herausgabe seiner vielbändigen *Alten Russischen Bibliothek*, einer fundamentalen Quellensammlung, die ihren Wert auch heute noch nicht verloren hat. In seinen Geschichtsstudien stellte Novikov die einfachen natürlichen Sitten und Tugenden der russischen Vorfahren heraus, die er mit erkennbarem Lob kommentierte.

Mit seinen Schriften reihte sich der junge Schriftsteller und Publizist, des Staatsdienstes ledig, frühzeitig in den in Russland im Entstehen begriffenen Kreis der intellektuellen „Freischaffenden" ein, wobei er es von Anfang an verstand, alle Möglichkeiten, die die Kulturpolitik Katharinas II. der gesellschaftlichen Betätigung bot, aufzugreifen, zu nutzen und in eine kritische Kooperation mit der kaiserlichen Reformpolitik zu treten.[2] Dieser Versuch Novikovs stand bereits in deutlichem Zusammenhang mit den Bestrebungen der Freimaurerei, der ersten freien Gesellschaftsvereinigung in Russland. Man schrieb das Jahr 1775, als Novikov zusammen mit Aleksej Michajlovič Kutuzov und Ivan Petrovič Turgenev in St. Petersburg die Loge zur *Eintracht* eröffnete. Seit diesem Zeitpunkt war das Wirken Novikovs auf das Engste mit der Entwicklung der Freimaurerei in Russland[3] verbunden.

In den Sechziger- und frühen Siebzigerjahren hatten sich die russischen Maurer unter dem Großmeister Elagin nach einem weitgehend rationalen System in zahlreichen Logen organisiert. Diese stellten anfangs nicht viel mehr als Treffpunkte der adligen Elite des Landes dar, wo sich auch zahlreiche Ausländer einfanden. Mit dem Vordringen der *Hochgradsysteme,* der *Strikten Schwedischen Observanz* und des *Rosenkreuzerordens* gewann bald mystisches, spiritualistisches und moralisierendes Gedankengut stärkeres Gewicht im gesellschaftlichen Engagement der russischen Freimaurer. Verbunden damit waren Bestrebungen nach einer „rationalisierten" und „institutionalisierten" Philanthropie, die eine dauerhafte humane und aufklärerisch-*erleuchtende* Wirkung auf die Gesellschaft ausüben sollte. Die Kehrseite dieses Vorgangs äußerte sich darin, dass der neue religiös-moralische Ansatz der Freimaurerei gleichzeitig den Abstand zu den sich überwiegend säkular und ethisch determinierten Anschauungen vergrößerte, die zugleich als fragwürdig empfunden wurden. Hierbei handelte es sich um Auffassungen, wie sie Katharina II. und die ihr folgenden Reformer vertraten. Als Konfliktstoff zwischen beiden Richtungen in der gesellschaftlichen Reformbewegung Russlands wirkte von vornherein die Annäherung der Freimaurer an den Thronfolger Paul, in der die Herrscherin eine Gefahr erblickte.

Möglichkeiten und Grenzen publizistischer Betätigung und reformerischer Wirksamkeit während der Regierungszeit Katharinas II. wurden in der Person des Freimaurers Nikolaj Novikovs ganz deutlich. Nach ersten Erfahrungen in seinen Petersburger Jahren (1766-1779) mit dem Buchdruck, als Protokollant der *Großen Kommission*, Herausgeber mehrerer satirischer Zeitschriften und Versuchen als Historiker wandte sich Novikov als Aufklärer und Freimaurer der neuen Religiosität in Gestalt eines optimistischen und *erleuchtenden* Pietismus zu, als dessen Artikulationsorgan ihm die erste Freimaurerzeitschrift Russlands, *Das Morgenlicht* (*Utrennij svet,* 1777-1780), diente, die in mehr als fünfzig Städten des Reiches gelesen wurde. Diesem Organ ließ er nach seiner Übersiedlung in die alte Hauptstadt Moskau weitere sozialkritische Journale folgen, so die *Mos-*

kauer Nachrichten (*Moskovskie Vedomosti*, 1779-1789), deren Ansehen sich unter der Herausgeberschaft Novikovs bedeutend erhöhte, die *Moskauer Monatsschrift* (*Moskovskoe Ežemesačnoe Izdanie*, 1781), die *Abendröte* (*Večernjaja Zarja*, 1782) und den *Ruhenden Arbeitsmann* (*Pokojaščijsja Trudol'ubec*, 1784/85).

Seit 1779 wieder in Moskau, schwang sich Novikov zum ersten Großverleger des Zarenreiches auf. Diesen Platz sollte er bis Ende der Achtzigerjahre behaupten können. Als Pächter der Moskauer Universitätsdruckerei auf zehn Jahre beschäftigte er mehr als hundert Arbeitskräfte. Er brachte innerhalb dieser Zeitspanne über tausend Bände wissenschaftlicher, pädagogischer, kulturpolitischer und populärwissenschaftlicher Literatur heraus und schuf in Moskau und den benachbarten Städten ein ausgedehntes Netz von Buchhandlungen und öffentlichen Bibliotheken. Gleichzeitig entfalteten Novikov und seine Freunde seit Anfang der Achtzigerjahre eine umfangreiche Tätigkeit auf dem Gebiet der Volkshilfe. Sie eröffneten Spitäler, Apotheken und verteilten Arzneimittel unentgeltlich an Arme und Bedürftige. Die Bildungs- und Wohltätigkeitseinrichtungen, die Novikov ins Leben rief, fanden großen Zuspruch. Unter den in seiner Typographie gedruckten Büchern befanden sich auch zahllose Klassiker der Weltliteratur. Mit der Übernahme der Moskauer Universitätsdruckerei war Novikov auch Herausgeber der *Moskauer Nachrichten* geworden, deren Auflage er beträchtlich erhöhen konnte. Nach der kaiserlichen Erlaubnis zur Einrichtung von privaten Druckereien im Jahre 1783 machte Novikov in vollem Ausmaß von den neuen Möglichkeiten Gebrauch und ließ nun auch Lehr- und Schulbücher drucken.

Im Oktober 1782 hatte der Moskauer Universitätsverlag an „alle Liebhaber von Wissenschaften und Förderer von Gelehrsamkeit" eine Einladung zur Gründung einer *Gelehrten Freundesgesellschaft* (*Druževskoe Učënoe Obščestvo*)[4] ergehen lassen, deren Initiatoren Nikolaj Novikov und Johann Georg Schwarz waren. Schwarz, gebürtiger Siebenbürger und Sohn eines Pastors, gehört zu der Phalance westlicher Anreger von Aufklärung und Freimaurerei in Russland. Er hatte in Halle (1771 immatrikuliert) und vielleicht auch in Jena Theologie studiert und kam über eine Hauslehrerstelle im weißrussischen Mogilëv (Mahilëŭ) durch Vermittlung des Fürsten Ivan Sergeevič Trubeckoj nach Moskau, wo er 1779 an der dortigen Universität eine außerordentliche Professur für Deutsche Beredsamkeit, Dichtkunst und Philosophie erhielt. Schwarz entwickelte in Moskau von Anfang an eine außerordentliche Aktivität und wurde zu einer Zentralfigur des Geisteslebens an der dortigen Universität. In dem von Novikov 1779 eingerichteten *Pädagogischen Seminar* lernten etwa dreißig Schüler, darunter die späteren Metropoliten Michail und Serafim. Zwei Jahre danach hatte Schwarz eine *Vereinigung von Universitätszöglingen* gegründet. Der *Gelehrten Freundesgesellschaft* ließ er ein *Übersetzerseminar* anschließen. Schließlich gab Schwarz an der Universität ein Mitteilungsblatt heraus, das in deutscher und französischer Sprache über verschiedene Wissensgebiete informierte.

In Moskau angekommen, war Schwarz auch über den Dichter und Freimaurer Vasilij Ivanovič Majkov mit dem Fürsten Nikolaj Nikitič Trubeckoj bekannt geworden. Schwarz, zu diesem Zeitpunkt offensichtlich bereits Freimaurer, hatte 1776 in Mogilëv mit Genehmigung Elagins die Loge *Herkules in der Wiege* ins Leben gerufen, die durch ihn Verbindung zu den Mitauer Freimaurern aufnahm. Novikov war Schwarz wohl erst nach dessen Ankunft in Moskau begegnet. Als 28-jähriger Außerordentlicher Professor der Universität hatte der deutsche Gelehrte im August 1779 in seiner Antrittsvorlesung über *Methoden des Erlernens von Sprachen* doziert. Bereits ein Jahr später wurde er zum Ordentlichen Professor der Philosophie, der Deutschen Beredsamkeit und Dichtkunst ernannt, mit dem Auftrag, auch das der Universität angeschlossene Gymnasium als dessen Inspektor zu reorganisieren. Durch seine Beherrschung des Russischen, das er sich wohl schon in Mogilëv angeeignet hatte, erfreute sich der deutsche Gelehrte bei den einheimischen Studenten ganz besonderer Beliebtheit. Es war ein großer Tag für Professor Schwarz, als er im Jahre 1780 gelegentlich des Besuchs von Joseph II. an der Universität Moskau den deutschen Kaiser, dessen Untertan er war, an der Hohen Schule des Zarenreiches geleiten durfte.[5]

Schwarz verstand es sehr geschickt und anschaulich, seine pädagogischen, wissenschaftlichen und freimaurerischen Anliegen in Einklang zu bringen, für deren Verwirklichung ihm freilich nur wenig Zeit bleiben sollte. Von den Moskauer Freimaurern ob seiner Fähigkeiten hoch geschätzt, wurde er von ihnen im Vertrauen auf die weitgespannten Beziehungen, über die der *deutsche Bruder* verfügte, im Sommer 1781 in wichtiger Mission nach Deutschland entsandt. Das eigentliche Ziel von Schwarz' Auslandsvisite war, die russischen Logen von der Schwedischen Großloge zu emanzipieren und eine direkte Verbindung zu den Systemen der deutschen Hochgradfreimaurerei herzustellen.

Seine erste Station war St. Petersburg, wo er mit den maßgeblichen Persönlichkeiten der dortigen Logen zusammentraf und über den Stand der Arbeiten an der Universität Moskau berichtete. Weiter ging es über Mitau und Riga nach Königsberg, wo es zu Treffen mit Hartknoch und Hamann kam. Auf seiner Reise nach Braunschweig berührte Schwarz auch Berlin, wo er Wöllner besuchte und ebenso Theden kennen lernte. Bei dieser Gelegenheit wurde Schwarz von Wöllner in die Mysterien der Rosenkreuzer eingeführt. Im Oktober 1781 war Schwarz zum Empfang beim Herzog Ferdinand von Braunschweig, dem Generalgroßmeister der Vereinigten Logen, gebeten worden, dem er den Wunsch der russischen Freimaurer nach Selbstständigkeit vortrug. Auf dem Wilhelmsbader Konvent von 1782[6], an dem Schwarz ebenfalls teilnahm, wurde dann auch Russland als *VIII. Provinz* bestätigt. Deren Konstitution vom 14. Februar 1783 bestimmte Novikov zum Präsidenten des Direktoriums und Schwarz zum Kanzler der Provinz.

Die Mission von Schwarz 1781/82 war für die russischen Freimaurer ein voller Erfolg: Diese konnten sich der schwedischen Oberherrschaft entziehen und erlangten den Status einer eigenen selbstständigen Provinz. Wöllner bestätigte den neuen russischen Organisationsgrad in Gestalt der *Hochgrade* und die Anerkennung des Moskauer Kreises als „innerer Orden". Die masonische Arbeit in Moskau ging nun mit Hochdruck voran. Noch vor der Rückkehr von Schwarz war der Moskauer Stadtkommandant Fürst Vasilij Michajlovič Dolgorukov-Krymskij gestorben und durch den Freimaurer Graf Zachar Grigořevič Černyšëv ersetzt worden, der Symeon Ivanovič Hamaleja zum Leiter seiner Militärkanzlei und Ivan Petrovič Turgenev zu seinem Generaladjudanten ernannte. Beide waren nicht nur Freimaurer, sondern auch Rosenkreuzer. Gleiches galt für Ivan Vladimirovič Lopuchin und Fürst K. M. Engalyčev, die bei Gericht dienten, ebenso für Johann Georg Schwarz und Chariton Andreevič Čebotarëv, die als Professoren an der Universität Moskau lehrten, und Michail Matveevič Cheraskov, der das Amt des Universitätskurators innehatte. Unter den Mitgliedern des Moskauer Rosenkreuzerordens befanden sich neben prominenten Angehörigen des Hochadels und hohen Würdenträgern in Armee, Flotte[7] und Verwaltung auch niedere Beamte, Kaufleute und Vertreter anderer Volksschichten. Sie alle waren in Logen eingetragen und betätigten sich in den von den Moskauer Freimaurern eingerichteten masonischen Gesellschaften, Seminaren und Zirkeln.

Durch Zufall war die Auslandsmission von Schwarz terminlich mit der Europareise des Thronfolgers Paul zusammengefallen. Über die Reise Pauls, den man auch am Wiener Hof empfing, wird in zwei Briefen vom Jahre 1782 berichtet, die an das Oberhaupt des Illuminatenbundes, Johann Adam Weishaupt, gerichtet waren. Im ersten Schreiben vom 14. Januar hieß es: „Der Kaiser [Joseph II.] ist bis jetzt nicht Maurer gewesen; nun aber bey Gelegenheit, daß der russische Großfürst in Wien ist aufgenommen worden, will er auch zu dieser Gesellschaft treten." Im zweiten Schreiben vom 25. Februar hingegen war gesagt: Nun „habe ich erfahren, daß der Kaiser noch nicht Maurer ist, aber daß man Hoffnung gehabt, er würde sich bei Gelegenheit, da sich der Grossfürst von Rußland wollte aufnehmen lassen zu Rom, er auch das gleiche thun würde".[8] Obwohl es sich hierbei nur um Gerüchte handelte, riefen diese bei der russischen Kaiserin beträchtliche Ärgernis hervor, befand sich diese zum selben Zeitpunkt doch im Unfrieden auch mit Fürst Grigorij Aleksandovič Potëmkin , was sich möglicherweise auch aus der zwischen beiden bestehenden Uneinigkeit in der Freimaurerfrage erklärte.

Der Freimaurer Schwarz, der bereits Anfang 1782 von seiner Westreise nach Moskau zurückgekehrt war, fand hier seine Stellung als Universitätsprofessor bereits als gefährdet vor. Ernstere Konflikte ergaben sich für ihn mit den Professoren Johannes Matthias Schaden und Aleksej Kirillovič Barsov, insbesondere aber mit dem Universitätskurator Ivan Ivanovič Melissino. Selbst Freimaurer und Bruder des Generals Peter Ivanovič Melissino, der ein eigenes Hochgradsystem nach französischem Muster eingeführt hatte, scheint Ivan Melissino die Auslandsmission von Schwarz ganz besonders beargwöhnt zu haben. Angefeindet wurde auch die von Novikov und Schwarz initiierte *Gelehrte Freundesgesellschaft*, die als Konkurrenzunternehmen zu der 1771 an der Universität gegründeten und zu diesem Zeitpunkt bereits in Stagnation befindlichen *Freien Russischen Versammlung* (*Volnoe Rossijskoe Sobranie*) betrachtet wurde. Der Vorschlag, beide Gesellschaften zu verschmelzen, den Melissino machte, wurde von Schwarz schroff abgelehnt, was dessen Verhältnis zum Kurator zusätzlich verschlechterte.

Melissino beanstandete wohl vor allem die Verbindungen, die Schwarz zu ausländischen Rosenkreuzern unterhielt. Die Auseinandersetzung zwischen beiden endete damit, dass der deutsche Gelehrte zum Honorarprofessor herabgestuft wurde und keinerlei Gehaltsbezüge mehr zu erwarten hatte, was Schwarz veranlasste, seinen Abschied zu nehmen. Die Vorlesungen, die Schwarz an der Universität hielt, waren nach Aussagen von Hörern recht wirkungsvoll. In den Jahren 1782 und 1783 las er mehrmals über Philosophie. Schwarz fußte in seinen Auffassungen, wie andere Moskauer Rosenkreuzer auch, stark auf der deutschen Mystik. Aber auch von Saint-Martin scheint er beeinflusst gewesen zu sein. Schwarz polemisierte heftig gegen die französischen Enzyklopädisten und Materialisten, insbesondere gegen Lamettrie und Helvétius. Von den Zeitgenossen fanden bei Schwarz ausdrückliche Anerkennung Johann Kaspar Lavater und Johann Georg Hamann, der von dem Moskauer Universitätsprofessor als ein „neuer Boehme" gepriesen wurde. Schwarz selbst legte seiner Lehre den Satz zu Grunde, dass es zwischen Glaube und Verstand, Philosophie und Theologie keine Unvereinbarkeit gäbe.

Wie aus autobiographischen Aufzeichnungen von Schwarz bekannt ist, suchte dieser auch als Hochschullehrer die verlegerischen Aktivitäten seines Freundes Novikov mit allem Nachdruck zu unterstützen: „Bald wurde ich gewahr", so schrieb er, „daß er (Novikov – E. D.) eine Entreprise unternommen hatte, wobey einzelner Menschen Kraft zu schwach, und doch war der Fortgang derselben für die Aufklärung Russland's äusserst wichtig. Ich faßte also Feuer und lebte ganz zu dessen Hülfe, arbeitete selbst Tag und Nacht und, da ich eine sehr zahlreiche Klasse von Auditoren hatte, so versuchte ich auch solche zur Mitarbeit anzufeuern und sie zu Übersetzern zu bilden. Ich fing damit an, daß ich meine Bibliothek unter den jüngeren Leuten vertheilte, um Ihnen hierdurch Geschmack beyzubringen, ich hatte es aus eigener Erfahrung, wie viel ein neues hübsches geschenktes Buch auf eine junge Seele wirkt. Ich resümirte; die jungen Leute wurden mir geneigt, die Väter kamen mir Dank abstatten, fast täglich wurde ich in neue Familien introducirt und mit Lobes Erhebungen und Danksagungen überhäuft". Am Schluss seiner Notizen hatte Schwarz nochmals festgehalten: „Als Professor der Deutschen Sprache habe ich über hundert Eleven in dieser Sprache gebildet, fast einige zwanzig bis zum fähigen und guten Schreiben in dieser Sprache gebracht und noch mehrere zu Uebersetzern, wovon die meisten schon nützliche Proben dem Publico gedrucket geliefert haben, das Studium der deutschen Sprache aber überhaupt in Moskau emporgebracht".[9]

Eine unmittelbare Folge der von Schwarz beschriebenen Bestrebungen war, dass zahlreiche seiner Zöglinge als Übersetzer und Beiträger an Novikovs Zeitschriften mitarbeiteten. Während sich an der Herausgabe des *Utrennij svet* anfangs vor allem literarische Autoritäten wie Michail Matveevič Cheraskov, Vasilij Ivanovič Majkov und Michail Nikitič Muraѵ́ëv beteiligten, wurden nach der Übersiedlung der Redaktion des Journals nach Moskau zunehmend Schüler, Studenten und Seminaristen zur Mitarbeit herangezogen. So sah sich Novikov veranlasst, in seinen Zeitschriften *Moskovskoe Ežemesjačnoe Izdanie* (*Moskauer Monatsausgabe*) und *Večernjaja Zarja* (*Abendröte*) von 1781 und 1782 Namenslisten von neu hinzugekommenen Mitarbeitern nachzutragen, wodurch auch deren Leistungen, wie von ihnen verlangt, offiziell anerkannt wurden. Auch gab man jetzt in der Regel den Beiträgen auch die Namen der Verfasser bei.

Es war also nicht Novikov, sondern Schwarz, der die studentischen Mitarbeiter als Hilfskräfte bei der Bewältigung der Arbeiten, die mit der Herausgabe von Zeitschriften und anderen Werken verbunden waren, gewonnen hatte. Was die Erlernung der deutschen Sprache anbetraf, so empfahl Schwarz ausdrücklich die Lektüre der von Novikov, ihm und anderen herausgegebenen Periodika. Im Zusammenhang damit stellte er in seiner im April 1780 aus Anlass des Universitätsjubiläums unter dem Thema *De virtutibus et vitiis stili Germanici, ejusque exercitiis recte instituendis* gehaltenen und von Novikov noch im selben Jahr gedruckten Rede coram publico fest, dass die beste Übung im deutschen Stil das Übersetzen sei, weil es mehr als das bloße Lesen eines Autors zum genauen Erfassen des einzelnen Ausdrucks zwinge.[10] Dieser Hinweis zeugt ein weiteres Mal davon, dass Schwarz einen maßgeblichen Einfluss auf die Auswahl deutscher Übersetzungstexte ausübte, die in Novikovs Journalen abgedruckt wurden.

In seinen Lehrveranstaltungen setzte sich Schwarz auch ausführlich mit ästhetischen Fragen der zeitgenössischen deutschen, englischen, französischen und russischen Literatur auseinander. Dabei zog er griechische und römische Schriftsteller zum Vergleich heran und entwickelte deutliche Ansätze einer vergleichenden literatur- und kunstwissenschaftlichen Betrachtung. In Ergänzung seiner umfangreichen Vorlesungsthematik las er zudem über Anatomie, Physik und Optik. Dabei ging es Schwarz darum, seine Hörer an die Wahrheiten der Physiognomie und der Chiromantie heranzuführen sowie zur Entdeckung von Magie und Kabbalistik, die Verwandlung des Natürlichen ins Übernatürliche anzuleiten.

Es war nur zu verständlich, dass Problemstellungen dieser Art beim rationalistischeren Melissino Missfallen erregen mussten. Insgesamt stellte die Wirksamkeit des Universitätsprofessors und Freimaurers Schwarz eine Art Reaktion auf den bislang in Russland vorherrschenden französischen Rationalismus dar. Der deutsche Gelehrte lenkte mit seinem Konzept die Aufmerksamkeit der russischen Bildungsschicht und Studentenschaft auf die zeitgenössische deutsche Literatur, auf Hamann[11], Herder und Gellert, den er besonders schätzte. Durch die deutsche Vermittlung vermochte er die aus Frankreich nach Russland herüberwirkenden gefährlichen Ideen gleichsam zu entschärfen und in Russland den Boden für eine Kulturströmung zu bereiten, die sich später der deutschen Klassik, dem Sturm und Drang und der Romantik öffnen konnte.

Wie Johann Georg Schwarz, wurde auch ein anderer hervorragender deutscher Schriftsteller zum Wegbereiter einer praktischen Philanthropie in Russland: Jakob Michael Reinhold Lenz[12], der 1781 in Moskau eintraf, freilich bereits von tödlicher Krankheit gezeichnet. Als Übersetzer der Werke von Michail Matveevič Cheraskov, Sergej Ivanovič Plešćeev und Michail Dmitrievič Čulkov schien Schwarz in Lenz einen hochgebildeten Gesinnungsgenossen bei seinem Wirken als Vermittler zwischen dem deutschen und dem russischen Geistesleben erhalten zu haben. Nach Schwarz' Rückkehr aus Deutschland wurde das Verhältnis zwischen ihm und Novikov, der den verfolgten Freund in sein Haus aufnahm, noch enger als vordem. Durch die Betonung ethischer Forderungen im Sinne stärkerer Selbsterkenntnis und Verinnerlichung hatte die russische Freimaurerei eine spürbare Vertiefung erfahren. Zugleich hatten es Novikov und Schwarz verstanden, ihre bildungspolitischen und sozialfürsorgischen Aktivitäten zu verstärken.

Die *Gelehrte Freundesgesellschaft* verdankte ihre Entstehung freilich nicht allein Novikov und Schwarz, war doch der Gedanke hierzu bereits ein ganzes Jahrzehnt hindurch bei mehreren aufgeklärten und vornehmen Persönlichkeiten der russischen Elite gereift, die nun Mitglieder dieser Vereinigung geworden waren. Bei ihnen handelte es sich nicht um Revolutionäre, die den politischen Kampf suchten, sondern um solche, die sich für die Selbstverwirklichung der Persönlichkeit, für die Verbreitung „wahrer Aufklärung", für Selbsterkenntnis, Gottesschau und moralische Bildung des Menschen einsetzten. Ihre Gedankengänge wurzelten im mystischen Suchen und Grübeln. Als russischer Aufklärer wandte sich Novikov ebenso wie seine Gesinnungsgenossen nicht gegen die Einrichtung des Zartums, sondern gegen dessen Formgestalt, die autokratisch-absolutistische Herrschaft Katharinas II. Wie andere erhoffte sich Novikov im Thronfolger Paul den „wahren" aufgeklärten Monarchen, der dem Volk das langersehnte Befreiungsgesetz bringen würde.

Bei seinem Suchen nach der Wahrheit hatte Novikov in jungen Jahren immer wieder zwischen „Voltairianertum und Religion"[13] geschwankt und keinen Halt gefunden. Diese Stütze glaubte er durch seinen Eintritt in die Gemeinschaft der Freimaurer erlangt zu haben. Eine Rolle bei diesem Schritt hatte sicherlich auch der gewalttätig-blutige anarchistische Pugačëv-Aufruhr von 1773 bis 1775 gespielt, der ihn innerlich auf das Tiefste aufwühlte. Novikovs religiöses Empfinden schloss einerseits jegliche Gewaltanwendung aus, andererseits bedrängte ihn seine Menschenliebe beständig, einen Weg zu finden, um einer schrankenlosen Herrschaftsausübung entgegenzuwirken.

Die Moskauer Freimaurerei hatte durch das Wirken von Novikov, Schwarz und deren Gesinnungsgenossen spürbare Impulse erhalten. In der von ihnen im Hause Novikovs neben dem Nikolaj-Tor am Kreml eingerichteten Druckerei gaben sie, offensichtlich gemeinsam, die Zeitschriften *Abendröte* und *Ruhender Arbeitsmann* heraus. Zudem redigierte Novikov als Pächter der Universitätsdruckerei die Universitätszeitschrift *Moskauer Nachrichten*, die mit verschiedenen Beilagen, so der *Kinderlektüre für Herz und Verstand* (*Detskoe Čtenie dlja Serdca i Razuma*), erschienen. Auch unter den Mitarbeitern dieser Zeitschrift fanden sich zahlreiche Schüler von Professor Schwarz. Doch die vertraute Zusammenarbeit zwischen diesem und Novikov sollte nur noch von kurzer Dauer sein. Schon 1783 verließ der von einem Lungenleiden gequälte Schwarz Moskau und begab sich in das nahe gelegene Dorf Očakovo, wo er von Fürst Nikolaj Nikitič Trubeckoj gastfreundschaftlich aufgenommen wurde, der bereits seit Ankunft des deutschen Siebenbürgers in Russland sein Gönner war.

Indes, Schwarz' Kräfte ließen immer mehr nach. Am 17. Februar 1784, erst 33 Jahre alt, segnete Johann Georg Schwarz in Očakovo das Zeitliche. In seinem Nachruf auf den Verstorbenen würdigte Lenz diesen als einen Mann, der sich zum Wohle Russlands und seiner alten Hauptstadt Moskau aufgeopfert habe. Lenz soll sich auch um die Witwe von Schwarz und die Kinder gesorgt haben. Ein Sohn von Schwarz, Pavel Ivanovič Švarc, wurde Botaniker und als Gartenbaufachmann in Moskau bekannt. Kulturminister Alexander Nikolaevič Švarc (1848-1915) soll ebenfalls ein Nachkomme von Johann Georg Schwarz gewesen sein.

Ungeachtet der nur wenige Jahre zählenden Wirksamkeit blieb das Leben von Schwarz in der russischen Nachwelt nicht ohne Widerhall. Es war der deutsche Professor an der Moskauer Universität, der seinen Studenten Aufklärung und Freimaurerei als vielschichtige Phänomene nahe brachte und ihnen zugleich die Ambivalenz des gewaltigen geistigen Aufbruchs seines Zeitalters verdeutlichte. Stärker noch als Novikov sah sich Schwarz den mit Macht vordringenden neuen geistigen Strömungen in Europa verbunden, die in die Richtungen des Sturm und Drang, der Empfindsamkeit und des Sentimentalismus, der Naturphilosophie und der Romantik einmündeten. In ihnen fand auch die Freimaurerei ihr weiteres Betätigungsfeld.

Wenige Monate nach dem Tod von Schwarz hatte Novikov zusammen mit fünfzehn freimaurerischen Freunden an der Moskauer Universität die *Typographische Compagnie* gegründet. Es war dies eine Aktiengesellschaft, bestehend aus zwei Druckereien und zwanzig Pressen, ausgerüstet mit einem großen Stab von Autoren, Übersetzern, Redakteuren und Druckern. Die *Compagnie* entfaltete alsbald eine fruchtbare Tätigkeit, druckte zahlreiche Bücher und eröffnete Buchhandlungen. Mit seinen Arbeitsergebnissen geriet Novikov freilich bald in deutliche Konkurrenz zu den kulturpolitischen Bestrebungen der Kaiserin, die bereits zu Beginn der Siebzigerjahre die Herausgabe einer „Sammlung zur Beförderung der Übersetzung fremdländischer Bücher in die russische Sprache" angeregt hatte.

Zusammen mit der 1782 ins Leben gerufenen *Gelehrten Freundesgesellschaft* nebst ihrem *Übersetzerseminar* erwarb sich Novikovs *Typographische Compagnie* bedeutende Verdienste. Auch den kranken Dichter Jakob Michael Reinhold Lenz, der 1792 starb, hatte Novikov in sein Haus aufgenommen und die Kosten seiner Beerdigung beglichen. Im Verein mit seinen Gesinnungsfreunden ließ Novikov für die *Brüder* Lebensversicherungs-, Sterbe- und Unterstützungskassen einrichten. Es waren die selbstlose und unermüdliche Tätigkeit sowie die Sittenstrenge, die Novikov und seinen Freunden selbst die Anerkennung der Widersacher einbrachte.

Das rosenkreuzerische Hauptdirektorium des *Theoretischen Grades* in Moskau bestand nach dem Tode von Schwarz aus Heinrich Jakob v. Schröder, A. M. Kutuzov, Fürst N. N. Trubeckoj, N. I. Novikov, Fürst Ju. N. Trubeckoj, I. V. Lopuchin, I. P. Turgenev und S. I. Hamaleja. Nach den Angaben Novikovs gab es in Russland über 60 *Theoretische Brüder. Kreis- und Hauptinspektoren des Grades* waren in Moskau I. V. Lopuchin, I. P. Turgenev, O. A. Pozdeev und S. I. Hamaleja.; in St. Petersburg E. F. Zverak (seit 1788 M. A. Lenincëv); in Vologda V. I. Ostolopov; in Orël Z. Ja. Karneev. Die *Theoretischen Versammlungen* unterschieden sich in ihrem Charakter gänzlich von denen der übrigen Logen.

Ungeachtet der Aussagen, die Novikov später vor Gericht machte, ist nicht bekannt, welche *Theoretischen Stufen* die Mitglieder der Moskauer Rosenkreuzer besaßen. Die höchsten Grade hatten wohl Schröder und Schwarz erreicht, die Begründer des Ordens. Als Schröder Anfang November 1785 nach Berlin kam, erhielt er von Wöllner die 6. Stufe. Hochgrade waren wohl auch Novikov und Nikolaj Nikitič Trubeckoj, der nahe Verbindungen zu Schröder unterhielt, zuerkannt worden. Ivan Petrovič Turgenev besaß nach eigenen Angaben die 4. Stufe, während Aleksej Michajlovič Kutuzov in Berlin nur die 3. Stufe, das heißt die eines *Praktikers* erhalten hatte. Was besagt, dass er in Moskau nur Inhaber der Stufe 2 war. Träger einer nur für den Moskauer Rosenkreuzerorden eingerichteten Stufe, des Grads des *Geistigen Ritters*, war Lopuchin, wohl 1791, geworden. Dieser Grad setzte den Besitz einer theoretischen Stufe voraus.

X X
X

Bei dem sowohl in der älteren als auch in der neueren Forschung[14] erwähnten „Baron v. Schröder" handelte es sich offensichtlich um den aus dem Mecklenburgischen stammenden Gutsbesitzer und Freimaurer Heinrich Jakob Freiherr v. Schröder, eine zum Teil merkwürdig und problematisch anmutende Gestalt der deutschen und russischen Maçonnerie. Er gehörte einer zahlreiche Köpfe zählenden Adelsfamilie an, deren Angehörige um Rostock begütert waren und dem preußischen König als Offiziere und Beamte dienten. Wohl die meisten von ihnen waren Freimaurer, die sich in den dortigen regionalen Logen betätigten. In den älteren Handbüchern der Freimaurerei werden mehrere Repräsentanten der Familie Schröder erwähnt, von denen der eine oder andere sich länger oder auch nur zeitweilig in Russland aufhielten und in Verbindung mit den russischen *Brüdern* standen bzw. von Mecklenburg und Berlin aus Kontakte nach St. Petersburg und Moskau pflegten.[15]

Einer von ihnen war offensichtlich Christian Nikolaus v. Schröder, der, von seinem Bruder Joachim Heinrich v. Schröder als Missionar nach Russland entsandt, sich als Angehöriger der Strikten Observanz bereits seit 1765 in Russland betätigte. Die über ihn vorliegenden Nachrichten erscheinen jedoch wenig glaubwürdig und sollen daher nicht weiter erörtert werden. Das Gleiche gilt für Friedrich Leopold v. Schröder, der unter dem Namen *Frater Dominicus Scarabaeo* seit 1773 Senior des *Präfektur-Kapitels* in Königsberg und von Johann Christoph v. Wöllner nach Russland beordert worden war. Er sollte sich später als Reichsfreiherr Friedrich Leopold v. Schroetter als ein enger Mitarbeiter des Reichsfreiherrn Friedrich Karl vom und zum Stein betätigen.[16]

Wichtige Nachrichten über das Agieren von Angehörigen der Rostocker Freiherrenfamilie Schröder stammen von Johann August Starck, Professor in Rostock, Hofprediger in Königsberg und schließlich *Archimedes ab Aquila Fulva* in Darmstadt. Durch Beschluss des Konvents von Wilhelmsbad 1782 waren Österreich und die Lombardei zur VII. Provinz erklärt worden. Diese arbeitete nach den Direktiven des *Capitulum Generale Canonicorum Regularium*. Zu den Mitgliedern des Kapitels zählten Wöllner, Starck, Theden, Bischoffwerder und andere. Zur VII. Provinz gehörte das *Sub-Priorat Ratzeburg* in Mecklenburg, einschließlich der *Präfektur Eckhorst* (Rostock), das unter der Leitung von Joachim Heinrich v. Schröder, Geheimer Justiz- und Kanzlei-Vizedirektor in Rostock und Gründungsmitglied der Loge *Zu den drei Sternen,* stand. Dessen Bruder, Christian Nikolaus v. Schröder, königlich preußischer Hauptmann und Kavalier zu Rövershagen, gehörte der gleichen Loge an, war ebenfalls Rosenkreuzer und trug den Namen *Sacerdos*. Weitere Mitglieder der Loge *Zu den drei Sternen* waren Dietrich v. Schröder, Gerichtsprokurator und Notar in Rostock; Heinrich Gottlieb v. Schröder, Rat und Bürgermeister in Neubrandenburg, aufgenommen 1765 als Lehrling; Georg Friedrich v. Schröder, Geheimer Kammersekretär in Neu-Strelitz, 1775 zur Loge in Neubrandenburg übergetreten; Johann Christian v. Schröder, Fähnrich in Minden, rezipiert 1772, *Geselle* 1774 in Göttingen, und Heinrich Jakob v. Schröder.

Freiherr Heinrich Jakob v. Schröder, wurde am 8. Juli 1757 in Stettin geboren. Am 19. September 1772 trat er in die Rostocker Loge *Zu den drei Sternen* ein. Am 17. Februar 1776 wurde er Geselle, am 8. April 1778 erhielt er das Meisterpatent: „Dies war", wie er schrieb, „ein wichtig Jahr für meine Geschichte." In jungen Jahren Portepee-Fähnrich, brachte er es in der preußischen Armee bis zum *Dragoner-Capitain.*[17] Sein erster Freimaurername war *Dominicus*. Über Schröders Werdegang als Gutsbesitzersohn und preußischer Offizier ist bislang kaum etwas Näheres bekannt. Er selbst hat sich offensichtlich nicht darüber ausgelassen. Das von ihm verfasste *Tagebuch*[18] setzt erst 1784 ein und enthält nur wenige Reminiszenzen, die sich auf seine frühe Entwicklung beziehen. Dasselbe gilt für seine Briefe, die er mit zahlreichen Personen seiner Zeit, meist Freimaurern, wechselte.

So ist auch von ihm selbst keine Äußerung darüber bekannt, was ihn veranlasste, den Weg nach Russland zu nehmen. Jedoch geht aus dem Tagebuch hervor, dass Schröder seit Mitte der Achtzigerjahre in der russischen Freimaurerei eine wichtige Rolle spielte. So setzte er sich, 1784 in St. Petersburg angelangt, sogleich mit den dortigen Freimaurer-Oberen wie Reichel, Elagin und anderen ins Benehmen und führte ausführliche Gespräche mit ihnen. In der russischen Hauptstadt gehörte Schröder mitsamt seiner Gemahlin, der Baronin v. Schröder, auch zu den Freunden und guten Bekannten der beiden Nikolai, in deren Briefwechsel[19] er, allerdings nichtssagend, mehrmals erwähnt wird. Nach Moskau übergewechselt, schloss sich Schröder dem Freimaurerkreis um Schwarz und Novikov an, wobei er insbesondere mit Schwarz in nähere Beziehungen trat. Um sein Fortkommen in Russland zu sichern, hatte Schröder seinen Dienst als preußischer Hauptmann aufgekündigt und war als Leutnant in ein russisches Leib-Grenadierregiment eingetreten. Auf Anraten von Schwarz zog er sich jedoch nach kurzer Dienstzeit wieder ins Privatleben zurück.

Die Arbeit der Moskauer Maurer war erfolgreich angelaufen, als ihr aktiver Oberer Johann Georg Schwarz tödlich erkrankte und im Februar 1784 starb. Wöllner, gleichsam in Vorahnung von dessen baldigem Ableben, hatte bereits unmittelbar nach Beendigung des Wilhelmsbadener Konvents 1782 Heinrich Jakob v. Schröder nach Russland entsandt, offenbar mit der Maßgabe, die masonische Arbeit des bereits laborierenden Schwarz zu übernehmen. Im April 1784 erhielt der Prior des *Kapitels* der *Russischen Provinz*, Peter Alekseevič Tatiščev, aus Berlin die Weisung, ein Direktorium, bestehend aus drei würdigen *Brüdern*, zu bilden, die Gott und dem Rosenkreuzerorden ergeben seien. Es waren dies Tatiščev selbst, Novikov und Fürst Nikolaj Nikitič Trubeckoj, die das in Moskau zu gründende Gremium ins Leben riefen. Jedem Mitglied des Direktoriums stand zur Unterstützung ein Sekretär aus dem Kreis der *Theoretischen Brüder* zur Seite. Die Eigenschaften der Sekretäre sollten in Bescheidenheit und im wahren Glauben bestehen. Tatiščev wurde auf Geheiß Wöllners der deutsche *Bruder* Heinrich Jakob v. Schröder als Sekretär zugeordnet.

Im August 1784 gründeten die Moskauer Freimaurer die *Typographische Companie*, für deren Einrichtung Baron Schröder ein Grundkapital zur Verfügung stellte, das er durch den Verkauf ihm gehöriger mecklenburgischer Güter flüssig gemacht hatte. Mit diesem Schritt wurde Schröder einer der Hauptinhaber der Druckerei, was Novikov und die anderen Oberen des Moskauer Maurerkreises auch anerkannten. Schröder erhielt zudem das Recht, den Briefwechsel der Moskauer Rosenkreuzer mit den Berliner *Brüdern* hauptverantwortlich zu führen. Nicht genug damit, hatten die Moskauer Rosenkreuzer *Baron Schröder*, wie er in den Quellen und der Forschung genannt wird, bereits als ihren Emissär ins Ausland entsandt, als Schwarz noch lebte, freilich schon vom Tode gezeichnet war. Das heißt, es war Schröder rasch gelungen, mit Unterstützung von Schwarz und den Berliner *Brüdern* in der russischen Freimaurerei wichtige Führungspositionen zu übernehmen und als autoritativer Vermittler zwischen den Moskauer und den Berliner Rosenkreuzern zu fungieren.

Im Zusammenhang mit seiner bevorstehenden Auslandsmission ließ Schröder freilich bereits deutlich eine Verquickung seiner freimaurerischen Anliegen mit eigenen geschäftlichen Interessen erkennen. So wollte er jetzt ein großes Haus käuflich erwerben, um von dort aus freimaurerische Arbeiten in großem Stil zu entfalten, wofür er freilich weitere Kapitalien benötigte, die er von einem reichen Rostocker Onkel zu erhalten hoffte. Damit brachte er feilich nicht nur sich selbst, sondern auch den Moskauer Orden in eine bedenkliche Lage. Just im August 1784 hatte nämlich die von Kaiserin Katharina II. eingesetzte Schulkommission Klage geführt, dass Novikov verbotene Schriften nachdrucke und den Moskauer Gouverneur Nikolaj Petrovič Archarov aufgefordert, darüber Bericht zu erstatten. Anfang September 1784 war Graf Jakov Aleksandovič Brjus, der den Freimaurern ablehnend gegenüberstand, zum neuen Stadtkommandanten von Moskau ernannt worden. Noch im selben Monat verbot die Monarchin Novikov den Druck der

Schrift *Istorija ordena iezuitov* (Geschichte des Jesuitenordens). Zugleich ließ Brjus die in seiner Kanzlei dienenden Freimaurer Ivan Petrovič Turgenev, Ivan Vladimirovič Lopuchin und andere in den Ruhestand versetzen.

In dieser zugespitzen Lage wurden die Fürsten Nikolaj Nikitič Trubeckoj und K. M. Engalyčev von den Moskauer Rosenkreuzern bevollmächtigt, sich der Sache von Schröders Hauskauf anzunehmen, während dieser sich im Oktober 1785 über St. Petersburg, Dorpat und Riga als Emissär nach Berlin begab. Die damit ausgebrochenen Auseinandersetzungen mit Schröder in Moskau waren auch den Freimaurern in St. Petersburg, der ersten Station des Reisenden, zu Ohren gekommen. In der russischen Hauptstadt angekommen, bereiteten die dortigen führenden russischen Maurer dem 27-jährigen deutschen *Bruder* einen mehr als kühlen Empfang, den dieser in seinem *Tagebuch* eindrucksvoll beschrieben hat. Danach wurde er von ihnen geradezu „hundsföttisch"[20] behandelt. Offensichtlich mit besonderer Absicht machte Schröder zunächst dem in Russland der Siebzigerjahre in Freimaurerkreisen allbekannten Baron v. Reichel seine Aufwartung, der ihn äußerst freundschaftlich empfing. Auch mit den englischen *Brüdern* knüpfte Schröder rasch Kontakte, ebenso streckte er seine Fühler nach Schweden aus. In seinen Begegnungen, die er in Petersburg mit Maurern verschiedener Nationalität hatte, ließ sich Schröder weitschweifig über seine freimaurerische Gedankenwelt aus, wobei er sich offensichtlich recht rechthaberisch gab. Gleichzeitig streute er in seine Tagebuchaufzeichnungen Notizen ein, in denen er kurze Charakteristiken von Personen gab, denen er begegnete oder von denen er wusste. So sprach er sehr abfällig von Ivan Perfil'evič Elagin, dem er „Müßigkeit" und „Schläfrigkeit" vorhielt: „Er tut nicht leicht Böses, aber auch nichts Gutes; er sucht Gold zu machen."[21]

Außer mit Aleksej Andreevič Rževskij führte Schröder häufigere Gespräche mit Grigorij Michajlovič Lukaševič und E. F. Zverak, in denen es wohl vorrangig um die Konfusion ging, die in den St. Petersburger Logen eingerissen war. Geraume Zeit verbrachte Schröder mit der Abfassung von Briefen, die er nach Moskau sandte. Aber auch das Kartenspiel kam zu seinem Recht, ebenso das Schuldenmachen, das damit verbunden war. Jedoch hatte Baron Schröder von dem deutschen *Bruder* Gottfried Uhlich die Versicherung erhalten, ihm „so viel Tausend zu borgen, als mein Oncle wollte."[22]

Im Übrigen fand Schröder, dass die meisten der Petersburger Brüder mit der Suche nach Gold befasst waren. Scharf ging er mit Gestalten wie Anton Friedrich Mesmer und Pater Hill ins Gericht, die er als „Betrüger" bezeichnete. Auch Valentin Weigels und Friedrich Christoph Oetingers Auffassungen fanden vor Schröder keine Gnade. Emmanuel Svedenborg wagte er, wie er sagte, nicht zu beurteilen, bliebe ihm doch dieser „unverständlich". Von Saint-Martin ist in Schröders Tagebuch der Satz fest gehalten: Dieser habe „[...] gewiß alles gesagt, was er gewußt", aber auch dessen Werk sei „nichts werth" und „führt nur ab." Georg v. Rosenberg wird ein „Windbeutel" genannt, den Elagin zum „Provincial-Groß-Meister konstituiert" habe. Lev Vasil'evič Tret'jakovskij hingegen hielt Schröder für „ein gut ehrlich Blut", das freilich auch „nach Gold"[23] suche.

Über die Zwischenaufenthalte in Dorpat, Riga und Mitau finden sich in Schröders Reiseaufzeichnungen nur kurze Notizen.[24] Von dort aus in Berlin, seiner Endstation, angekommen, begab sich Schröder sogleich zu Wöllner[25], der ihm den 6. Grad verlieh. Mit ihm und den Berliner höchsten Oberen kam er während seines Aufenthalts in der preußischen Metropole nahezu täglich zusammen. Von ihm wurde er nach ungezählten Ordenssachen gefragt, worauf, so hat er fest gehalten, "ich ihm nichts zu antworten wußte." Der Berliner selbst hatte gemeint: „Vielleicht wird Rußland ein Ober-Haupt-Direktorium" haben. *Sacerdos* [Schröder] müsse dabei „das meiste thun, von ihm wird es gefordert."

Aus seinen Unterhaltungen mit Wöllner erhielt Schröder zahlreiche Aufschlüsse, so auch darüber, dass man in Berlin „Reichel kaum dem Namen nach" kannte. Ebenso erfuhr er, dass Wöllner im Einvernehmen mit Theden vorhatte, „1 Regime für die Brüder aus der großen Welt in Rußland aufzusetzen." Die Zeit hierfür sei freilich „noch nicht da, wo der Orden sich öffentlich in seiner ganzen Macht darstellen dürfte, aber nicht weit. Der Orden bliebe nicht auf dem Fuß, wie es jetzt sey." Was die von der Kaiserin von Rußland verfassten und gegen die Freimaurerei gerichteten, in St. Petersburg „aufgeführten Comedien" angehe, so seien diese nach dem Empfinden der *Brüder* in Russland und Preußen „abscheulich und zeugten von dem wahren Seelengrund der Auteurs."[26]

In den Zusammenkünften und bei Tisch wurde während Schröders Berliner Aufenthalt überhaupt viel über Russland und die Russen gesprochen. An Baron Schröder gewandt, äußerte Wöllner dabei den Wunsch: „Sagen sie den Russen, sie sollen fromme Leute werden und sich der Führung überlassen! Ich redete einmal, wie sehr sie Theosophie und mystische Bücher liebten und welchen Widerwillen sie für Chymie hätten. Er sagte: ich muß einen aparten Bericht darüber machen. Man müßte nicht just alles mystisch erklären, es läge Chymie zum Grunde."[27]

Bei den Gesprächen über die Freimaurerei in Preußen und Russland, die Wöllner mit Schröder führte, fehlte es nicht an Meinungsverschiedenheiten und gegenseitigen Zurechtweisungen. So war der Berliner Obere gelegentlich „übler Laune, gab mir zu verstehen, daß ich Sachen fragte, die wir noch lange nicht zu wissen brauchten. Der 8. Grad wäre erst die erste Stufe der Magie, wir lernten darin das heilige Feuer kennen und müßten es leiblich mit unseren Fäusten greifen können. Ich sagte ihm, wir hätten uns das alles mystisch explicirt. Er sagte, es ist beydes, was die Seelen-Wiedergeburth, dasselbe ist die Tinctur. Ich erzählte ihm vieles aus der Russischen Kirche, die ihn frappirte, ich soll in Rußland alles zusammentragen und einschicken, wenn wir einen sichern Weg haben werden." Mit Nachdruck wies Wöllner darauf hin, dass die Russen ihre Brüder „nicht gleich im Theoretischen Grade so sehr ins Mystische führen, damit wir nicht einmal Seelen zu verantworten kämen. Die russische Nation wäre so zu allen Extremitaeten geneigt, meine Lage wäre da kritischer als mir mein Enthusiasmus für die Nation zuließe, ich sollte ihnen [den Russen – E. D.] nicht trauen, es wäre eine veränderliche Nation wie die Franzosen und je vornehmer, desto weichlicher und verdorbener, sie hassen jeden Deutschen, und auch mich liebten sie nicht, er wisse es besser. Der Groß Fürst geht mit Deutschen, wenn kein Russe da ist, sehr familiär um, aber er ist bey Hofe sehr hautain [hochmütig] gegen die Russen, hat sich deswegen bey Bruder Holland excusirt [entschuldigt], es schmerzte ihm, aber es müsse es so machen." Erst wenn „wir die Arbeit des 8. Grades vollbracht haben, sind wir projektionsfähig, kennen die ganze Körper-Welt, haben alle Körper unter Commando."[28]

Bei seinen Vermahnungen und sonstigen Belehrungen, die Wöllner dem Moskauer Emissär Schröder zuteil werden ließ, wurde er von den Oberen des gesamten Berliner Freimaurerordens unterstützt, so von Johann Rudolf v. Bischoffwerder, „Hofkavalier, alle tage bald beym Prinzen Heinrich, Ferdinand, dem König, dabei Flügel-Adjutant und ein großer Rosen Kreuzer"[29], den Ministern Ewald Friedrich Graf v. Herzberg, Karl Abraham v. Zedlitz und anderen. Was die Charaktereigenschaften der Russen anging, so äußerte sich auch der preußische Generalchirurg Johann Christian Anton v. Theden im selben Sinne wie Wöllner.

In den Jahren 1785 und 1786 begannen die Streitereien, die zwischen Schröder und Novikov mit samt dessen Parteigängern ausgebrochen waren, zu eskalieren. Den Moskauer Brüdern war offensichtlich nicht klar, wo sich Schröder zu diesem Zeitpunkt aufhielt, in Moskau oder in Berlin. Er befand sich in Berlin und forderte von dort aus in Person des Fürsten Nikolaj Nikitič Trubeckoj die Moskauer Brüder auf, eingedenk seiner Gelder, die er in die Moskauer Freimaurerdruckerei gesteckt hatte, ihm, der in Schulden geraten war, finanziell unter die Arme zu greifen. Jedoch Novikov wie auch Trubeckoj, Lopuchin und Turgenev mochten sich an die Geldmittel, die Schröder in die Arbeiten der Moskauer Freimaurer eingebracht hatte, nicht mehr so recht zu erinnern. Ein anderer Punkt, in dem es Uneinigkeit zwischen den russischen Brüdern und Schröder gab, betraf das Verhältnis der Freimaurer zum Thronfolger Paul. Da Schröder bei all seinen Handlungen selbstherrliche Manieren an den Tag legte und sich zu denen gesellte, die sich über Novikovs Wirken als Verleger und Buchhändler abfällig äußerten und diesem ihre Unterstützung entzogen hatten, kam es alsbald zur Entfremdung und zum Bruch zwischen Novikov und Schröder.

Schwierigkeiten im Umgang mit Freimaurern russischer Nationalität hatte Schröder freilich bereits während seines Petersburger Aufenthalts erkennen lassen, wie aus seinen Tagebuchaufzeichnungen hervorgeht. Dabei handelt es sich um Auslassungen des Barons, deren Sinn nicht immer leicht zu enträtseln ist, so wenn es hieß: „Rußland ist ein Kamel, das mit Kostbarkeiten beladen ist, sie aber selbst nicht kennt. Die Deutschen waren so dumm und ehrlich, haben sie ihm kennen- und gebrauchen gelehrt, darum treten sie sie mit Füßen [...]. Kein Deutscher wird von Russen geliebt seyn, leicht geschmeichelt, wenn sie ihn brauchen, aber ebenso bald hernach mit Füßen getreten und innerlich immer gehaßt und verachtet [...]. Man muß nur in Collusion mit Russen kommen und sie unter sich von Deutschen urtheilen hören. Ein schlechter Deutscher kann sein Glück hier machen, aber ein ehrlicher nie."[30]

Seiner Enttäuschung von den Russen hatte Schröder auch in Berlin gegenüber Wöllner und den anderen dortigen Oberen Luft gemacht. So beklagte er sich über die beleidigende Art und Behandlung, die ihm in Russland zuteil wurde. Die unter den *Brüdern* verschiedener Nationalität auftretenden Zerwürfnisse machten deutlich, dass auch das Verhältnis von Russen und Deutschen ambivalent war. Im Fall Schröder freilich hing das ihm von den Brüdern des Moskauer Rosenkreuzerkreises entgegengebrachte Misstrauen sicherlich auch mit der Kritik des deutschen Freimaurers an den literarischen und verlegerischen Aktivitäten Novikovs und seiner Freunde zusammen, wie er in seinem Tagebuch ausdrücklich fest gehalten hat, wo gesagt ist: „In Moskau macht man keine gute Auswahl mit dem Druck der Bücher, man sollte das lieber einstellen." Und: „Die Moskauer deutsche Druckerey ist scandaleuse."[31]

Jedoch ungeachtet der offensichtlich wenig verbindlichen Art Schröders und der grundsätzlichen Übereinstimmung sowie der gemeinsamen Interessen zwischen den Berliner und den Moskauer Rosenkreuzern bestanden doch erhebliche Spannungen, wie auch diffamierende Äußerungen Wöllners über die *russischen Brüder* erkennen ließen, die er gegenüber Schröder machte, womit er sich mit dessen Ansichten traf. So sprach Wöllner „viel von dem ungebildeten Charakter der Russen, dass vorzüglich ihr Mangel der edlen Schamhaftigkeit das Barbarische der Nation caracterisire, dass sie dies mit den allerwildesten Völckern gemein hätten." Jedoch gab es unter den Berliner Brüdern auch solche, die von Schröder sagten: „Baron v. Schröder ist eifrig und thätig, aber zu gut. Er kennt die Russische Nation zu wenig." Es wäre daher „Unrecht, wenn man den Russen den ihnen mit der Muttermilch eingeprägten Haß gegen Fremde *Nemetz* so übel auslegt."[32] Freilich an den gegensätzlichen Russland- und Deutschlandbildern[33], die im Einzelnen auch bei deutschen und russischen Freimaurern begegneten, vermochte auch die Hochachtung nichts zu ändern, die die Moskauer Rosenkreuzer den deutschen Mystikern und Theosophen entgegenbrachten.

Bereits 1785 war in Moskau die erste Großloge unter dem Namen *Zu den drei Zeichen* eröffnet worden, als deren Leiter Peter Alekseevič Tatiščev fungierte, zu dem Schröder freundschaftliche Beziehungen unterhielt. Über Tatiščev wurde der deutsche Baron auch näher mit Fürst Nikolaj Vasil'evič Repnin bekannt, der durch Schröder den Status eines Hochgradmaurers erhielt, was Bedingung für die Aufnahme in den Rosenkreuzerorden war. Im Zusammenhang mit der notwendigen Klärung des Verhältnisses der russischen Freimaurer zum Großfürsten Paul[34] und dem dem Thronfolger freundschaftlich verbundenen Fürsten Repnin hatten die Moskauer Rosenkreuzer es für ratsam gehalten, Schröder zu beauftragen, in Berlin auch über diese heikle Frage zu verhandeln und die Haltung der dortigen Brüder zu erkunden.

Im Mai 1786 von Berlin zurückgekehrt, gab sich Schröder im Kreis der Moskauer Rosenkreuzer vom Erfolg seiner Mission recht angetan. Jedoch seine Hoffnungen, vom Onkel aus Rostock die benötigten Gelder zu erhalten, sollten sich nicht erfüllen. Der alte Baron Friedrich Heinrich v. Schröder zeigte sich nicht geneigt, dem Ansuchen seines Neffen nachzukommen, sondern schrieb ihm Ende Januar 1791 aus Rostock einen ausführlichen Brief, in dem er Bedingungen stellte. Es hieß dort: "Daß Sie mir alle Hoffnung benehmen, uns noch in diesem Leben zu sehen, ist mir leid und umso unerwarteter, als Sie sich nicht weit von hier befinden und immer incognito hätten kommen können." Er bedauerte den Neffen wegen dessen zerrütteter Gesundheit, von der er wusste. Dabei zeigte sich der Onkel überzeugt, „daß Sie nie werden zu einer guten Gesundheit gelangen, falls Sie nicht das Studium in einem gewissen Fach aufgeben. Ein guter Freund von mir ist ehedem davon ganz verrückt im Kopf geworden, und Ihnen wird es ebenso gehen, wenn Sie das bewusste Studieren continuiren. Nie muß man solches exprofesso, oder Tag und Nacht, sondern nur nebenher treiben, oder man erreicht nimmer seinen Zweck, sondern macht sich gemeinlich unglücklich. Es ist mir ein großes Kreutz, daß Sie Rußland haben kennen gelernt; aber Sie waren davon nicht abzuhalten, gleichwie dann auch Sie immer gegen meine Wünsche nach Berlin gleichsam sich haben reißen lassen, um Gesundheit und Leben zu verlieren und mir eo ipso die Hoffnung zernichten, welche ich ehedem auf meinen geliebten Heinrich (den Petitor Heinrich Jakob v. Schröder – E. D.) gesetzt hatte."[35]

Obwohl es nicht an Unklarheiten fehlt und die Angaben sehr lückenhaft sind, lässt sich aus den vorhandenen russischen Quellen[36] schlussfolgern, dass es der deutsche Freimaurer Heinrich Jakob Freiherr v. Schröder war, der sich nach dem Tode von Johann Georg Schwarz an die Spitze der Moskauer Rosenkreuzer gesetzt und die Vermittlerrolle zwischen ihnen und den Berliner Ordens-Oberen übernommen hatte. Wie erwähnt, war die Rosenkreuzerei[37] in Russland 1782 von Schwarz nach Russland gebracht worden. In Moskau glaubten er und seine Gesinnungsfreunde, damit nach langer Suche endlich das beste maurerische System für das Zarenreich gefunden zu haben.

Die Geschichte des Ursprungs der russischen Rosenkreuzerei lässt sich in ihren Grundzügen aus Bruchstücken von Briefwechseln Moskauer Freimaurer sowie aus Satzungen und allgemeinen Grundsätzen des Rosenkreuzerordens rekonstruieren, die in verschiedenen Handschriften vorliegen. Zu ihnen gehört auch eine Sammlung von Briefen des russischen Freimaurers Colovion, bei dem es sich um Novikov handelte. Die Schreiben sind offenbar an Novikovs Freunde gerichtet, die dem Rosenkreuzerorden als „Obere" vorstanden. Wer der persönliche Adressat der drei Briefe war, die Colovion mit „Hochehrwürdigster! Hochpreiswürdiger Oberer" anredet, ist nicht bekannt, doch dürfte sich dahinter der deutsche *Bruder* Heinrich Jakob v. Schröder verborgen haben, der noch von dem todkranken Schwarz mit der verantwortlichen Leitung des Moskauer Rosenkreuzerordens beauftragt wurde. Wie aus den Briefen hervorgeht, waren diese wahrscheinlich noch im Jahre 1784 verfasst worden.

Colovions Schreiben tragen den Charakter von Rechenschaftslegungen, die den Eindruck von Beichten hinterlassen. Sie widerspiegeln nicht nur den allgemeinen Gemütszustand des Verfassers, sondern berichten ebenso ungeschminkt vom Innenleben der *Brüder*, deren Leidenschaften, Zweifeln und anderen Eigenschaften. Es waren die Vorschriften des Rosenkreuzerordens, die solche Beichten verlangten und unablässig die Pflicht unwandelbarer Demut und Verschwiegenheit, die absolute Notwendigkeit vollkommenster Unterordnung unter die Oberen und bedingungsloses Vertrauen zu ihren Oberen einforderten. Dieses Thema bildete auch den Inhalt von zahlreichen Lehrbriefen Wöllners, die in russischen Übersetzungen unter den Moskauer Rosenkreuzern zirkulierten. Wie die Inhalte von Colovions Schreiben bezeugen, ging es dabei um Antworten auf entsprechende Anfragen des genannten „Hochwürdigen! Hochpreiswürdigen Oberen", in denen sich zahlreiche in Chiffreschrift gehaltene Worte und Ausdrücke finden, die nur schwer zu enträtseln sind.

So bedankt sich Colovion, der seine Briefe „als treugehorsamster Ordensangehöriger und wahrhafter *Frater Roseae et Aureae Crucis* unterzeichnet, am Anfang seines ersten Schreibens für die ihm zuteil gewordene Gnade, „die erhabenen Lehren meines in Gott ruhenden Vaters *Garganus* [Schwarz], dank Ihren mündlichen Belehrungen und Ermahnungen" und „Ihrem Befehl" gemäß darüber berichten zu dürfen, „in welchem Zustande die Geschäfte der Typographie sich befinden", die er gemeinsam mit dem „Bruder Schwarz" in Ausführung habe bringen können – auch „was nach tatsächlicher Begründung der Companie in Erfüllung gehen kann." In diesem Zusammenhang sprach Colovion von „unvorhersehenden Umständen", Schwierigkeiten und übergebührlicher Arbeitslast, die dazu geführt hätten, dass nicht alles, was vorgesehen war, bewältigt werden konnte: „Wie schwer diese Bürde nun aber auch ist, ich werde dennoch ihre Befehle und den Willen unserer höchsten, hochpreiswürdigen Oberen mit wahrhafter Ergebenheit zeitlebens erfüllen". Was das Leben und Wirken der übrigen Brüder des Moskauer Rosenkreuzerkreises anlangte, so konnte Colovion freilich nur melden, dass er „mit jedem von ihnen wiederholt Zwiesprache gehalten, ihnen ihr Glossenmachen über den Bruder Tatischtschew vorgehalten" habe und es ihm gelungen sei, „Schwatzhaftigkeit" und übles „Gerede"[38] abzustellen.

Als besondere Hemmnisse und „unaufhörliche Störungen" der Druckereiarbeiten nannte Colovion das Hineinregieren der Moskauer Universität und die ihm von deren Verwaltung „in den Weg gelegten Hindernisse", die ihm „über den Kopf gewachsen" seien: „Auch mehrte ich häufig nur die Verwirrung, im Wunsche, die Geschäftslage zu verbessern, aus Mangel an Umsicht und noch mehr in Folge von Überschätzung meiner Fähigkeiten und meiner ungenügenden „Charakterfestigkeit". So habe er nicht immer den notwendigen Mut aufgebracht, unberechtigte Forderungen zurückzuweisen und andererseits eigene Versprechungen einzuhalten. Jedoch er versicherte seine Oberen, künftig alle ihm „von Gott geschenkten Kräfte" so zu gebrauchen, dass er im Stande sei, „Ihre Vorschrift stets pünktlich zu erfüllen."[39] Selbstkritisch äußerte er sich auch im Hinblick auf die ungenügende Einschätzung der Brüder, die er den Oberen hatte zukommen lassen. Seinem zweiten kurzen Schreiben hatte Colovion Namenslisten von Kandidaten beigefügt, die um Aufnahme in den Rosenkreuzerorden gebeten hatten. Zu ihnen gehörten: Aleksej Lodienskij, Peter Vasil'evič Lopuchin, Andrej Verëvkin, Vasilij Jakovlevič Kolokol'nikov, Maksim Ivanovič Nevzorov und Vasilij Baenov, die 1784 eingeweiht wurden.

Den Moskauer Rosenkreuzern war sogleich bei Übernahme des Systems ihrer Berliner Brüder von diesen eingeschärft worden, sich von jeder Gemeinschaft mit anderen freimaurerischen Gemeinschaften, insbesondere von den Illuminaten, fern zu halten. In einem gegen diese gerichteten Rundschreiben, das wahrscheinlich aus dem Jahre 1787 stammt, wurde nochmals mit Nachdruck darauf hingewiesen. Sein Verfasser war Baron Schröder. Dort war gesagt: „Die über viele Länder Europas zerstreuten Illuminaten sind eine äußerst schädliche Secte, die das Reich Christi und den wahren Orden bekämpft". Um „ihre verderblichen Vorsätze zur Ausführung bringen zu können, trachten sie danach, ihre leicht wuchernde Sippschaft durch mündliche Propaganda und durch Schriften, die vom unreichen Licht ihrer Pseudoaufklärung erfüllt sind, zu vergrößern." In einem *Befehl*, der eine Art Fortsetzung von Schröders Rundschreiben darstellt, wird angeordnet, „allen Brüdern die bisher geheim gewesenen Chiffren und Zeichen der Brüder 1., 2. und 3. Grades sowie auch die Losungen und Paßworte des Juniorats des laufenden Decenniums als vom Orden verboten und proscribiret zu verbieten und abzunehmen, da sie der Secte der Illuminaten verrathen worden sind und Solches zu mancherlei Betrug vieler lieber Brüder und zu weiteren Versuchen einige Ordens-Geheimnisse anzufechten, Anlaß geben und zum Bösen ausgenutzt werden könnte". Demgemäß sollten alle die, die diese Chiffren und Zeichen auch noch künftig benutzen sollten, für Anhänger der Illuminaten erklärt und von jeder brüderlichen Gemeinschaft der Rosenkreuzer ausgeschlossen und entfernt werden. Allen anderen sei empfohlen, Ruhe zu bewahren und darauf zu verzichten, den Illuminaten offenkundige Hindernisse in den Weg zu legen, sondern sich zu bemühen, „mit größter Vorsicht und Weisheit gute Seelen vor solch bösen Krallen zu bewahren" und dafür Sorge zu tragen, dass kein Illuminat in die Reihen des Rosenkreuzerordens aufgenommen würde.[40]

Der Emissär der Moskauer Rosenkreuzer, Baron Schröder, war kaum wieder in Russland eingetroffen, als man ihm dort vorhielt, wie gröblich er sich während seines letzten Aufenthalts in Berlin [1786] und auf seiner Rückreise gegen den Orden vergangen habe. Schröder hat darauf erst Jahre später in einem Schreiben vom 24. Juli 1791 an Fürst Nikolaj Nikitič Trubeckoj dazu Stellung genommen, als er fragte: „Erinnern Sie sich, als Sie mich vor 4 Jahren in Moskau auf Befehl der Herren Obern maltraitiert haben und par farce meine Papiere haben wollten, um sie an unbekannte [...] Menschen zu übersenden."[41]

Wieder in Moskau, hatte er die Abwicklung des von ihm in die Wege geleiteten Hauserwerbs den dortigen tonangebenden Brüdern Fürst Nikolaj Nikitič Trubeckoj, Lopuchin, Novikov, Hamaleja und Vasilij Vasil'evič Čulkov übertragen. Die Angelegenheit erwies sich freilich als ein schwieriges Unterfangen, verlangte der deutsche Baron doch von der Typographischen Companie, in deren Eigentum das genannte Haus übergegangen war, eine Abfindung. Die Sache erledigte sich zunächst dadurch, dass nach dem Kauf des Hauses die Kompanie Schröder eine anteilige Begleichung seiner Schulden entsprechend der Summe zusicherte, die er in das Druckereiunternehmen investiert hatte.

Aus dieser für Schröder unzumutbaren Regelung resultierte die nachfolgende Feindschaft, mit der er seit diesem Zeitpunkt Novikov verfolgte. Diese Sachlage wird insbesondere aus dem Briefwechsel Schröders mit Aleksej Michajlovič Kutuzov und Fürst Nikolaj Nikitič Trubeckoj deutlich. Aus den ersten Auslassungen Schröders über seine Niederlage im Streit mit der Topographischen Kompanie könnte der Eindruck entstehen, dass der Baron dafür auch die Berliner Oberen – Wöllner, Theden und die übrigen hohen Brüder des Goldenen Kreuzes – mitverantwortlich machte und unter die „Betrüger" und „Verräter" einreihte. So hatte das Berliner Direktorium angesichts der entstandenen Situation Schröder aufgefordert, seine sämtlichen Schriften zu sammeln und in einer eigenen Typographie in Anwesenheit der Brüder Porrektus [Fürst Nikolaj Nikitič Trubeckoj] und Repertus [Fürst Jurij Nikitič Trubeckoj] drucken zu lassen und nach Berlin zu senden.

Die beiden *Brüder*-Fürsten gehörten zu den Moskauer Oberen, die dem deutschen Baron vorwarfen, sich bei seinen Gesprächen in Berlin am Moskauer Orden und an den russischen Brüdern versündigt zu haben. So habe Schröder mehrere Moskauer Brüder „durch satanische Heucheleien betrogen, die von ihm auf Befehl höherer Ordens-Obern zum Besten der guten Brüder in Rußland erhaltenen Ordenssachen schändlich profaniret und mithin sich als ein sehr unwürdiges Mitglied betragen". Gleichermaßen stelle der von Schröder verfasste ausführliche Bericht über seine Auslandsmission nach der Auffassung des *Ordens-Gross Priorats* „eine förmliche Schmähschrift gegen den Orden" dar. Dabei halte die gesamte Ordensstelle fest, „daß die Abscheulichkeiten", die er den dortigen Brüdern in den Mund lege, „allesammt theils aus seinem eigenen Gehirn, theils von den Feinden des Ordens herrühren, mithin ihm einzig und allein zur Last fielen und er dafür responsable werden müsse." Daher sei es gerechtfertigt, „daß vor der Hand den Ordens Gesetzen gemäß sogleich mit der Suspension cum effectu belegt werden und also alle seine Ordensschriften und Papiere, sie haben Namen wie sie wollen, nicht das Mindeste davon ausgenommen, desgleichen seine Verbrüderungs-Correspondenzen den „Hochwürdigen Brüdern Porrectus und Repertus", die „von oberbrüderlichen Rechts wegen" zur Annahme „authorisirt und bevollmächtigt worden", in deren „Hände abliefern müsse." Sobald Schröder den „über die heilige Gerechtigkeit des Ordens wachenden Brüdern Richtern" die verlangten Schriften, Papiere und Petschaften übergeben habe, werde dem Sacerdos [Schröder] anbefohlen, über die gegen ihn erhobenen Anklagepunkte „seine Vertheidigung, so gut er könne und möge, ganz ausführlich aufzusetzen und bei den Hochwürdigen Brüdern Porrectus und Repertus einzureichen."[42]

Nach Schröders Aussprache mit Porrectus in Moskau und dem Beschluss des Ordensgerichts in Berlin wurden die masonischen Auffassungen des *deutschen Bruders* als rechtmäßig bestätigt. Das feindselige Verhältnis Schröders zu Novikov blieb freilich davon unberührt. Wie Schröder in seinem Tagebuch unter dem 10. März 1787 fest gehalten hat, „kam der alte Taddischef [Peter Alekseevič Tatiščev] und hat gräßlich von Novikov gesprochen". Wenig später, am 21. desselben Monats, notierte Schröder: „Heute Mittag wurde bei Tisch erzählt, daß der Prinz Wesemskoy [Fürst Andrej Ivanovič Vjazemskij]

3000 Bauern durch einen Prozeß gewonnen; gleich war mein Viehmensch [gemeint war wohl Novikov!] da und machte Plans. Ich, der ich schon versichert, blos für den Orden leben – Weh mir!“[43]

Diese Auslassungen Schröders machten deutlich, dass er mit Novikovs unbestrittener Vorrangstellung unter den Moskauer Rosenkreuzern, die dieser nach dem Tod von Schwarz erlangt hatte, nicht fertig wurde. Angesichts der kameradschaftlichen Atmosphäre, die im Novikov-Kreis herrschte, lief der Baron mit seinen gegen den angesehenen Schriftsteller, Publizisten und Verleger gerichteten Hassgefühlen Gefahr, es sich auch mit den anderen Oberen des Ordens zu verderben. Im Herbst 1787 kam Fürst Nikolaj Vasil'evič Repnin von St. Petersburg nach Moskau, um klärend in die dortigen Streitigkeiten einzugreifen. Ungeachtet der Erlaubnis, die er aus Berlin erhalten hatte, weigerte sich Schröder als Rosenkreuzer, ihn zu empfangen und sich mit ihm näher ins Benehmen zu setzen. Für den Moskauer Orden und dessen auswärtige Beziehungen stellte dies ein unerhörtes Benehmen dar.

Seit 1785 vollzogen sich die Arbeiten der Moskauer Rosenkreuzer bereits weitgehend in geheimer Abgeschlossenheit. Zu einer der wichtigsten Fragen für die oberen Brüder wurde die Herstellung von Kontakten zum Thronfolger Paul. Es war Vasilij Ivanovič Baženov, dem die Aufgabe zufiel, sich auf diesem gefährlichen Feld zu betätigen. Dabei ging es nicht nur darum, den Großfürsten dafür zu gewinnen, die Maurer auch fürderhin seiner Sympathie zu versichern, sondern vor allem dessen Unterstützung zu erlangen. So war vorgesehen, Baženovs Aufzeichnungen über seine Geheimgespräche mit Großfürst Paul noch vor der in Aussicht genommenen neuen Auslandsvisite Kutuzovs und Schröders im Frühjahr 1787 auszuwerten und das weitere Vorgehen in dieser Richtung abzustecken.

Obgleich das Verhältnis Schröders zu Novikov unverändert von Feindseligkeit gekennzeichnet war, hatte man den deutschen Baron an vorderer Stelle in die geheimen masonischen Aktivitäten der russischen Freimaurer einbezogen. Wie vorgesehen reisten Kutuzov und Schröder im Frühjahr 1787 nach Berlin. Hier wurden die beiden *masony* von den Berliner Oberen ohne Umschweife auch zu den *Höheren Versammlungen* zugelassen, zu denen bislang kein Russe Zutritt hatte. Wie Fürst Nikolaj Nikitič Trubeckoj wissen ließ, hielten Schröder und Kutuzov ständigen Kontakt vor allem zu Wöllner [Ophiron], mit dem sie ausführliche Gespräche führten. Ihr Berliner Aufenthalt wurde aus den Einkünften der Moskauer Typographischen Kompanie und durch eigene Geldmittel der beiden Emissäre finanziert. Wie Ivan Vladimirovič Lopuchin mitteilte, war Schröder ohne jede Direktive nach Berlin gereist, während man Kutuzov angewiesen hatte, sich über alles instruieren zu lassen, was wichtig erschien, um die masonischen Arbeiten in Russland voranzubringen und neue Stufen zu erreichen. Darüber hatte sich Kutusov vor seiner Abreise auch mit Novikov verständigt.

Schröders und Kutusovs Aufenthalt in Berlin sollte mehrere Jahre dauern. Weder der eine noch der andere sollte Russland wieder sehen. Der größte Teil der masonischen

Schriften und Dokumente wurde angesichts der Repressivmaßnahmen Katharinas II. von den Rosenkreuzern selbst vernichtet. Zu den Schriften, die in die Hände des mit der Verfolgung der Freimaurer beauftragten Fürsten Alexander Aleksandovič Prozorovskij gelangten, gehörten auch die aus der Feder Kutuzovs und Schröders. Beide hatten nach Abschluss ihrer Berliner Mission ihrem zuständigen Mentor und Leiter der rosenkreuzerischen Berliner Loge *Zu den drei Weltkugeln*, dem preußischen Leibchirurgen Johann Christian Anton Theden, ihre Arbeitsergebnisse vorgelegt. Nach dem Tode des Preußenkönigs Friedrich II. im Jahre 1786 nahm der Berliner Rosenkreuzerorden unter Johann Christoph v. Wöllner, den dieser einen „betrügerischen und Intriganten Pfafen“[44] genannt hatte, einen raschen Aufschwung. Mit der Thronbesteigung Friedrich Wilhelms II. leiteten die Freimaurer Bischoffwerder, Theden, Wöllner und andere Berliner Obere das gesamte staatliche und wissenschaftliche Leben des Königreichs Preußen.

Schröder verstärkte im Zusammenhang mit der Ausweitung der Berliner Freimaurerei ebenfalls seine Aktivitäten. Er begann jetzt, intensiver wohl ab Ende 1790, die russischen Ober-Brüder mit Schreiben beständig zu überhäufen, in denen er freilich auch immer wieder um Geldzuwendungen bat, um sich seiner immer größer werdenden Schulden zu entledigen. Dabei gab er zu, es sei vor allem sein eigener Hochmut gewesen, dass er „zu diesen Schulden gekommen“ sei: „Ich muß also dafür büssen, das ist billig“, so schrieb er an Fürst Nikolaj Nikitič Trubeckoj: „[...] Und könnten Sie tief in mein Herz schauen“, hieß es weiter, „so würden Sie überzeugt werden, daß ich schwer dafür leide und daß ich mir ordentlich Gewalt anthun muß, um Ihnen meinen Plan, der mich vielleicht in Ihren Augen und in den Augen der Brüder verächtlich macht“, zu verdeutlichen. Dabei erinnerte er den Fürsten daran, auf welchem Wege er die notwendigen Geldmittel für die Moskauer Rosenkreuzer flüssig gemacht hatte: „Wie ich die Brillanten auf solche einfältige Art [zu einem viel zu niedrigen Preis – E. D.] durch den Bruder Fränkel einzeln verkaufte, handelte ich wie ein Thor.“[45]

Die von Katharina II. eingeleitete Verfolgung und schließliche Unterdrückung der Freimaurerbewegung in Russland brachten auch den Rosenkreuzer Schröder, der mehrere Jahre vor allem in Moskau gewirkt und als Abgesandter des dortigen Ordens in Berlin geamtet hatte, nunmehr auch materiell in immer größere Schwierigkeiten und letztlich an den Rand der Armut. Auch in der preußischen Hauptstadt hatte er sich nicht von Schulden freihalten können. Ihm, wie seinem *Mitbruder* Kutuzov, der sich ebenfalls in Berlin aufhielt, drohte in Russland die Verfolgung, sodass der Weg dorthin für ihn versperrt blieb. Während Kutuzov in Berlin, in Armut verfallen, im Jahre 1797 verstarb, war es Schröder bereits um 1790 gelungen, die teuere preußische Metropole zu verlassen und nach Nürnberg auszuweichen, wo sich freilich bald seine Spuren verlieren sollten. In seinen zunächst noch aus Berlin geschriebenen Briefen, die er seit Januar 1791 versandte, handelte es sich wiederum vor allem um Schreiben, in denen er seine Rostocker Verwandten und in Russland wirkenden Namensvettern sowie die in alle Winde zerstreuten Oberen des ehemaligen Moskauer Ordens bat, ihm aus seiner finanziellen Notlage herauszuhelfen.

Zu den im Zarenreich wirkenden Personen, die den Namen Schröder trugen, gehörte auch Eberhard Johann Schroeter in St. Petersburg, den der Baron in einem kurzen Schreiben vom 17. Dezember 1790 aus Berlin mit „Ehrwürdiger Greis, innigst geliebter Freund" ansprach. Ihm klagte er vor allem sein Leid, das ihm in Russland widerfahren sei. So hieß es: „Seit der Zeit, da ich Sie verlassen habe, liebes Väterchen, habe ich zwar viel inneres und äußeres, körperliches und geistiges Kreuz und Elend auszustehen gehabt; ich bin einige Male am Rande des Grabes gewesen, aber Gott hat mir immer wieder geholfen, und ich habe Gelegenheit gehabt, mich aufs Neue von der Gewissheit der Astrologie zu überzeugen. Es ist, deucht mir, eine ausgemachte Wahrheit, daß wir alle, die wir im Fleische wandeln, Sclaven und Knechte der siderischen Geister sind, und daß keine wahre Freiheyt existiert als wenn wir durch das Bad der Wiedergeburt und durch einen wesentlichen, nicht phantastischen oder imaginairen Genuß des Bluts Jesu Christi Kraft, Macht und Gewalt erlangt haben, übers Gestirn zu herrschen, wenn wir aus Knechten filii adoptati oder adepti wahre Adepten oder Kinder Gottes werden, und diese lieben Kindlein sind die einzigen auf der Erde wandelnden Wesen, deren Naivität keiner stellen kann als ihr Vater im Himmel, dessen Bluthsverwandte sie sind, weil der Herr ihrer Geburth sich in keinem der 12 himmlischen Häuser befindet, sondern Jesus Christus ihr dominus geniturae worden. Irre ich, liebes Väterchen, so belehren Sie mich eines Besseren, aber behalten Sie mich lieb, denn ich suche nur die Wahrheit. Alle Secten, alle Parteigeister verfluche ich so sehr als Sie. Wahrheit allein sey unser Paßwort und damit Gott empfohlen."[46]

Eberhard Johann Schroeter, der als Naturforscher ein Vertreter der Witterungslehre war, stand mit den Moskauer Rosenkreuzern offensichtlich in einem regen Gedankenaustausch, ließen die Brüder ihm doch ihre Schriften zur Stellungnahme zugehen. Auf eine dieser masonischen *Anzeigungen*, die ihn jüngst aus Moskau über A. F. Zverak erreicht hatten, nahm er nun in seinem Antwortschreiben an Heinrich Jakob v. Schröder Bezug: „Ich muß gestehen", so schrieb er, „daß ich hierdurch auf eine unerwartete Art bin recht überrascht worden", handelte es sich doch um eine Schrift, „die nach unserer heutigen Denkungsart von erleuchteten Zeiten ganz ausgemerzt werden muß, wie solches aus verschiedenen Gelehrten Berlinischen Zeitungen zu ersehen" sei. Im Zusammenhang damit verlieh Schroeter seiner Freude Ausdruck, „daß Maurer auftreten, diese Wissenschaft bekannt zu machen, [er] sehe jedoch voraus, daß die genannte Anzeige in der gelehrten Welt viel Verdruß, Wortstreit und Widerspruch erregen wird."[47]

Schroeters Schreiben aus St. Petersburg an Schröder wurden von dem Rosenkreuzer Zverak an dem im Ausland befindlichen Baron weitergeleitet. Aus Schroeters zweitem Brief vom 6. Mai 1791 erhielt Schröder auch Aufschlüsse über den alten Freimaurer Baron v. Reichel. Schröder, der mit Reichel gut bekannt und ihm in Russland mehrmals begegnet war, hatte sich bereits mehrmals nach ihm erkundigt und ihm auch geschrieben, aber keine Antwort erhalten. Jedoch war ihm zu Ohren gekommen, dass auch der alte ehrwürdige Mann in misslichen Verhältnissen lebte. So sei „der arme redliche Reichel" ebenso wie er in Schulden geraten und Schröder fragte bei Trubeckoj nach, ob dieser wohl auch

– wie er – seine Kapitalien in die Freimaurerdinge gesteckt habe. Darüber hinaus wollte er wissen: „Ist Reichel noch böse auf mich; es war doch damals eine sonderbare Epoche meines Lebens! Reichel sein Schicksal hat mich so gerührt, daß ich nicht schlafen konnte, weil ich immer auf ein Mittel sann, seine Noth zu lindern." Schröder nennt Baron v. Reichel einen „braven und erleuchteten Mann", der ihm „zuerst die Augen über gewisse Leute öffnete". Worum es sich bei dem „falschen Verdacht" gegen Reichel handelte, von dem die Rede ist, wurde nicht gesagt.[48]

Schröder war Reichel, wie er weiter schrieb, zu großem Dank verpflichtet. Nun hatte er endlich ein Schreiben Reichels in seinen Händen. Bereits am Eingang seines recht witzig gehaltenen, ausführlichen Briefes aus St. Petersburg vom 20. Mai 1791 kam Reichel auf die erbarmenswürdige Lage zu sprechen, in der sich Schröder zu dieser Zeit befand. So hieß es: „Gewiß, man muß Ihnen von Moskau aus Recht zugesetzt haben, daß sie mich endlich mit einem Schreiben zu einer Zeit beehren". Da es auch zwischen ihnen Streit gegeben hatte, konnte sich Reichel nicht die Bemerkung verkneifen: „Böse bin ich nie auf Ihnen [sic!] gewesen, denn das kann ich auf keinen Menschen in der Welt seyn". Der alte Baron v. Reichel zeigte sich besorgt, „daß Schröder vielleicht etwas der Verachtung Würdiges" an ihm "gefunden haben mögte." Jedoch die „trüben Wölkchen" hätten sich "schon lange in den heiteren Äther hinauf verzogen", und er, Reichel, sei „in diesem Augenblick" wieder mit ihm "versöhnt." Umso schmerzlicher habe er die Nachrichten über Schröders fünfjähriges Leidwesen aufgenommen. Als alter Freimaurer vermochte Reichel dem Bruder Schröder freilich nur in masonischer Art Trost zu spenden: „Nehmen Sie also diese Väterliche Züchtigung von der Hand des Allmächtigen als einen untrüglichen Beweis seiner Liebe an. Er will sie der Welt als ein Kind darstellen und durch Ihre Standhaftigkeit und Geduld wahrmachen, daß man einen guten Schiffer im Sturm sowie einen guten Soldaten mitten in der Schlacht erkennen kann [...] Wohl Ihnen also, Mein Bruder, daß Sie auch diese herbe Schule durchgegangen und glücklich überstanden haben."[49]

In einem Schreiben an Baron v. Schröder bezeichnet sich Baron v. Reichel, über dessen letzte Lebensjahre bislang nur wenig bekannt ist, als einen „schüchternen Fremdling in hiesigen Thoren!"[50] Gleichzeitig geht daraus hervor, dass Reichel als Maurer nach Russland gekommen war und offensichtlich bis zuletzt bei den russischen Brüdern in hohem Ansehen stand und in Freimaurersachen als Autorität galt. Er hielt Schröder nach langen Jahren nun vor, er hätte, um sich mit ihm ins Benehmen zu setzen, „keinen Advocaten auch am Fürsten Nicolaus Troubetzkoy bey mir nöthig" gehabt, „so wichtig auch sonst seine Vorsprache bey mir ist." Und er stellte an Schröder die Frage: „Sie meinen: Es wäre leichter, mich von Ihrer Unschuld als diesen Fürsten von seinen Vorurtheilen für eine gewisse Gesellschaft zu überzeugen, an der er wie angekettet hänge. Ich gestehe aufrichtig, lieber Freund, ich habe dergleichen Vorurtheile weder an ihm noch an dem Bruder Tourgenew wahrgenommen. Sie waren zu sehr mit der Welt verwickelt, als daß sie mir Einsiedler das Vergnügen Ihres Zuspruchs hätten öfters gewähren können, und dann kommen Sie, wenn Sie können, wie andere Nicodemi, immer verstohlener in der Nacht. Ich glaube, Sie haben sich auch allemal wieder durchgeräuchert."[51] Daran schloss Reichel „weitere Einsichten", die ein Freimaurer nicht außer Acht lassen könne, nämlich dass man das Wahre untrüglich erkenne und das Gute tue, dass dabei aber unendlich viele Hindernisse zu überwinden seien, um zu dieser Wahrheit zu gelangen, „entwöhnen sich doch die meisten Menschen des Denkens und möchten gern mit geborgten Augen und Ohren sehen und hören."[52]

Aber damit war Reichel noch nicht am Ende seiner Vermahnungen, denn noch immer blieben zahlreiche unumstößliche Wahrheiten, die er seinem *Bruder* Schröder empfahl, zur Kenntnis zu nehmen: Solange die Kenntnisse der Freimaurerei in den *Brüdern* noch tot seien, „solange hülfen sie zu nichts und machten sie immer verwirrter." Dies sei bei fast allen jetzigen Freimaurern der Fall, „denken sie doch nicht, sondern blieben an den toten Buchstaben hängen", und daher seien auch ihre Erkenntnisse tot. Erst wenn sie anfingen in den Brüdern lebendig zu werden, fiele „die Decke Mosis vor ihren Augen nieder, die Morgenröte triebe Finsternis und Nebel vor sich her, und sie fingen an, Gott und die Welt zu erkennen."[53] Im Zusammenhang damit ging Reichel auch auf sein eigenes Wirken als Freimaurer in Russland ein. Dabei deutete er die Schwierigkeiten an, die ihm bei der Gründung und Leitung der ihm anvertrauten Logen begegnet waren. Da sich in der Forschung über Reichels Rolle bei der Entwicklung der Freimaurerei in Russland nur ungenügende Hinweise finden, sei an dieser Stelle anhand seiner eigenen Angaben etwas näher darauf eingegangen.

So teilte Reichel noch unmittelbar vor seinem Tode mit, dass er im Jahre 1770 dem deutschen Maurer Zinnendorf „treu und redlich" Bericht über die noch nicht förmlich existierende *Grosse Loge* in Russland erstattet habe, und er erinnerte sich dabei: „Daß nun die einige Jahre nachher entstandene Große Loge mit allen diesen meinen Vorkehrungen zufrieden gewesen sein müsse, weil sie vor ungefähr 17 Jahren, als ich auf ihr Gutfinden und Geheiß meine wenigen hier errichteten Logen an Herrn von Giligin [Elagin] abgeben mußte völlig und vollkommen mit allen meinen Handlungen zufrieden, mich von allen weiteren Verbindlichkeiten, Obliegenheiten und Rücksichten schriftlich und unter dem großen Logen-Insiegel förmlich dechargiert hat. Da ich nun seit 17 Jahren mich weiter in keine Logen-Sachen meliert, noch weniger aber selbst Logen besucht habe, so ist es ganz in der Natur der Beschaffenheit der Sache unmöglich, daß ich den Brüdern der dortigen Großen Loge etwas Nachteiliges verüblen haben könnte. Es müssen also im Finstern schleichende Verläumder seyn, denen man dort aus mir unbekannten Ursachen wider mich Gehör giebt. Was sind das aber für Richter, die auf einseitiges An- und Vorbringen urtheilen, ohne vorher die Gegenpartey desfalls auch zu hören? Da ich Zeit meines Lebens selbst Richter gewesen, so versichere ich Sie, mein Bruder, mein Herz bebt vor den gleichen Richtern zurück, und ich bitte Gott herzlich, daß meine Seele nicht wieder in ihren Rath komme. Was diesen Abscheu noch vergrößert, ist dies, daß wahrscheinlich die gegenwärtige Große Loge aus Gliedern bestehet, von denen kein einziger vor 22 Jahren als Mitglied derselben existieret hat, von denen also kein einziger weder persönlich, noch aus ächten Urkunden mich kennt, folglich auch nicht weiß, in was für einer Beziehung ich sowohl mit der dortigen Freymaurerey als auch mit dem seeligen Zinnendorff gestanden, und noch weniger, was für Verabredungen unter uns damals gewesen. Verdienen nun wohl die Urtheile solcher in Umsehung meiner unkundigen Männer einige Considération ?"[54]

Einzelheiten über die von Reichel erwähnten Vorgänge, die sich nach 1770 in der russischen Freimaurerei vollzogen, sind in der Forschung bislang kaum bekannt geworden. Jedoch teilte Reichel in seinem Schreiben an Schröder mit, dass die „Schritte und Tritte", die er von St. Petersburg aus in der russischen Freimaurerei unternahm, in den Archiven der von ihm geleiteten Logen dokumentiert worden seien „und von jedem Bruder, der sich davon unterrichten will, gelesen werden können."[55] Damit steht fest, dass auch Baron v. Reichel, von dem wir bislang nicht einmal mit letzter Sicherheit seine Vornamen kennen, wie er schrieb „von im Finstern schleichenden Verläumdern" aus seiner freimaurerischen Führungsposition, die er in Russland einnahm, systematisch verdrängt und schließlich ausgeschaltet wurde.

Die sich damit zum Fall Schröder und dessen Schicksal ergebenden Parallelen liegen auf der Hand. Es war Heinrich Jakob v. Schröder, dessen erste Schritte in Russland ihn zu Reichel geführt hatten. Reichels kurzer brieflicher Lebensbericht ist ausgesprochen düster. So fragte er: „Wo bleibt doch nun wohl der ehemalige Werth der freyen Maurerey, als man noch bey Eröffnung der Logen sang:

Hinweg, wer von Gewalt und Raube
Nicht seine Hände rein behält,
Hinweg, wem Wahrheit, Treu und Glaube
Verächtlich scheint, wer Unschuld fällt,
Wer Brüder drückt, wer Gerechte plagt,
Dem sey der Eintritt hier versagt."[56]

Auch in der leidigen Angelegenheit von Schröders Erbanspruch an den Rostocker Onkel hielt Reichel nicht mit seiner Meinung zurück, wie seine Bemerkung deutlich macht: „Sie schrieben am Ende: Ihr Herr Oncle habe Ihnen Aussöhnung angeboten. Hätten Sie sich doch eines anderen Wortes bedient, weil es das einzige in Ihrem ganzen Brief ist, das mir sehr missfällt: Wie ein Mann, dessen Äußerungen gegen Sie lauter Väterliche Liebe anzeigen, müßte der wohl zu einer solchen Herablassung gebracht werden?"[57] Und an den Schluss seiner Ermahnungen Schröders stellte der vom maurerischen Gedankengut tief erfüllte, altergraute Baron v. Reichel die Sätze: „O, Freund! Wie sehr beyde haben wir nöthig, unseren stolzen Herzen die wachsamsten Hüter zu setzen!" Seine Empfehlung lautete: „[...] eilen Sie unter dem Geleite Gottes zu Ihrem Herrn Oncle, arrangieren Sie mit dessen gutem Rath Ihre Umstände am besten. – Bleiben Sie auf Ihren Gütern. Sie können nirgends stiller, friedsamer, erbaulicher und nützlicher leben wie da. Seyen Sie Ihr eigener Verwalter, denn die Augen des Eigenthums-Herrn verbreiten lauter Segen, und auf seinen Fluren und unter jedem seiner Tritte quillt Fruchtbarkeit und Wohlfahrt hervor. Halten Sie sich schöne Reitpferde und verreiten Sie mit diesen alle Maulhaukeley und Hypochondrie". Und im Übrigen: „Nürnberg, die Mutter aller Tändeleyen, ist kein Ort für Sie [...] Sie, mein Bruder, müssen stets in freyer, gesunder Luft, unter einem hellgestirnten Himmel das große Spiel der Natur vor Ihren Augen haben und sich mit dieser unrastbaren großen Werkmeisterin beschäftigen, bey Ruhestunden ein schönes Buch lesen, dann wird Ihnen wohl seyn. – Sie mögen nun leben, wo Sie wollen, so versichern Sie sich, daß niemand mich in dem Wunsch für Ihr Bestes übertrifft. Sollten wir uns dann hier auf Erden nicht wieder sehen, so gebe der Allmächtige, daß es vor seinem Throne geschehe."[58]

Wie aus seinen Briefen, die Schröder aus Berlin und seit Juli 1791 aus Nürnberg an Fürst Nikolaj Nikitič Trubeckoj schrieb, hervorgeht, fühlte sich der verschuldete Baron beständig „maltraitiert" und in Gefahr, „täglich in die Hände der Polizey zu fallen." Umso mehr kam es ihm darauf an, das freundschaftliche Verhältnis zu seinem aristokratischen Briefpartner zu erhalten. So war Schröder davon überzeugt, dass der russische Fürst „eine viel zu sanguinische Seele" besitze, als dass es einem Menschen wie ihn möglich wäre, "andere zu beleidigen oder gar zu hassen." So bat er in all seinen Briefen an die ehemals hoch gestellten Brüder in Moskau immer wieder nur darum, ihm sein „eigenes Geld" zurückzuerstatten. Sollte er die notwendigen Gelder nicht erhalten, sehe er sich bereits „im Schuldthurm verschmachten". Anstoß nahm der Baron an dem Ton, den der Fürst in seinen Schreiben an ihn gelegentlich anschlug, als sei er „ein Ketzer oder Sektirer", und er erinnerte den hohen Bruder daran: „Wir lebten viele Monate in Eintracht und *in völliger Übereinstimmung unserer Grundsätze*, wir liebten uns, und Sie sahen in mir nicht den Mann, der mit Ihnen in den Hauptpunkten nicht übereinstimme".[59] In seinem Brief vom 24. Juli 1791 informierte Schröder auch darüber, dass er das „teure Berlin" verlassen habe und „in die [weit billigere] freye Reichsstadt [Nürnberg] gezogen" sei, womit er auch seinen alten Onkel in Rostock „einigermaßen zu beruhigen" hoffe. Hier lebe er ohne Bedienstete, klopfe selbst seine Kleider aus, putze sich seine Schuhe, kurz: er lebe „wie der gemeinste ärmste Bürger" und verfüge lediglich über „ein paar Goldstücke."[60]

Auf mehrere recht zurückhaltende und in Geldsachen unverbindliche Zusagen Trubeckojs antwortete Schröder mit einem mehrseitigen Schreiben aus Nürnberg vom 12. Februar 1792, hatte der Fürst doch nicht vergessen, dem Baron den sehnlichst erwarteten „Wechsel" zukommen zu lassen. Der dankbare Empfänger und Briefschreiber nahm dies zum Anlass, um sich erneut in weitschweifigen Erörterungen zu ergehen, welch wichtiger Mann aus ihm geworden wäre und welch „glänzendes Wohlleben" er „in Spiritu Mundi" hätte führen können, hätte er doch „gewisse Dinge [...] gegen seinen Willen" getan: „Ich tat es nicht, ich wollte mein Herz rein bewahren." Dafür sei er an den Bettelstab gelangt und habe seine Gesundheit in einem Maße ruiniert, die kein wirkliches Arbeiten mehr zulasse. Er habe nichts gelernt als das *Soldaten-Metier*, und Soldat wolle er nicht wieder werden, so bliebe ihm nur noch das Betteln. Wie die Dinge lägen, müsse er nun darauf warten, bis der wegen seiner Ordensmitgliedschaft erzürnte Rostocker Onkel tot sei und er sich wieder von seinem in der Welt ausgestandenen Elend im Schoße seiner Familie erholen könne.

Bei diesen Betrachtungen, so erläuterte Schröder seinem fürstlichen *Bruder* weiter, handle es sich nicht um „hypochondrische“ Ergüsse, wobei er freilich zugab: „[...] im Grunde bin ich doch wohl ein melancholischer Schwärmer“. Da Schröder in Nürnberg keine Möglichkeit fand, sich selbst seinen Lebensunterhalt zu verdienen, bot er sich dem Fürsten als Übersetzer *lateinischer Autores* ins Deutsche an, in der Hoffnung, in dieser Angelegenheit auf Trubeckojs Unterstützung rechnen zu können. So schrieb er: „Durch den Canal der Nürnberger Kaufleute kann ich Ihnen auch beständig, es mag in der Welt Krieg oder Frieden seyn, meine Übersetzungen zusenden und wenn Sie dort lateinische Bücher haben, die Sie übersetzt wünschen, können Sie sie mir zuschicken und ich kann sie Ihnen mit der Übersetzung zurückschicken.“[61]

In seinem nachfolgenden langen Brief an Trubeckoj vom 12. Februar 1792 aus Nürnberg[62] setzte Baron Heinrich Jakob v. Schröder seine Meditationen über sich selbst fort: „Ich kam nicht nach Rußland in der Absicht, mich mit russischem Geld zu bereichern, wie man meinen Landsleuten größtentheils dort Schuld giebt; ich kam, Ihrem Vaterland mein Leib und Leben, ja mein Blut, das Kostbarste, was der Mensch besitzt und was kein Gold aufwiegen kann, aufzuopfern, und verlangte dafür bloß Gelegenheit, auf der Bahn der Ehre und des Ruhms geführt zu werden; denn, daß ich in keinem Dienst als Soldat reich werden würde, war mir, da ich von Kindheit an Soldat gewesen, zu gut bekannt. Der selige Schwarz führte mich nach langem Sträuben wider meinen Willen von dieser Bahn ab, wofür ich ihm noch in der Ewigkeit danken muß. Er glaubte gewiß nicht, daß ich je so unglücklich werden würde, als ich es geworden, daß ich nun meine Gesundheit, um meine Ehre, ja sogar um den Rest meines Vermögens kommen und in Gefahr laufen würde, den Bettelstab zu ergreifen.“[63]

Schwarz war es auch, der Schröder versprach, dass ihm „in der Companie ein solches anständiges Capital“ ausgemacht würde, wovon er „auf jeden Fall ehrlich leben könnte und nicht in den schimpflichen Verdacht eines Avanturiers käme, der von der Gnade anderer Menschen leben müsse. Meine Ehre lag mir damals noch so sehr am Herzen, daß ich nicht eher in den Abschied willigte, bis er mir aufs heylichste versprach, daß ich von dieser Seite völlig gedeckt seyn sollte. Sein Tod stürzte mich aber in einen Abgrund, aus welchem ich jetzt erst herausgerissen werde, wenn mir Colovion [Novikov] nicht einen Strich durch die Rechnung macht.“ Dieser „reiche Mann“ führt sich jetzt auf „wie ein großer Mathador“, er, Schröder, hingegen "liege wie ein zertretener Wurm in einem Winkel der Erde, auf den ein jeder das Recht zu haben glaubt, auf ihn zu treten.“[64] Um „auf Erden wieder in Ruhe [zu] kommen“, verlange er die in die Typographische Gesellschaft eingebrachte Summe von „elftausend fünfhundert Reichsthalern“ nicht zurück, sondern lasse sie „in den von Mäusen gefressenen Papieren des Colovion angeschrieben stehen“. Er fordere lediglich einen Betrag, um sukzessive seine Schulden zu begleichen zu können.

Im Übrigen habe er freilich wenig Hoffnung, von den Moskauer Brüdern die erbetenen Gelder zu erhalten, traue er doch „dem Colovion gar nicht.“[65]

Wohl in einem seiner letzten Briefe aus Nürnberg an Trubeckoj vom 2. Juni 1792 berichtete Schröder nochmals über sein Leben und Logis in dieser deutschen Stadt, hatte er doch, der wieder ohne Geldmittel war, seine letzten Sachen versetzen musste und hier als „Fremder in die schimpfliche Notwendigkeit“ geraten war, sogar seine Leibwäsche veräußern müssen. Gleichzeitig mit der Schilderung seiner Schicksale in Nürnberg bat er den Fürsten um Aufklärung über den offensichtlich bereits 1791 erfolgten Tod von Baron Reichel: „Schreiben Sie mir doch“, so schrieb er, „wer hat sich des seeligen Reichel hinterlassenen schönen Tochter angenommen? Wer hat seine Ordens-Bücher und dergleichen bekommen? Wer hat seine Schulden bezahlt? Wie ist dieser vortreffliche Mann gestorben? Wer drückte ihm die Augen zu? Sie antworten mir nicht ein Wort wegen meiner Ihnen vorgelegten Fragen, den bewußten Coffre betreffend. Werden Sie mir denselben zuschicken, wenn ich ihn verlange? Auf diese Frage werde ich eine bestimmte zuverlässige, aber keine equivoque Antwort haben? Ich muß sie ohne Fehl bekommen.“ Ebenso wünschte Schröder "Particularia von den dortigen Verhältnissen, z. B. zwischen Fränckel und Colovion usw. zu wissen [...]. Sehen wir uns in dieser Welt noch 1 mahl wieder, dann sollen Sie sich wundern".[66]
Dazu ist es wohl nicht mehr gekommen.

Anmerkungen

1 Bryner, Moskauer Freimauerer; derselbe, Karamzin, S. 25 ff; Vernadskij, Freimaurerei; Rothe, Karamzins Reise, S. 26 ff; Donnert, Katharina II., S. 91 ff; Christian Lübke (Redaktion), Kulturpolitik und Öffentlichkeit im Zeitalter Katharinas II., in: Handbuch der Geschichte Rußlands, Bd. 2, Stuttgart 1991, S. 840 ff; N.I. Novikov, Izbrannye sočinenija, Moskau-Leningrad 1951; Satiričeskie žurnaly N.I. Novikova, hrsg. von P.N. Berkov, Moskau-Leningrad 1951; Berkov, Žurnalistika, S. 53 ff; N.I.Novikov i ego sovremenniki. Texte, ausgewählt von L.B. Svetlov, Moskau 1961; „Cočuvstvennik“ A.N. Radiščeva. A.M. Kutuzov i ego piśma k I.P. Turgenevu, eingeleitet von Ju. Lotman, Tartu 1963. (Učënye zapiski Tartuskogo universiteta. Trudy po russkoj i slavjanskoj filologii, Bd. 6); A. Nezelenov, Nikolaj Ivanovič Novikov - izdatel' žurnalov 1769-1785,St. Petersburg 1875; Longinov, Novikov i martinisty; P. Pekarskij, Dopolnenija k istorii masonstva v Rossii XVIII veka, St. Petersburg 1869; E.I. Tarasov, Novje dannye k istorii novikovskogo kružka, St. Petersburg 1908; B. Telepnev, Rosicrusians in Russia, London 1923; N.P. Semennikov, Knigoizdatel'skaja dejatel'nost' N.I. Novikova i tipografičeskoj Kompanii, Petrograd 1921; Barskov, Perepiska; Erich Donnert, Zur Weltanschauung und gesellschaftspolitischen Wirksamkeit N.I. Novikovs, in: Deutsche Zeitschrift für Philosophie 31 (1983), Heft 4, S. 478-487; Smith, Freemasonry, S. 3 ff; Madariaga, Russia, S. 150-167; Jones W. Gareth, Nikolay Novikov. Enlightener of Russia, Cambridge 1984 (dazu die Rezension von Hans Rothe, in: ZslPh 47(1987), S. 402-410; W.G. Jones, Nikolaj Novikov: Enligthener of Russia, Cambridge 1984; Gilbert H. McArthur, Freemasonry and enlightenment in Russia: The Views of N.I. Novikov, in: Canadian-American Slavic Studies 14, Nr. 3 (Fall 1980), S. 361-375; In-Ho L. Ryu, Moscow Freemasons and the Rosicrucian Order, in: John G. Gerrard (Hg.), The Eighteenth Century in Russia, Oxford 1973, S. 198-232; Gilbert H. McArthur, Caterine II and the Masonic Circle of N.I.Novikov, in: Canadian Slavic Studies, IV, 3 (Fall 1970), G. Makogonenko, N. Novikov i russkoe prosveščenie XVIII veka, Moskau-Leningrad 1951. Auch: Lauer, Russische Literatur, S. 53 ff; Waegemans, Russische Literatur, S. 40 ff.

2 Fleischhacker, Katharina II., S. 98 ff. Vgl. auch Madariaga, Catherine II; dieselbe, Russia.

3 Karl R.H. Frick, Licht und Finsternis, Teil 2, Graz 1978, S. 442 ff.

4 Boris Il'ič Krasnobaev, Eine Gesellschaft gelehrter Freunde am Ende des 18. Jahrhunderts, in: Beförderer S. 257-270; derselbe, Die Bedeutung der Moskauer Universitätstypographie, in: Buch- und Verlagswesen im 18. und beginnenden 19. Jahrhundert, Berlin 1977, S. 217-234; Alexander Sergeevič Myl'nikov, Die Rolle offizieller Vereinigungen im geistigen Leben und in den internationalen Beziehungen Rußlands während der Aufklärungsepoche, in: Ebenda, S. 196-211; Georg von Rauch, Johann Georg Schwarz und die Freimaurer in Moskau, in: Ebenda, S. 212-224; N.S. Tichonravov, I.G. Švarc, in: Sočinenija, Bd. 3/1, Moskau 1898, S. 60-81; Paul Althausen, Der Moskauer Professor Johann Georg Schwarz und seine Moskauer Zeitgenossen, in: „Deutsche aus dem Osten", 1928, Heft 6, S. 128-131, Heft 7, S. 153-155; Ivan Grigoŕevič Švarc, in: Biografičeskij slovař, Teil 2, S. 574-599; Longinov, Novikov i martinisty, S. 152 ff.; R. Labry, I.G. Schwartz, rose-croix, professeur à l,université de Moscou et son influence, in: Mélange en honneur de J. Legres, Paris 1939, S. 189-200; Heinz Ischreyt, Streiflichter über die Freimaurerei in Kurland, in: Beförderer, S. 238 ff. Eine Biographie von Johann Georg Schwarz fehlt noch immer.

5 Erich Donnert/Helmut Reinalter (Hrsg.), Journal der Rußlandreise Josephs II. im Jahre 1780, Thaur bei Innsbruck 1996, S. 16 f.

6 Ludwig Hammermayer, Der Wilhelmsbader Freimaurer-Konvent von 1782, Heidelberg 1980; Roland Hoede, Der Wilhelmsbader Konvent 1782, in: Quartuor Coronati. Jahrbuch 37/2000, S. 37-54.

7 T. Sokolovskaja, O masonstve v prežnem russkom flote, in: More 8 (1907), S. 216-253.

8 Barskov, Perepiska, S. XX f.

9 Helmut Keipert, Neue Quellen zu Novikovs „Utrennij svet", in: ZslPh 44(1984), S. 297.

10 Ebenda, S. 298-299.

11 Renate Knoll, Johann Georg Hamann, 1730-1788, Bonn 1988.

12 M.N. Rosanow, Jakob M.R. Lenz, der Dichter der Sturm- und Drangperiode. Sein Leben und seine Werke, Leipzig 1909; Mechthild Keller, Verfehlte Wahlheimat: Lenz in Rußland, in: Russen und Rußland, S. 516-535; Heinrich Bartel/Mechthild Lindemann, Karamzin entdeckt Deutschland, in: Deutsche und Deutschland, S. 488 ff; Krasnobaev, Gesellschaft gelehrter Freunde, in: Förderer, S. 257.

13 Longinov, Novikov i martinisty, S. 99. Vgl. auch Bryner, Moskauer Freimaurer (wie Anm. 1), S. 379; Krasnobaev, Universitätstypographie (wie Anm. 4), S. 226.

14 Allgemeines Handbuch der Freimaurerei, Bd. 3, Leipzig 1867, S. 202, 110.

15 Vgl. in der Folge auch Barskov, Perepiska, S. 286-289.

16 ADB, Bd. 32, S. 579-582.

17 Barskov, Perepiska, S. 234, 288, 289.

18 Ebenda, S. 215-234.

19 Die beiden Nicolai. Briefwechsel zwischen Ludwig Heinrich Nicolay in St. Petersburg und Friedrich Nicolai in Berlin (1776-1811), hrsg. von Heinz Ischreyt, Lüneburg 1989, S. 75, 306, 369; Ischreyt, Streiflichter über die Freimaurerei in Kurland (wie Anm. 4), S. 238.

20 Schröders Tagebuch ist abgedruckt, in: Barskov, Perepiska, S. 215-234. Zitat hier S. 215.

21 Ebenda, S. 217.

22 Ebenda.

23 Ebenda, S. 217 f.

24 Ebenda, S. 218 f.

25 Ebenda, S. 219 ff.

26 Ebenda, S. 220.

27 Ebenda, S. 223.

28 Ebenda, S. 223 f.

29 Ebenda, S. 224.

30 Ebenda, S. 215 f.

31 Ebenda, S. 218.

32 Ebenda, S. 229.

33 Lew Kopelew, Lehrmeister und Rivalen, Kameraden und Fremdlinge ... Deutschenbilder im Jahrhundert der Aufklärung, in: Deutsche und Deutschland, S. 11-51.

34 V. Zubov, Zar Peter I., Mensch und Schicksal, Stuttgart 1963.

35 Barskov, Perepiska, S. 143-144.

36 Pypin, Quellen, S. 4 ff.

37 Vgl. oben, S. 37 ff.

38 Pypin, Quellen, S. 9-14.

39 Ebenda, S. 15-16.
40 Ebenda, S. 25-28.
41 Barskov, Perepiska, S. 319 f.
42 Ebenda, S. 277 f.
43 Ebenda, S. 233.
44 Ebenda, S. XVI.
45 Ebenda, S. 42.
46 Ebenda, S. 53 f.
47 Ebenda, S. 95.
48 Ebenda, S. 52.
49 Ebenda, S. 119 f.
50 Ebenda, S. 120.
51 Ebenda, S. 121.
52 Ebenda.
53 Ebenda, S. 122.
54 Ebenda, S. 123 f.
55 Ebenda, S. 123.
56 Ebenda, S. 124.
57 Ebenda.
58 Ebenda, S. 123-125.
59 Ebenda, S. 139 f.
60 Ebenda, S, 138-143.
61 Ebenda, S. 171.
62 Ebenda, S. 179-186.
63 Ebenda, S. 180.
64 Ebenda, S. 185.
65 Ebenda, S. 186.
66 Ebenda, S. 207.

Quellort und Geist der russischen Maçonnerie

Von den literarischen Erzeugnissen, die den russischen Freimaurern und Rosenkreuzern im 18. Jahrhundert gleichsam als geistige Nahrung dienten, ist offensichtlich nur wenig erhalten geblieben.[1] Zu ihnen zählen die Materialien der Loge von Orël, die 1784/85 eröffnet wurde. Ihr Oberer war der damalige Vizegouverneur Zacharij Jakovlevič Karneev, der im Jahre 1810 als Reichsratsmitglied starb. Die beiden Orëler Schriftensammlungen, um die es geht, bestehen aus mehreren Heften und tragen den Titel *Abhandlungen aus den Jahren 1789 und 1791*. Einen wichtigen Teil davon bildet eine Sammlung, genannt *Auszug aus einer Instruktion über Gott, die Natur und das Chaos* sowie über die *Elemente im Allgemeinen*. In den Einzelbeiträgen der Sammlung werden Fragen der christlichen und insbesondere der rosenkreuzerischen Moral erörtert, ferner Pflichten, die infolge der Eidesleistung denjenigen erwüchsen, die „in das Allerheiligste des Tempels der salomonischen Wissenschaften eingeführt worden sind". In den Auszügen finden sich ebenso Exzerpte aus Werken von „mit göttlicher Weisheit begabten Männern" wie Jakob Böhme. Darüber hinaus enthalten die Sammlungen an die vierzig Reden, von denen die Mehrzahl die Unterschrift von Karneev trägt, andere mit dem Namen Grigorij N. Neledinskij abgezeichnet sind. Unter den Abhandlungen von 1791 befindet sich eine von Karneev zum Gedächtnis Nikolaj Aleksandovič Kraevičs, eines auch in Rosenkreuzerkreisen hoch angesehenen Freimaurers, gehaltene Rede. Da und dort tauchen in den genannten Quellensammlungen ebenso Texte von Ivan Vladimirovič Lopuchin[2] und Fürst Nikolaj Vasil'evič Repnin auf. Auch an Papieren über die so genannten älteren Gold- und Rosenkreuzer fehlt es nicht.[3]

Die orthodoxe Christenheit des Ostens lebte weit mehr mit der Bibel als die Christen in westlichen Ländern.[4] Dies gilt in besonderem Maße für die Russen, bei denen sich apokryphe Erzählungen aller Art sowie patristische und pseudopatristische Literaturgattungen bis weit ins 18. Jahrhundert hinein hielten. Mit der Ablehnung des *Voltairianertums* durch die Moskauer Rosenkreuzer vollzog sich gleichzeitig die Wiederanknüpfung an das alte Anliegen der russischen Christen: die Erkenntnis Gottes und seiner Gebote sowie die eigene geistige Vervollkommnung. Dabei ging es jedoch nicht mehr um das *rituelle Christentum* der vorpetrinischen Zeit, denn nicht die äußeren Formen interessierten diese *wirklich neuen Menschen*, sondern der geistige Gehalt der christlichen Religion.[5] Die russischen Freimaurer waren mehr oder weniger entschiedene Vertreter des geistigen Christentums und hatten dieselben Probleme wie die anderen geistigen Christen zu anderen Zeiten und in anderen Ländern auch.

Es unterliegt keinem Zweifel, dass es sich bei diesem Vorgang um eine Rückkehr zu den Traditionen der altchristlichen russischen Frömmigkeit in neuem Gewand sowie die

Aufnahme westlicher Anregungen und Anschauungen handelte. Für die Beurteilung des Geistesguts der russischen Freimaurer stehen freilich meist nur schwer durchschaubare Quellen zur Verfügung, so deren Briefe, Handschriften und Vorträge, die sie sich gegenseitig hielten, vor allem die übersetzten Werke, die handschriftlich und in zahlreichen Drucken erhalten sind. Ein allgemein gültiges Ideengut gab es in Freimaurerkreisen nicht. So verstanden die Rosenkreuzer ihre *Arbeit* als Selbsterziehung durch Lektüre und durch eine Art innerer Askese. Es gab bald auch bewährte Obere, die in mündlichen Gesprächen und brieflichem Verkehr die Jünger über diese Vollkommenheit belehrten. Der Weg bestand in Selbstbeobachtung, Selbsterkenntnis und einer geistigen Disziplin, die die *Wurzel des Bösen* in der Seele ausrotten oder mindestens den Durchbruch der Bosheit zurückdrängen sollte. Das bedeutete Kampf gegen *Eigenwillen*, Eintreten für ein Leben ohne Teilnahme an der *Eitelkeit der Welt*. Die Erziehung zu sittlicher Verantwortung, Selbstbeherrschung und Mäßigung stimmte vielfach mit den Anforderungen der christlichen Moral überein. Noch weiter führte aber in dieser Richtung die Forderung nach tätiger Nächstenliebe, die erst das *Reich Christi in der Seele* herstellen sollte. In diesem Sinne waren die Freimaurer bestrebt, eine möglichst breite philanthropische Wirksamkeit zu entfalten.

So traten in Freimaurerkreisen erzogene Menschen hervor, die eine nicht geringe Unabhängigkeit, moralische Kraft, Festigkeit und Treue in Erfüllung der auf sich genommenen Pflichten, die auch den Staatsdienst einschlossen, unter Beweis stellten und zeigten, wie man sein *Kreuz* tragen konnte, das unabhängig von persönlichen Wünschen auferlegt wird. Freilich fanden sie nicht immer einen Wirkungskreis in einer Gesellschaft, in der man so viel durch unmoralische Mittel, ohne *sittliche Reinheit*, ohne Anfechtungen, durch Drängen und Zwang erreichen konnte. Die russischen Rosenkreuzer vertraten gegenüber der Verstandesreligion der Aufklärung den Standpunkt der Offenbarungsreligion. Nach ihrer Auffassung besaß die Religion, das heißt das Christentum, grundlegende Bedeutung für das staatspolitische Leben. Sie waren der Ansicht, dass nur die Christen gute Untertanen und Bürger sein könnten, und dass der Staat umso besser gedeihe, je mehr Christen er habe. Die christliche Religion sei daher die einzige Grundlage für den Wohlstand des Volkes.

Einen zentralen Platz in den geistigen Auseinandersetzungen der russischen Freimaurer nahm deren Polemik gegen die Vertreter der französischen Aufklärungsphilosophie mit ihrem Materialismus, Mechanismus, Deismus und Atheismus ein, die in den gebildeten Schichten des Landes ein breites Echo fand. Die russischen Aufklärer und Freimaurer rosenkreuzerischen Einschlags standen der einseitigen Hervorhebung der Vernunft durch die *philosophes* ablehnend gegenüber. Sie bekämpften das *Voltairianertum* und suchten in ihren Schriften das menschliche Leben differenzierter zu ergründen und auch über die rationalen Dimensionen des Seins zu erfassen. Durch dieses Bestreben wurde der russischen Freimaurerei ein neuer Zugang zur Religion erschlossen, freilich ohne

Hist. Sem.
Univ. Kiel

in ein näheres Verhältnis zur orthodoxen Kirche zu treten. Nichtsdestoweniger fühlten sich die Rosenkreuzer nicht nur vom rein geistigen Gehalt des Christentums, sondern ebenso von der orthodoxen Theologie und Frömmigkeit angesprochen, war Religion für sie doch weit mehr als ein aufklärerischer, mehr oder weniger unbestimmter Glaube an Gott als Schöpfer und Vorsehung, an die Unsterblichkeit der Seele und die Tugend. In diesen Zusammenhang gehörte auch ihr großes Interesse für die Mystik. Dementsprechend war auch die Vorliebe für die mystische Literatur, beginnend mit den Kirchenvätern bis auf ihre Zeit.

Die Moskauer paramaurerischen Rosenkreuzer fanden in ihrer Frontstellung gegen das *Voltairianertum* Unterstützung bei den russischen *Martinisten*, gab doch das Gedankengebäude des französischen Theosophen Louis Claude de Saint-Martin[6] eine wichtige Grundlage für ihre Lehre und Wirksamkeit ab. St. Martins Hauptwerk *Des erreurs et de la vérité ou les hommes rapelles au Principe universel de la science par un philosophie inconnu* von 1775 wurde 1782 von Matthias Claudius in deutscher Sprache unter dem Titel *Von den Irrtümern und der Wahrheit oder Aufruf des Menschengeschlechts zum Urgrund des Wissens* veröffentlicht und erschien 1785 auch in russischer Ausgabe. Die Moskauer Rosenkreuzer haben viel übersetzt und in Handschriften und Drucken verbreitet, dabei insbesondere Werke der westlichen Mystik, aber auch Schriften der Pietisten und Kirchenväter.

Im Mittelpunkt der um 1780 einsetzenden neuen Welle von russischen Übersetzungen standen die Werke der deutschen Mystiker, maßgeblich inspiriert von Nikolaj Novikov und seinen Freunden. Einen vorderen Platz nahm dabei Jakob Böhme ein, von dessen Ausstrahlungskraft auch Russland erfasst wurde, wo der deutsche Mystiker in den Siebzigerjahren des 18. Jahrhunderts bereits kein Unbekannter mehr war.[7] Von Böhmes Schüler Quirinus Kuhlmann[8], der als protestantischer Schwärmer galt und 1689 als Ketzer in Moskau verbrannt wurde, nach Russland gebracht, fanden die eschatologischen Gedanken Böhmes alsbald in den russischen Bildungsgeschichten Verbreitung. So ließ man auch andere Schriften von ihm ins Russische übersetzen. Es waren die Moskauer Rosenkreuzer, die Böhme den Rang eines Kirchenvaters zuerkannten. Demgemäß wurden die Werke des deutschen Mystikers in russischen Freimaurerkreisen hoch geschätzt, immer wieder zitiert und zur Lektüre empfohlen, wie aus einem Schreiben von Fürst Nikolaj Nikitič Trubeckoj an dessen Ordensgenossen, den Schriftsteller Aleksej Andreevič Rževskij, vom 1. Februar 1784 hervorging. In dem Brief wurden die Werke des *Bruders* Jakob Böhme gerühmt, sei in ihnen doch das zu finden, was „keine menschliche Zunge und kein Mensch weder eröffnen noch beschreiben“[9] könne. Als Übersetzer von Böhmes Werken tat sich besonders der aus Poltava stammende sprachgewandte ukrainische Freimaurer Symeon Ivanovyč Hamaleja hervor, dessen Übertragungen zunächst nur handschriftlich, später auch gedruckt verbreitet wurden.

Nach Böhme war es der Quedlinburger Pfarrer Johannes Arndt mit seinem umfangreichen Werk *Vier Bücher vom wahren Christentum* vom Jahre 1610, das weit über den deutschen Sprachraum hinaus bekannt und von dem ukrainischen orthodoxen Theologen jüdischer Abstammung Symeon Todorśkyj übersetzt wurde.[10] Todorśkyj hatte 1730 bis 1735 in Jena und Halle Orientalistik und Theologie studiert und 1734 in Halle Böhmes Werk in ukrainisch-kirchenslawischer Sprache erscheinen lassen. Es waren die Fragen der Naturphilosophie und der Naturmystik, die Arndt in seinem Werk behandelte, die die Moskauer Rosenkreuzer außerordentlich stark ansprachen.

Wie Böhmes Schriften, wurde auch Arndts Traktat von den Rosenkreuzern nachdrücklich zur Lektüre empfohlen. Nach seiner Heimkehr 1740 arbeitete Todorśkyj intensiv an seiner Karriere, bis er Bischof von Pskov, Mitglied des Heiligen Synods, des kirchlichen Hauptverwaltungsorgans und Erzieher des Thronfolgers Peter Fëdorovič, des nachmaligen Kaisers Peter III. und dessen Gemahlin, der Großfürstin Ekaterina Alekseevna, der späteren Kaiserin Katharina II., wurde. Dabei hatte Symeon Todorśkyj als Hauptziel den Druck einer russischen Bibel im Auge, an der er bereits in Halle nach den Vorstellungen von August Hermann Francke gearbeitet hatte. Dort kam das Werk auch 1751 erstmals heraus, was die Wirkungen verdeutlichte, die der *Hallesche Pietismus* auf Russland ausübte.

Es waren die Rosenkreuzer Osip Alekseevič Pozdeev, Ivan Vladimirovič Lopuchin und Ivan Petrovič Turgenev, der Vater von vier bedeutenden Söhnen, die die russische Geistesgeschichte in der ersten Hälfte des 19. Jahrhunderts maßgeblich mitprägten, die sich von Arndts Werk besonders beeinflusst zeigten, von dem Lopuchin eine zweite Übersetzung anfertigte, die 1784 erschien. Angelehnt an Arndts *Vier Bücher* verfasste Tichon von Zadonsk, Bischof von Voronež, eine umfängliche Schrift unter dem Titel *Über das wahre Christentum* (*Ob istinnom christianstve*), die 1770/71 erschien und zusammen mit seinem Werk *Über die Pflichten eines Christen* von 1801 in Russland zu einem weit verbreiteten Erbauungsbuch wurde. Als klassisches Werk protestantischer Mystik übte Arndts *Wahres Christentum* tief gehende Wirkungen auf die Moskauer Rosenkreuzer aus, wie Lopuchins Schrift *Einiges über die innere Kirche, den einzigen Weg der Wahrheit und die zahlreichen Wege des Irrtums und des Untergangs, im Verein mit einer kurzen Darstellung der Eigenschaften und Pflichten eines wahren Christen*, erschienen 1798, zu erkennen gab, die gänzlich unter dem Einfluss von Arndts Werk geschrieben war.

Welche Rolle das Buch von Arndt im politischen Leben der russischen Bildungsschicht spielte, ging schon daraus hervor, dass die Freimaurer das Werk auch dem Thronfolger und späteren Kaiser Paul zuleiteten, der im Unterschied zu seiner Mutter, Katharina II., ihnen gegenüber Wohlwollen zu erkennen gab. Selbst der von den Maurern als *Fürst der Finsternis* gebrandmarkte, allgewaltige Favorit Grigorij Aleksandovič Potëmkin führte im 2. Türkischen Krieg Russlands seit 1787 in seiner Armee eine eigene Druckerei mit sich, die 1790 in Jassy eine russische Kurzfassung von Arndts *Wahrem Christentum*, dieses Grundbuchs der deutschen protestantischen Mystik, herausbrachte, und zwar als Übersetzung einer englischen Ausgabe, angefertigt von dem Schriftsteller und ehemaligen Lehrer an der St. Petersburger Seekadettenanstalt, Luka Ivanovič Sičkarëv.

Nach Böhmes und Arndts Werken wurden auch Schriften anderer deutscher Mystiker übersetzt, die ebenfalls einen nachhaltigen Einfluss auf die Freimaurerei in Russland ausübten. Zu ihnen zählte der Dichter Angelus Silesius. Seine Mystik war stark von Abraham von Franckenberg und Jakob Böhme beeinflusst. Das Hauptwerk von Silesius, *Der cherubinische Wandersmann* vom Jahre 1657, fand auch im Zarenreich Verbreitung und erschien 1784 und nochmals 1819 in russischer Übersetzung. Weitere deutsche protestantische Mystiker, deren Werke die Wertschätzung der Moskauer Rosenkreuzer erfuhren, waren Valentin Weigel, Johann Gichtel, Gottfried Arnold und der schwäbische Pietist und Theosoph Friedrich Christoph Oetinger.[11]

Von den Schriften der genannten Autoren wurde auch Arnolds berühmte *Unparteiische Kirchen- und Ketzerhistorie* ins Russische übersetzt, ausgeführt von Novikovs Freund Vasilij Alekseevič Lëvšin. Das mystisch-spiritualistische Buch Arnolds übte auf die Moskauer Rosenkreuzer eine starke Faszination aus. Auch Oetingers Spätwerk, das *Biblische und Emblematische Wörterbuch* vom Jahre 1776, erhielt eine russische Ausgabe. Es war dies ebenfalls eine Schrift, die den Moskauer Rosenkreuzern sehr entgegenkam. Große Beachtung in Russland fand auch das Buch *Das Geheimnis der Schöpfung* aus der Feder des Naturphilosophen und Arztes Paracelsus, das als eine der von den Moskauer Martinisten am meisten herangezogenen aus dem Deutschen übersetzten Schriften galt (russ. Ausgabe: *Tajna Tvorenija,* 1785). Viel benutzt von den russischen Martinisten wurde ebenso der von den Gedanken Böhmes beeinflusste *Hirtenbrief* des Berliner Rosenkreuzers, preußischen Ministers und schlesischen Grafen Christian August v. Haugwitz. Das Büchlein hat Alexander Andreevič Petrov ins Russische übersetzt und 1785 unter dem Titel *Pastyrskoe poslanie* veröffentlicht.

Muss auch festgestellt werden, dass Weltanschauung und Religiosität der russischen Freimaurer auf das stärkste von den Werken der deutschen protestantischen Mystik geprägt waren, so fanden doch auch die Schriften französischer und englischer Mystiker im Zarenreich die verdiente Aufmerksamkeit. Sie wurden ebenso intensiv studiert, so neben den Werken von Saint-Martin die Bücher von John Pordage, Jeanne Marie de Gyon und dem spanischen quietistischen Mystiker Miguel de Molinos. Zu den Einflüssen, die von Frankreich her auf die russische Freimaurerei einwirkten, gehörten auch die, die von den dortigen Sektiererlogen ausgingen. Hierbei handelt es sich um Gesellschaften, die sich maurerisch gebärdeten, mit Namen *Société des Chercheurs, Académie des Secrets* und anderen, die sich mit Geisterbeschwörung, Alchimie und chiliastischen Prophezeiungen befassten und vielfach zu den Martinisten gerechnet wurden.

Besondere Verdienste erwarben sich die Moskauer Rosenkreuzer auch bei der Übersetzung von Werken deutscher, französischer und englischer schöngeistiger Literatur. Zu den deutschen Dichtern, mit denen sich die Moskauer Maurer näher befassten, gehörten Christian Fürchtegott Gellert, Christoph Martin Wieland, Albrecht v. Haller und Friedrich Gottlieb Klopstock, dessen berühmter *Messias* die von christo-zentrischer Frömmigkeit erfüllten russischen Martinisten ganz besonders ansprach. Erwähnung verdient auch der deutsche Dichter des Sturm und Drang Jakob Michael Reinhold Lenz[12], der seine letzten Lebensjahre im Kreis der Moskauer Martinisten zubrachte.

Nicht nur in der Gesamtheit der russischen Freimaurerei, sondern auch unter den Moskauer Rosenkreuzern gab es keine einheitlichen Auffassungen, was übereinstimmende Meinungen in Einzelfragen freilich nicht ausschloss. So war man sich in der Tolerierung des absolutistischen Staatsregimes einig. Mit der von ihnen vertretenen Meinung konnten sich die Freimaurer gegenüber der Herrscherin als regierungstreu ausweisen.[13] In diesem Verständnis war die Rechtfertigung der im Lande bestehenden Leibeigenschaft eingeschlossen, wie die scharfe Ablehnung der gewalttätig-zivilisationszerstörerischen Aufstandsbewegung unter Emel'jan Pugačëv (1773-1775) bewies.

Ein weiteres wichtiges Merkmal des freimaurerischen Konzepts war, dass es sich bei der Kritik an jedweder Freidenkerei keineswegs bereits um eine Kritik an der Aufklärung handelte, wurden von den Freimaurern doch nur Atheismus und Deismus attackiert. Dies erhellte schon daraus, dass dieselben Autoren gleichzeitig Voltaire und andere namhafte *philosophes* verteidigten und deren Werke ins Russische übersetzten. Ein Beispiel gab hier auch Rousseau, der teils akzeptiert, teils abgelehnt wurde. Zu den freimaurerischen Werturteilen gehörten weiterhin die zahlreichen positiven Auslassungen über die *Republik*, die in den *Mythos vom goldenen Zeitalter* eingebettet wurden. Diese Sachlage äußerte sich in den Lobsprüchen, die sich in den Moskauer Freimaurerzeitschriften der Achtzigerjahre über England und Nordamerika fanden. Dabei wurde die aus dem Nordamerikanischen Unabhängigkeitskrieg hervorgegangene Republikform bereits als möglicher Anfang des freimaurerischen Idealstaats betrachtet. Eines der wichtigsten Mittel zur Erreichung dieses Endzustands stellte für Novikov, Schwarz und ihre Anhänger die permanente Schulung dar, die im Mittelpunkt ihrer gesamten praktischen Aufklärungsarbeit stand. Das Ergebnis sollte die Heranbildung einer *Elite* sein, die im Besitz einer höheren Erkenntnis, der *wahren Erkenntnis*, war, die sich von der bloß äußeren Erkenntnis der Enzyklopädisten unterschied. Diese Elite stellte sich den Freimaurern als eine *Gelehrtenrepublik, eine Republik von Gläubigen* dar, in der der Mensch erst zum wahren Bürger wurde.

War es in Nordamerika die sich dort vollziehende Revolution, so glaubten die russischen Freimaurer ihre Hoffnungen bei der Aufrichtung der angedachten Republik auf den Thronfolger Paul richten zu können. Es waren dies Pläne und Absichten, an die sich zahlreiche Utopien knüpften. Auch bei diesem Konstrukt glaubte man durch beständige Erziehungsarbeit und administrative Veränderungen dem Ziel einer umfassenden Volksaufklärung und einem allgemeinen Glück näher zu kommen. Das angestrebte Werk sollte von der gebildeten Elite als Übergangsstaat zur Republik vollbracht werden.

Um der Berechtigung ihrer Annahme tragfähige Grundlagen zu verleihen, wurden die aufgeworfenen Fragen nach streng terminlicher Regelung von mehreren führenden Rosenkreuzern in Schriften, Berichten und anderen Äußerungen behandelt. Solche sind von Novikov, Ivan Petrovič Turgenev, Aleksej Michajlovič Kutuzov und anderen Rosenkreuzern erhalten. Bei der angestrebten Selbsterkenntnis handelte es sich um die *Bildung des Herzens*. Hierbei bestand die Aufgabe darin, die *inneren Erfahrungen*, die inneren Vorgänge, seien sie tugend- oder lasterhaft, bewusst zu machen und rational zu verarbeiten, um dadurch besser zu werden. Wie Pläne und Auszeichnungen von führenden Rosenkreuzern verdeutlichten, waren die Erwartungen anscheinend reicht weit gediehen, dachte man doch schon daran, den Bildungsprozess durch die Einbeziehung des naturwissenschaftlichen Unterrichts der Universitäten zu untermauern und auf neue Grundlagen zu stellen.

So hatte man 1788 drei Studenten an westliche Universitäten geschickt mit dem Auftrag, dort Chemie, Medizin und Naturgeschichte zu studieren. Diese sollten später in Moskau Laboratorien einrichten und danach selbst die naturwissenschaftliche Ausbildung übernehmen. Dabei vertraten mehrere Moskauer Rosenkreuzer die Auffassung, dass ohne Selbsterkenntnis keine Naturerkenntnis zu erlangen sei, ermögliche doch erst die Erforschung der inneren Welt eine wechselseitige Aufklärung. Seelenforschung war somit gleichzeitig Naturforschung. Als weitere Voraussetzung kam die Erkenntnis hinzu, dass alle Dinge untereinander in einer rational aufklärbaren Beziehung, in einer *Harmonie*, stünden: Gott, die äußere Natur und der Mensch. Demgemäß war in den Lehrmeinungen der Rosenkreuzer alles darauf angelegt, die Welt als ein in sich geschlossenes *System* zu zeigen, in dem es *harmonisch* zuging.

Es verstand sich von selbst, dass mit dieser Auffassung die Zweifel zunehmen mussten, die in der Aufklärungsliteratur im Hinblick auf die Vorstellung vom *Kommenden Reich* bereits vorlagen und beständigem Spott unterzogen wurden. Gemeinsam blieb freilich die Auffassung von dem *Geheimnis*, das im Menschen gesondert vorzufinden und nicht aufzuklären sei. Diese Meinung führte zu der Überzeugung, dass die Aufklärung nicht einfach im Verbreiten von Kenntnissen und im Beiseiteschaffen von Vorurteilen bestehen könne, sondern dass die Welt insgesamt, die Konstruktion des Menschen und der Ablauf der gesamten Geschichte, aufgeklärt werden müssten. Durch diese aus religiösen Erfahrungen kommende Einsicht wurden dem wissenschaftlichen und literarischen Schaffen anscheinend neue Anregungen vermittelt. Eine Auswirkung zeigte sich in Novikovs historischen Werken, wurde dort doch der Geschichtsprozess als ein sinnvolles Ganzes und nicht als ein Chaos begriffen. Bei der Formulierung dieses Konzepts dürften freilich auch die Schriften Rousseaus, Herders und anderer europäischer Geistesgrößen Pate gestanden haben.

Bei der Bildung des menschlichen Herzens ging es den Freimaurern um die Verbreitung der *Liebe im Herzen*, das heißt um die Ausrottung alles Groben, um freundschaftliche Geneigtheit gegenüber allen Menschen, darum, die natürlichen guten Eigenschaften des Herzens von den natürlichen schlechten Gewohnheiten zu befreien und die bösen Anlagen auszumerzen. In diesem Bestreben stellte sich für die Freimaurer nach eigenem Zeugnis freilich kein Fortschritt bei der Verwirklichung ihres Ideals ein. Sie sahen sich daher vom Zweifel beschlichen, falschen Vorstellungen aufgesessen zu sein. Ungeachtet dessen gilt es zu beachten, dass insbesondere in der russischen Literatur der Achtzigerjahre die Rolle der Kultur in Staat und Gesellschaft[14] heftig debattiert wurde. Zu jenen, die sich dazu äußerten, gehörten in der vordersten Reihe freimaurerische Schriftsteller. Wie überall im damaligen Europa schwankten die dabei entwickelten Vorstellungen zwischen Kulturoptimismus und Kulturpessimismus, das heißt zwischen den Behauptungen vom sittenfördernden oder sittenverderbenden Charakter der Kultur.

In der russischen Literatur gab es sichtbar seit 1760 die Vorstellung von einem glücklichen Endzustand der Menschheitsgeschichte. Zur Verdeutlichung dieser Auffassung bedienten sich die freimaurerischen Schriftsteller des *Mythos vom goldenen Zeitalter* der bokulischen und idyllischen Dichtung. Als Mittel, diesen Idealzustand herstellen zu können, betrachtete man allgemein die Vernunft und deren kulturbringende Wirkung. Entsprechend der magischen Auffassung der Vernunft wurde aller Zweifel an deren Fähigkeit, das heißt jedweder Versuch, deren Grenzen zu bestimmen, von vornherein ausgeschlossen. Beides, die Erwartung der *goldenen Zeit* wie die magische Wirkung der Vernunft auf menschliches Denken und Empfindungen, wurde in Russland an die Vorstellung von der kultursichernden und kulturfördernden Eigenschaft der zarischen Monarchie geknüpft. Für diese Anschauung lieferte bereits Voltaires Geschichtsbetrachtung das Vorbild. Nach dem Erlebnis durchdringender Reformen unter Peter I. setzten Aufklärer und Freimaurer das gleiche Vertrauen auch in die in den Spuren des großen Zaren wandelnde Katharina II.[15] als Bedingung für die Anbahnung des von ihnen erstrebten Zustands.

Wie die Forschung in den letzten Jahrzehnten erwiesen hat, spielten Werke westlicher, insbesondere deutscher Dichter und Schriftsteller bei der Gestaltung der Freimaurer-Zeitschriften Novikovs eine maßgebliche Rolle.[16] So sind zu den Namen Moses Mendelssohn und Christoph Martin Wieland auch die von Christian Fürchtegott Gellert, Heinrich Wolfgang Berisch, Johann Jakob Dusch und anderen gekommen.[17] Die neuen Erkenntnisse sind schon deshalb wichtig, hat doch Novikov in seinen Zeitschriften nur selten die Namen von Beiträgern, Übersetzern und deren Gewährsmännern mitgeteilt. So bestehen unter den Literaturhistorikern nach wie vor Meinungsverschiedenheiten über den Anteil, den freimaurerische Dichter, Schriftsteller und Gelehrte wie Cheraskov, Kutuzov oder Schwarz, an Novikovs Bänden genommen haben. Jedoch gibt es die begründete Vermutung, dass der *Utrennij svet* und die nachfolgenden Journale Novikovs einem ganzen Team von Übersetzern die Vermittlung von Materialien vornehmlich aus dem deutschen Schrifttum verdankt. Zudem steht fest, dass es im Russland der zweiten Hälfte des 18. Jahrhunderts bereits so etwas wie einen Berufsstand von Übersetzern gab, dessen Angehörige an der Petersburger Akademie der Wissenschaften und den geistlichen Akademien sowie den Kadettenkorps, ebenso der Universität Moskau und den ihr nachfolgenden neuen Universitäten, die unter Alexander I. auch in anderen Reichsmetropolen eingerichtet wurden, eine ausgedehnte Wirksamkeit entfalteten. Damit verbunden war ein nicht zu unterschätzender Auftrieb im russischen Buchdruck. So zeigte sich schon unter Katharina II. das Bemühen, das theologisch-religionswissenschaftlich-philosophische Denken des westlichen Europa diachron wie synchron zu rezipieren. Dabei standen Deutschland und Frankreich im Mittelpunkt, jedoch hatten auch andere Länder keinen geringen Anteil daran.[18]

Was das deutschsprachige Schrifttum angeht, so beherrschte Novikov das Deutsche (wie das Französische) nicht oder nicht gut. Deshalb ist anzunehmen, dass Aleksej Kutuzov und Johann Georg Schwarz ihm den Abdruck bestimmter deutscher Autoren wie Gellert und Wieland empfohlen haben. Eine äußerst bedeutsame Rolle in der Redaktion des *Utrennij svet* spielte zweifellos der Moskauer Professor Schwarz. Als Wieland-Übersetzer tat sich neben und nach Kutuzov vor allem Alexander Stepanovič Lubkin hervor, dessen Übertragungen genauer waren als die Kutuzovs. Ungeachtet der Sprachschwierigkeiten konnte Novikov sein Verhältnis zur deutschen Kultur und Literatur durch sein Freimaurertum jedoch beträchtlich vertiefen. Es war die Maurerei deutscher Provenienz, die ihn in seinen Bann zog. Wichtige Impulse vermittelten ihm bereits deutsche Denker des 17. Jahrhunderts, so vor allem Jakob Böhme, dessen Gedankenwelt ihn spürbar beeinflusste. Direkte Anstöße erhielt Novikov durch seine Begegnungen mit Führungsgestalten der deutschen Freimaurerei, die zu seinem Moskauer Rosenkreuzerkreis gestoßen waren. Auch zu den Russisch sprechenden Deutschen, die in den Buchhandlungen der beiden Hauptstädte des Russischen Reiches tätig waren, unterhielt er enge Kontakte. Zu seinen Bekannten gehörte auch Andrej Timofeevič Bolotov, während der Schlussphase des Siebenjährigen Krieges in Königsberg russischer Besatzungsoffizier und Dolmetscher, später bekannt geworden als einer der ersten Agronomen des Zarenreiches.[19] Bolotov hatte seit der Königsberger Zeit seine Beziehungen zu den Deutschen und den deutschen Ländern nicht abreißen lassen und sich beständig aus deutschen Zeitschriften über die dortigen Verhältnisse informiert. 1778 in Moskau, war Bolotov auch mit Novikov bekannt geworden, der den Druck seines *Ökonomischen Magazins* besorgte, das er von 1779 bis 1789 herausgab. Geistesverwandt wurden beide rasch Freunde und Bolotov fühlte sich geehrt, durch den berühmten Novikov mit den gebildeten Gesellschaftskreisen Moskaus in Verbindung gekommen zu sein. Novikovs Aufforderung, auch in eine Loge einzutreten, lehnte er jedoch ab. Auch die zeitweilige Liaison mit Bolotov hatte Novikov die Möglichkeit geboten, seine Kenntnisse über Deutschland zu erweitern und zu aktualisieren.

In Novikovs Journalen und den von ihm herausgegebenen Schriften wurde ein recht umfassendes Bild vom deutschen Geistesleben vermittelt. Hierfür waren offensichtlich auch deutsche Zeitungen ausgewertet worden. Mit Ausnahme von aus Übersetzungen übernommenen Texten stammte das meiste von Novikov selbst. In seinen Zeitschriften haben in starkem Maße deutsch beeinflusste Anschauungen zum Freimaurertum einen deutlich sichtbaren Niederschlag gefunden. Was die Übertragungen deutscher Literaturwerke angeht, so erwies Novikov nicht nur damaligen Koryphäen wie Wieland, Geßner oder Gellert[20] die Ehre, sondern ließ auch die so gut wie vergessenen Schriftsteller Johann Jakob Dusch und Heinrich Wolfgang Berisch ausführlich zu Wort kommen. 1780 sorgte Novikov für die Herausgabe einer Auswahl deutscher Autoren, der *Bibliothek deutscher*

Romane, was ihm auch die verdiente Würdigung in Goethes 1787 veröffentlichtem *Dramatischen Wörterbuch* einbrachte.

In besonderer Weise lag Novikov freilich Wieland am Herzen, an dessen Übersetzung sich neben Kutuzov und Karamzin auch Fëdor Isaevič Sapožnikov beteiligte. So hatte die Moskauer Universitätsdruckerei bereits 1783/84 Wielands *Agathon* in vier Teilen herausgebracht. Unter den von Novikov favorisierten deutschen Autoren fehlte auch nicht der allseits verehrte Freimaurer Gotthold Ephraim Lessing, dessen *Emilia Galotti* 1788 in der Übersetzung von Karamzin erschien. Mit Vorliebe wandte sich Novikov immer wieder deutschen Werken zu, die seinem freimaurerischen Denken und Fühlen entsprachen oder am nächsten kamen, so den geistlichen Liedern des Angelus Silesius und Gellerts sowie Moses Mendelssohns Abhandlung *Phädon, oder über die Unsterblichkeit der Seele*, die schon 1771 im *Utrennij svet* erschienen war. Sie hat später Alexander Radiščev als Anleitung für den Traktat *Über den Menschen, über seine Sterblichkeit und Unsterblichkeit* (begonnen 1792) gedient. Inwieweit die von Novikov betriebene Propagierung deutschen freimaurerischen Gedankenguts die spätere Hinwendung des russischen Geisteslebens zur klassischen deutschen Philosophie mitbewirkt hat, müsste im Einzelnen untersucht werden. Folgenreich war jedenfalls die von ihm und seinen Freimaurerfreunden in Russland angebahnte systematische Ausbildung von Fachleuten für deutsche Sprache und Literatur.

Mit der 1792 verfügten Verfolgung Novikovs und seines Kreises hatte das öffentliche Wirken der russischen Freimaurer ein Ende gefunden. Die Kaiserin hatte in ihren Schriften gegen die *masony* der Freimaurerbewegung von einem scheinbar rationalen und aufgeklärten Standpunkt attackiert und in eine Reihe mit Mesmeristen, religiösen Schwärmern, Angehörigen gegenaufklärerischer Geheimgesellschaften und Staatsaufrührern gestellt und dies, obwohl die Rosenkreuzer sich stets als loyale Untertanen der großen Herrscherin bezeichnet und keinerlei gegen die Regierung gerichtete Tätigkeiten ausgeübt hatten. Sozialrevolutionäre Gedanken waren ihnen selbst nicht unter dem erschütternden Eindruck der Pugačëvščina, des gewaltigen Massenaufruhrs in Russland von 1773-1775, gekommen, verliehen sie doch ihrem Abscheu gegenüber dieser Aufstandsbewegung beredten Ausdruck. Auch die Französische Revolution mit ihrem „Chaos“ und ihrer „Unordnung“, ihren „Nestern von Giftmischern, Plünderern, Räubern und Königsmördern“ erfuhr die gleiche heftige Verurteilung. In der Unterordnung unter den Staat sahen die Freimaurer eine christliche Pflicht: „[...] ein Christ und ein Aufrührer gegen die von Gott eingerichtete Macht ist ein vollkommener Widerspruch“, schrieb einer von ihnen. „Es nenne mich, wer will, einen Freimaurer; ich bin überzeugt, daß der Staat glücklicher ist, in dem mehr aufrichtige Christen sind. Sie allein können gute Untertanen und Staatsbürger sein.“[21]

Da die Rosenkreuzer ihre Hauptaufgabe in der Verbesserung der Sitten sahen, war es Sache eines jeden einzelnen, sich dafür einzusetzen und sich karitativer und philanthropischer Arbeit zu widmen. In ihren Entwürfen und Konzepten haben führende Freimaurer im einzelnen Grundinhalte der Weltanschauung festgehalten, von denen die Glieder der *wahren Kirche Christi* erfüllt sein müssten, um das *Reich Gottes* vorzubereiten. Wichtige Gedanken über die von den Rosenkreuzern erstrebte Gesellschaft der Gläubigen fanden sich in dem zweiteiligen *Neuen Entwurf* (*Novoe Načertanie*) des Fürsten Nikolaj Nikitič Trubeckoj vom Jahre 1784. Bei diesem Grundriss einer freimaurerischen Weltordnung handelte es sich um keine abstrakten und wirklichkeitsfremden Träumereien, denn nicht nur aus Moskau, sondern aus allen Teilen des weiträumigen russischen Landes sollte Trubeckojs neues Idealreich bestehen. Eine führende Rolle in diesem Staat war dem Thronfolger Paul zugedacht. Ihn hatten die Rosenkreuzer im Jahre 1783 zum Großmeister der Ordensprovinz Russland ernannt und geheime Beziehungen zu ihm und dem „kleinen Hof" in Gatčina angebahnt, was der Kaiserin freilich nicht verborgen geblieben war. Sie sollte alsbald dafür sorgen, dass die Hoffnungen auf die kommende *Republik der Gläubigen* rasch in ein Nichts zerrannen.

Unter den zahlreichen Literaten – Dichtern, Schriftstellern, Publizisten, Philosophen und Historikern –, die keineswegs zu den literarischen Randfiguren zählten, sondern einflussreiche Autoren der Zeit waren, gehörten solche wie A. P. Sumarokov, I. P. Elagin, M. M. Cheraskov, A. A. Rževskij, I. F. Bogdanovič, V. I. Majkov, V. I. Lukin, N. I. Novikov, M. M. Ščerbatov, I. V. Lopuchin, N. M. Karamzin und andere Petersburger oder Moskauer Logen an, die eine umfangreiche *Freimaurerliteratur*[22] hervorbrachten, die von der übrigen Literatur nur schwer abzugrenzen war. Ebenso existierten freilich nicht wenige Schriften, deren Verfasser den Freimaurern neutral oder ablehnend gegenüberstanden, wie auch das Beispiel M. V. Lomonosovs oder G. R. Deržavins bezeugt. Die freimaurerische Literatur zeichnete sich durch Eigenheiten aus, was die Forscher veranlasst hat, von einer besonderen *Freimaurerlyrik*, von *Freimaurerpoemen*, *Freimaurertragödien*, *Freimaurerromanen* und anderem mehr zu sprechen. Gleiche oder ähnliche Gesichtspunkte dürften wohl auch für die Einordnung und Spezifizierung der freimaurerischen literarischen Produktion in anderen europäischen Kulturzonen gelten.

Wie im übrigen Europa waren auch die Handlungen in den russischen Logen von freimaurerischen Liedern, Hymnen, Kettenliedern und -sprüchen, Geleit- und Wandersprüchen, Tafelliedern, Trauergesängen usf. begleitet. Kristallisationspunkte freimaurerischer Gebräuche und Übungen stellten mehrere Logen dar, so wohl schon der frühe Kreis um Cheraskov und Rževskij, der sich vornehmlich aus jungen, an der Universität Moskau wirkenden Würdenträgern und Studierenden zusammensetzte. Hier wurden vor allem Stanze, Sonett, Rondeau und moralisches Madrigal gepflegt, die ihre Fortführung bereits in Novikovs erster Freimaurerzeitschrift *Morgenlicht* fanden, an der neben Cheraskov so bekannte Dichter wie Majkov und M. N. Muravěv mitarbeiteten, die zugleich Ordensmitglieder waren. Mit den gleichen Themen befassten sich die Herausgeber und Mitarbeiter der Zeitschriften *Abendröte* und *Der ruhende Arbeitsmann*, die fast ausschließlich mit Beiträgen von Universitätszöglingen beliefert wurden. Die kultische Funktion der Freimaurerei fand ihren besonderen Niederschlag in den geselligen Liedern und Chören, die bereits während der Regierungszeit Kaiserin Elisabeths üblich geworden waren, als man in den Logen Preislieder auf General James Keith anstimmte, der 1741 zum Zweiten Provinzial-Großmeister für Russland bestellt wurde. Eine Sonderstellung nahm das 1784 gegründete *Freimaurermagazin* (*Magazin svobodno-kamenščičeskoj*) ein, von dem jedoch nur zwei Hefte erschienen, die anderen in Handschriften verbreitet wurden.[23] Das *Magazin* als Freimaurerorgan wollte vor allem mit Reden, Liedern und Briefen aus dem Leben der *Brüder* aufwarten.

Eindrucksvolle Beispiele freimaurerischer Dichtung in Russland vermittelten die Oden von V. I. Majkov, der in den Siebzigerjahren der Petersburger Loge *Urania* zugehörte, die in Novikovs *Morgenlicht*, den *Schriften der Freien Russischen Versammlung* (*Trudy Vol'nogo Rossijskogo Sobranija*) an der Universität Moskau und anderenorts veröffentlicht wurden. Berühmtheit erlangte Majkovs Ode *Vom jüngsten Gericht* (*O Strašnom Sude*), eine visionäre Schilderung, die 1763 in Cheraskovs *Freien Stunden* (*Svobodnye Časy*) herauskam, was die Verbindung des Cherakov-Kreises zur Novikov-Gruppe deutlich machte. Das Grundthema von Majkovs Oden war die Suche nach Wahrheit, von der sich die Arbeit des Freimaurers leiten lassen sollte, verbunden mit dem Streben nach Glückseligkeit und Erlangung der Fackel, die den *wahren Weg zum Reiche Gottes* erhelle.

Anmerkungen

1 Vgl. Pypin, Quellen, S. 25-28; V. Tukalevskij, Iskanija russkich masonov, St. Petersburg 1911; T. Sokolovskaja, Ustav vol'nych kamenščikov (XVIII-XIX v.v.). Iz materialov dlja istorii russkogo masonstva, St. Petersburg 1907; N.K. Kul'man, K istorii masonstva v Rosssii. Kišinëvskaja Loža, St. Petersburg 1907.

2 M.N. Lopuchin, Zapiski moskovskogo martinista senatora I. V. Lopuchina, in: Russkij Archiv 1884, S. 1-154; I. V. Lopuchin, Zapiski senatora, Moskau 1859 (Reprint 1990); A.G. Surovcev, Ivan Vladimirovič Lopuchin, St. Petersburg 1901.

3 Pypin, Quellen, S. 28-51.

4 Rothe, Religion und Kultur, S. 38 ff.

5 Dmitrij Tschižewskij, Rußland zwischen Ost und West. Russische Geistesgeschichte II: 18.-20. Jahrhundert, Reinbek bei Hamburg 1961, S. 50 ff. Vgl. auch W. F. Ryan, The Bathouse at Midnight: An Historical Survey of Magic and Divination in Russia, University Park 1999; Isabel de Madariaga, Freemasonry in Eighteenth-Century Russian Society, in: Russia, S. 150-167; Lauren G. Leighton, The Esoterik Tradition in Russian Romantik Literature: Decembrism and Freemasonry, University Park 1994; Stephen L. Baehr, The Paradise Myth in Eighteenth-Century Russia: Utopian Patterns in Early Secular Russian Literature and Culture, Stanford 1991; Smith, Freemasonry, S. 18 ff., 91 ff.

6 Gerhard Wehr, Saint Martin: Das Abenteuer des „Unbekannten Philosophen" auf der Suche nach dem Geist, Freiburg im Breisgau 1980; Smith, Freemasonry, S. 167 ff.

7 Übersichten bei Vernadskij, Masonstvo, S. 249 ff.; derselbe, Freimaurerei, S. 162 ff.; Dmytro Čyževśkyj, Deutsche Mystik in Rußland, in: Aus zwei Welten, S-Grafenhage 1956, S. 191 ff.; derselbe, Jakob Böhme in Rußland, in: Ebenda, S. 197-219; Faivre, Esoterik (Einleitung, Anm. 2), S. 64 ff.

8 Aus zwei Welten, S. 231 ff.

9 Barskov, Perepiska, S. 263 f.; Bryner, Moskauer Freimaurer, S. 383. Über Rževskij: Lauer, Russische Literatur, S. 73 f.

10 Dmytro Čyževśkyj, Arndts „Wahres Christentum" in Rußland, in: Aus zwei Welten, S. 220-230; derselbe, Das "Wahre Christentum" Arndts in Rußland, in: Evangelium und Osten 8 (1935), Nr. 3, S. 41-47; Rothe, Religion und Kultur, S. 80 ff.; Hans Hecker, Symeon Todorśkyj und Ivan Posoškov, in: Deutsche und

Deutschland, S. 114 ff.; Eduard Winter, Halle als Ausgangspunkt der deutschen Rußlandkunde im 18. Jahrhundert, Berlin 1953, S. 227 ff. und passim; derselbe, "Einige Nachricht von Herrn Symeon Todorśkyj", in: Zeitschrift für Slawistik 1 (1956), S. 73-100; derselbe, Frühaufklärung, Berlin 1966, S. 336 und passim.

11 Fritz Lieb, Friedrich Christoph Oetinger, in: ZslPh 9 (1932), S. 401-403.

12 Wie S. 64, Anm. 12

13 Vgl. in der Folge insbesondere Rothe, Karamzins Reise, S. 26 ff. Auch Bryner, Karamzin, S. 25 ff, E. I. Tarasov, Moskovskoe Obščestvo rozenkrejcerov, in: Masonstvo, Bd. 1, S. 1-27. Über Karamzin siehe unten, S. 145 ff.

14 Rothe, Einflüsse.

15 Donnert, Katharina II.

16 Zur Übersicht: Dieter Boden, Deutsche Bezüge im Werk Nikolaj Novikovs und Aleksandr Radščevs, in: Deutsche und Deutschland, S. 448-459.

17 Vgl. hier vor allem Kurt Günther, Wieland und Rußland, in: ZslPh 13 (1968), S. 496-511, 695-712, sowie die eingehenden Studien von Helmut Keipert, Eine verkannte Wieland-Übersetzung in Novikovs „Utrennij svet", in: ZslPh 42 (1981) S. 227-241; derselbe, Die russischen Übersetzungen von Wielands „Hymne auf die Gerechtigkeit Gottes" (1778/1796) im Vergleich, in: Slavistische Studien zum Internationalen Slavistenkongreß in Kiev 1983, hrsg. von Reinhold Olesch, Köln, Wien 1983, S. 219-234; derselbe, Neue Quellen zu Novikovs „Utrennij svet", in: ZslPh 44 (1984), S. 269-302. In Keiperts Arbeiten werden weitere wichtige Studien zum angegebenen Thema zitiert. Zu ihnen gehört auch der einschlägige Aufsatz von N. D. Kočetkova, Nemeckie pisateli v žurnale Novikova „Utrennij svet", in: XVIII vek 11 (1976), S. 113-124.

18 Horst Röhling, Beobachtungen am russischen theologischen Buchdruck des 18. Jahrhunderts, Festschrift für Wolfgang Gesemann, Bd. 3, Neuried 1986, S. 289-307.

19 Walter Schmidt, Ein junger Russe erlebt Ostpreußen. Andrej Bolotovs Erinnerungen an den Siebenjährigen Krieg, in: Deutsche und Deutschland, S. 190-227. Auf weitere Literaturhinweise soll hier verzichtet werden.

20 Für die russischen Freimaurer wichtige Schriften Gellerts, die übersetzt wurden, finden sich in: Christian Fürchtegott Gellert, Sämtliche Schriften, Bd. 5, Leipzig 1784 (Karlsruhe 1818). Vgl. auch Mechthild Keller, Russisches bei Gellert und Münchhausen, in: Russen und Rußland, S. 494-515.

21 Bryner, Karamzin, S. 48.

22 In der Folge nach Reinhard Lauer, Russische Freimaurerdichtung im 18. Jahrhundert, in: Beförderer, S. 271-291. Eine andere Meinung vertritt in der Freimaurerfrage im Falle Cheraskovs Hans Rothe: Zu Cheraskovs Dichtungsauffassung, in: Studien zur Literatur und Aufklärung in Osteuropa, hrsg. von Hans-Bernd Harder und Hans Rothe, Gießen 1978, S. 93-109. Ansonsten I. Rozanov, M. M. Cheraskov, in: Masonstvo, Bd. 2, S. 38-51. Jetzt: Lauer, Russische Literatur, S. 88 ff. Vgl. neuerdings auch die Bemerkungen von Waegemans, Russische Literatur, S. 39 f, 45 ff.

23 Magazin sbobodno-kamenščičeskoj, Bd. 1, Teile 1 und 2, Moskau 1784; Zlataja Knižica, Moskau (gedruckt in der Univ.-Typographie von Novikov) 1784. Vgl. auch Gotthard Friedrich Stender, Wahrheit der Religion wider den Unglauben der Freygeister und Naturalisten, Mitau und Hasenpoth 1772; Neue Deklamationen über einige Maurer-Pflichten von W. H. F. Abrahamson, Kopenhagen 1779.

Die Freimaurerei und Katharina II.

Zur selben Zeit, als Kutuzov und Schröder im Ausland weilten, waren von Kaiserin Katharina II. erste Maßnahmen gegen die russischen Maurer eingeleitet worden. Diese hatten im Rahmen der von der Herrscherin verfügten Reformen ihre Hoffnungen auf die Anbahnung der von ihnen erwarteten *Goldenen Zeiten* auf die Monarchin gesetzt. Doch sie sahen sich in ihren Erwartungen getäuscht, zeigte sich das Zeitalter Katharinas II. doch erfüllt von inneren Wirrnissen und bedroht von äußeren Gefahren, die die Schwächen der bestehenden gesellschaftlichen Strukturen deutlich werden und Zweifel an der Effektivität des gesamten absolutistischen Staatsregimes aufkommen ließen. Zu den Hellhörigen, die die Widersprüche des sie umgebenden Lebens und die innere Gefährdung, der sie ausgesetzt waren, empfanden, gehörten vor allem die Dichter Gavrila Romanovič Deržavin, Nikolaj Aleksandovič L'vov und Vasilij Vasil'evič Kapnist, die in ihren Versen dem düsteren Zeitgeist Ausdruck verliehen. Aber auch der junge Freimaurer Aleksej Michajlovič Kutuzov drückte dasselbe Gefühl aus, wenn er für sich bekannte: „Ich gleiche jetzt einem Schiff, das steuerlos auf offenem Meer von der Willkür der Winde hin und hergetrieben wird." Im selben Sinne hatte sich Nikolaj Ivanovič Novikov bereits vor seinem Eintritt in den Freimaurerorden geäußert, wie Lopuchin und Elagin festgehalten haben: „Die Kraft der Leidenschaften, die eigenen Ansichten und die anderer, die Gemeinschaft, das Vorbild: sie alle umgaben mit gemeinsamen Kräften die Religion und die ihr entspringende Tugend mit äußersten Zweifeln und sogar mit Raserei. Im dadurch entstandenen Schwanken mußte ich einen quälenden Kampf mit mir selbst führen, denn ich konnte nicht ohne Entschluß bleiben; ich mußte das eine, was es auch sei, annehmen, und das andere zurückweisen [...]. Im 21. Jahr meines Lebens, in der Zeit meines starken Gefühlsstreits zwischen Glauben und Unglauben, durchlebte ich eine furchtbare Zeit [...], ich beschloß, von der Religion abzufallen [...]. Diesem Schritt war der Wunsch, den mir die damalige Mode eingeflößt hatte, nämlich Freimaurer zu werden, vorausgegangen."[1]

Es war im Zarenreich vor allem der gefährliche, blutig-anarchistische Massenaufruhr Pugačevs, der als destruktive Naturgewalt allen illusionären Kulturauffassungen der gebildeten Welt in Russland zwischen 1775 und 1789 ein Ende setzte. Er bewirkte, dass auch die in Freimaurerkreisen vorhandenen Meinungsverschiedenheiten im Hinblick auf die Erreichung des *Goldenen Zeitalters* immer heftiger artikuliert wurden. Zahlreiche Angehörige der Freimaurer-Elite wandten sich jetzt auch gegen Novikovs Ansichten und rückten sichtbar von ihm ab. Die Kritik richtete sich vornehmlich gegen die in dem Moskauer Rosenkreuzerkreis asketisch und kontemplativ gestimmten *Brüder*, die den Wissenschaften misstrauisch gegenüberstanden und der vorrangigen Ergründung der inneren Menschenseele das Wort redeten. Die Kritiker sahen das Lebensentscheidendste im Kampf zwischen Gut und Böse, in der Pflege des „empfindsamen" und „zarten Herzens" des Menschen.

Markanteste Wortsprecher der empfindsamen und sentimentalistischen Nuance freimaurerischen Gedankenguts waren Aleksej Aleksandovič Pleščeev und seine Frau Anastasja Ivanovna Pleščeeva. Die andere, die asketische Nuance, vertrat am anschaulichsten Aleksej Michajlovič Kutuzov[2], ein Freund seines berühmten Namensvetters, des Feldherrn Michail Illarionovič Kutuzov. Der Übersetzer, Schriftsteller und führende Freimaurer Aleksej Kutuzov stellt eine der in der russischen Geistesgeschichte der zweiten Hälfte des 18. Jahrhunderts charakteristischten Gestalten dar. Als Freund von Radiščev, Novikov und Karamzin übte er auf die literarische Entwicklung Russlands im Zeitalter des Sentimentalismus einen bedeutenden Einfluss aus.

Gemeinsam mit Alexander Nikolaevič Radiščev ist Kutuzov auch seine erste große Wegstrecke gegangen. Wie dieser im Jahr 1749 geboren und mit ihm von 1762 bis 1766 im Pagenkorps erzogen, wurde Kutuzov von Kaiserin Katharina II. im Verein mit anderen Stipendiaten Ende 1766 zum Studium nach Leipzig entsandt, wo er bis 1771 insbesondere Medizin, Philosophie, Psychologie und Literaturwissenschaften studierte. Er und sein bester Freund Radiščev befanden sich, wie Novikov, „am Scheideweg zwischen Religion und Voltairianertum". Beide gerieten in Leipzig spürbar unter den Einfluss religiöser und freigeistiger Strömungen, wobei Radiščev sich mehr dem *Voltairianertum* zuwandte, während Kutuzov religiösen Lehrgebäuden den Vorzug gab und dabei bereits mit der Freimaurerei in Berührung kam. Der Unterschied, der offensichtlich schon damals zwischen beiden in Erscheinung trat, bestand nach Kutuzovs späterem Zeugnis, dessen Berliner Brief vom 9. Januar 1791 an die Gräfin E.I. Goleniščeva-Kutuzova, „in den Köpfen", nicht aber „in den Herzen".[3] Wieder daheim, diente Kutuzov 1771 bis 1775 in St. Petersburg, erneut gemeinsam mit Radiščev, als Protokollant im Senat. Im Mai 1773 quittierten beide den Zivildienst. Kutuzov wurde Offizier und gehörte bis 1783 mehreren Militäreinheiten an, die an verschiedenen Orten stationiert waren. In seinem letzten Dienstjahr von 1782/83 nahm er am Feldzug gegen die aufständischen Krimtataren teil. Unmittelbar danach schied er als Premier-Major aus der Armee aus.

Die enge Freundschaft zwischen Kutuzov und Radiščev hatte mehrere Jahre gedauert, in denen die beiden sogar ein Zimmer miteinander teilten. Zu einer Entfremdung zwischen beiden ist es wohl erst ab 1775 gekommen, vielleicht im Zusammenhang mit Radiščevs Heirat. Jedoch haben die Freunde danach offenbar miteinander Briefe gewechselt, von denen aber keiner erhalten ist. Kutuzov hatte bereits in seiner Leipziger Zeit besonderes Interesse für den Orden der Rosenkreuzer zu erkennen gegeben. Bald nach seiner Rückkehr, vielleicht schon 1772, dürfte er einer Loge beigetreten sein. Jedenfalls beteiligte er sich 1775 zusammen mit Novikov und Ivan Petrovič Turgenev in St. Petersburg an der Einrichtung einer neuen Loge. Dieser gehörte er bis zu Novikovs Übersiedlung nach Moskau im Jahre 1779 an.

Seit der zweiten Hälfte der Siebzigerjahre unterstützte Kutuzov Novikovs publizistische Unternehmungen und wirkte gemeinsam mit Michail Matveevič Cheraskov, Michail Nikitič Muravěv, Ivan Petrovič Turgenev und Vasilij Vasil'evič Čulkov an der Redigierung der Zeitschrift *Morgenlicht* mit. Nach 1781 beteiligte er sich an der mit der Gründung der *Gelehrten Freundesgesellschaft* an der Moskauer Universität ins Leben gerufenen großzügigen Übersetzertätigkeit, d. h. an Übertragungen von Werken westlicher Autoren ins Russische. Die Notwendigkeit solcher Übersetzungen hatte Kutuzov bereits frühzeitig erkannt. Er war, wie Radiščev, Vasilij Alekseevič Lëvšin und andere spätere Freimaurer auch Mitglied der von Katharina II. 1768 gegründeten Vereinigung zur Übersetzung ausländischer Literatur geworden.

Als 1782 in Moskau eine Loge der Rosenkreuzer eröffnet wurde, trat Kutuzov in sie ein. Mitglied im Novikov-Kreis, Rosenkreuzer und Martinist, befreundet mit Karamzin und den beiden Pleščeevs, hatte Kutuzov nach der Trennung von Radiščev in seiner Korrespondenz mit ihm, wie angenommen wird, versucht, den alten Freund für seine Ansichten zu gewinnen, was freilich nicht gelang.[4] Fünf Jahre später, 1787, entsandten die Moskauer Rosenkreuzer Kutuzov im Verein mit Baron Schröder als ihren Verbindungsmann zu den Oberen der preußischen Rosenkreuzer nach Berlin, nicht zuletzt auf Grund seiner vorzüglichen Kenntnis der deutschen Sprache und mit dem Auftrag, eingehende Studien zu betreiben und sich auf die spätere Übernahme der Leitung des Moskauer Zentrums vorzubereiten, das nach dem frühen Tode von Johann Georg Schwarz führerlos geworden war. Während seines dortigen Aufenthalts wurde Kutuzov ebenso wie Schröder in die *Höchsten Versammlungen* der Berliner Rosenkreuzer eingeführt. Der mit ihm in Berlin weilende Schröder hat in seinem *Tagebuch* Kutuzov auffallender Weise nur am Rande erwähnt.

In Berlin erhielt Kutuzov 1790 auch die Nachricht von der Festnahme Radiščevs. Da dieser den Versuch unternommen hatte, dem Freund ein Exemplar seiner Schrift *Reise von Petersburg nach Moskau* zuzustellen, wurde auch Kutuzov in den Prozess gegen den Verfasser dieses von der Kaiserin geschmähten Buches verwickelt. Als gar zwei Jahre später, 1792, ihn die Meldung von der Inhaftierung auch Novikovs und der Auflösung der Moskauer Rosenkreuzerloge erreichte, musste er seinen Vorsatz, nach Russland zurückzukehren, gänzlich fallen lassen. In Bedrängnis geraten, ohne finanzielle Unterstützung aus der Heimat, geriet Kutuzov ebenso wie Schröder in bittere Not. In Armut verfallen, musste der Erstere am 27. November 1797 sein Leben in einem Berliner Schuldgefängnis beschließen. Einer seiner letzten Freunde war Baron Schröder, der, gleich ihm, wohl zur selben Zeit verstarb, ob in Berlin, ist bislang nicht bekannt.

Kutuzovs Freimaurerdasein war von rastloser Tätigkeit gekennzeichnet. Besondere Bedeutung kam seinen Übersetzungen zu. Zu ihnen gehörten neben Übertragungen von Schriften des Paracelsus auch Edward Youngs *Last Day* und *Night Thoughts*, Klopstocks *Messias* und mehrere andere Werke. In seinen Moskauer Jahren hatte Kutuzov auch Beziehungen zu Nikolaj Michajlovič Karamzin angeknüpft, der im Sommer 1785 als Neunzehnjähriger auf Anraten Ivan Petrovič Turgenevs nach Moskau gekommen war und dort im Hause der *Gelehrten Freundesgesellschaft* ein Unterkommen gefunden hatte, wo auch Kutuzov bis zu seiner Abreise nach Berlin lebte. Karamzin unterstand damals einer von

Turgenev gegründeten Loge, Kutuzov derjenigen von Novikov. Zwischen Kutuzov und Karamzin entstand bald ein enges Freundschaftsverhältnis. Beide verbanden die gemeinsame Zugehörigkeit zur Freimaurerloge und das Interesse für Übersetzungen, an denen auch Karamzin mit Erfolg mitwirkte.

Karamzin hat Kutuzov auch nach seinem Bruch mit den Freimaurern weiterhin Sympathie bezeugt und ihn auf seiner Europareise von 1789/90 zu besuchen vorgehabt, ihn aber wegen dessen zeitweiliger Abwesenheit von Berlin nicht treffen können. Von Kutuzov war Karamzins Abwendung von der Freimaurerei sehr übel aufgenommen worden. Anders verhielt er sich gegenüber dem gleichen Abrücken von den Logenmitgliedern durch seinen alten Freund Radiščev, den er zeitlebens sehr nachsichtig behandelte. In Moskau war Kutuzov auch mit dem deutschen Dichter des Sturm und Drang Jakob Michael Reinhold Lenz in Verbindung getreten, der von 1781 bis zu seinem Tode 1792 hier lebte und enge Beziehungen zu den Moskauer Freimaurern unterhielt. In einem Brief an Hamann vom September 1787 bezeichnete Lenz „Herrn Kutusoff" zusammen mit dem „Fürsten Trubetzkoj" und „Herrn Nowikoff" als „wirklich große und ädle Russen".[5]

Bei ihrem Bestreben, die russische Wirklichkeit durch kritische Aufklärung zu verändern, hatten sich Aufklärer und Freimaurer gleichermaßen in innere Widersprüche verstrickt. An der bereits in Gang befindlichen russischen Kulturdiskussion beteiligten sich polemisch auch ausländische Schriftsteller wie der französische Arzt und Historiker Nicolas Gabriel Le Clerk mit seiner *Histoire physique, morale, civile et politique de la Russie ancienne et moderne*[6], der gegenüber der russischen Gesellschaft den Vorwurf der Barbarei erhob, was von dem russischen Historiker Ivan Nikitič Boltin 1788 mit der Behauptung zurückgewiesen wurde, dass der Zustand der Leibeigenen im Zarenreich weitaus erträglicher sei als der der Bauern im westlichen Europa.[7] Auch zwischen den russischen Historikern selbst kam es, wie die Kontroverse zwischen Boltin und Ščerbatov[8] bezeugt, über das Prinzip der Gleichheit der Menschen zu Auseinandersetzungen. Dabei glaubten auch diejenigen Autoren, die, ausgehend vom naturrechtlichen Denken, die prinzipielle Gleichheit in den Vordergrund stellten und sich der Lage der unteren Volksschichten zuwandten, wie Novikov und die Moskauer Rosenkreuzer, nicht auf eine ständische Struktur der Gesellschaft verzichten zu können.

An der Diskussion nahmen ebenso hohe Vertreter der russisch-orthodoxen Kirche teil, voran der zeitgenössische maßgebende, repräsentative Theologe Pëtr Platon Lëvšin, der hoch gebildete Metropolit von Moskau.[9] Auch Kaiserin Katharina II. selbst mischte sich gewichtig in die religiösen Auseinandersetzungen ein. Die Herrscherin, die unter dem Einfluss der französischen Aufklärungsphilosophie stand, war Deistin und sah in Gott lediglich den Weltenbaumeister, der sich nach seiner Schöpfung zurückgezogen hatte und nicht mehr in die Weltgeschichte eingriff. Die Kirche ordnete sich während ihrer Regierung gänzlich dem Staate unter, und die Herrscherin fühlte sich selbst als *chef de l'eglise greque.*[10] Sie hatte Platon, der auch ein glänzender Kanzelredner war, 1762 als Erzieher ihres Sohnes Paul an den Petersburger Hof berufen. 1775 wurde Lëvšin Erzbischof, zwölf Jahre später Metropolit von Moskau.

Platon Lëvšin setzte sich energisch für die Anliegen von Aufklärung, Gelehrsamkeit und Bildung ein. Die Grundgedanken seines Ideengebäudes finden sich in seinem theologischen Hauptwerk *Rechtgläubige Lehre oder kurzer Auszug aus der christlichen Theologie* vom Jahre 1765. Eines der zentralen Anliegen Lëvšins waren seine Tugendlehre und der Glaube an die Unsterblichkeit der Seele. Auch der Vernunft maß er große Bedeutung zu. Der Metropolit hinterließ ein reiches literarisches Erbe. Für dogmatische Fragen hatte er sich weniger interessiert und eher tolerant gezeigt.

Aus den Debatten um die geistig-kulturelle Entwicklung Russlands, wie sie von den Aufklärern und Freimaurern geführt wurden, ging deutlich hervor, dass der Begriff der Aufklärung (*prosveščenie*)[11] mehrere Inhalte in sich einschloss. So konnte es sich zunächst um das allgemeine Streben nach Kultur, Bildung und Humanität, das heißt, nach *Europäisierung, Verwestlichung*, im Sinne eines umfassenden Reformvorgangs, um *Zivilisierung*, Ausbildung und Pflege von Gesittung, Moral, Kunst und Wissenschaft schlechthin handeln. Im Gefolge der Aufklärung in Russland ging es somit auch im Kant'schen Sinne um den „Ausgang des Menschen aus seiner selbst verschuldeten Unmündigkeit", um Anerziehung eines gesunden Menschenverstands, Befreiung des Menschen von herkömmlichen Vorurteilen und nicht legitimierter Herrschaft, darum, durch öffentliche Kritik und freie Diskussion Unwissenheit und Intoleranz auszurotten und mündigen Gebrauch von Vernunft als Regulation aller gesellschaftlichen Verhältnisse zur Wirkung zu bringen. Ziele der Aufklärung waren Bruch mit traditionellen Denkformen, geistige Emanzipation und freie Kommunikation.

Die in Russland von der aufgeklärt-freimaurerischen Elite ausgehende Erneuerung einer gesellschaftlichen Grundstruktur zeigte von Anfang an eine gewisse Inkonsequenz: sie erfolgte vornehmlich in den Oberschichten und berührte die unteren Volksklassen nur wenig. Damit bildete sich ein politisches Denken heraus, das die unsichere Allianz allmächtiger Autokratie, elitärer Oberschichten und unwägbarer Haltung der leibeigenen Bauernmassen reflektierte. Zur Quintessenz der russischen Aufklärung und Freimaurerei gehörte daher, dass sie traditionelle ständische Schranken überwölkte, ohne wirkliche Bürgerkultur geworden zu sein. Zweifelsohne konnte sich die schmale *Intelligencija*-Schicht, deren exklusives Merkmal aufgeklärte Bildung war, in der Regierungszeit Katharinas sichtbar erweitern, jedoch nicht von der im Lande herrschenden aufgeklärten Autokratie emanzipieren, sondern blieb in sie eingebunden und den Obrigkeiten untertan. Die aufgeklärt-freimaurerische Kritik erwies sich somit lediglich als literarisch. Sie war darauf konzentriert, die moralischen Normen der Aufklärung einzufordern, nicht aber deren gesellschaftliche Konsequenzen. Demgemäß war unvorstellbar, dass aufgeklärtes Denken in Russland auf gewaltsame Umwälzungen hätte ausgerichtet sein können. Die Erinnerungen an die blutige Aufstandsbewegung unter Pugačëv blieben zeitlebens ein abschreckendes Beispiel, war doch diese soziale Rebellion archaischen Typus' weder mit den Vernunft- noch mit den Moralbegriffen von Aufklärung und Freimaurerei vereinbar.

In Russland erfolgte die Rezeption der europäischen Aufklärung und Freimaurerei als eine Übertragung von deren Ideen auf eine Gesellschaft und Kultur, die ein Gefüge von zarischer Autokratie, vornehmlich adelig-elitärer Bildungsschicht und leibeigenen Bauern darstellte. Da sich diese drei Kräfte in ihren politisch und sozialen Erscheinungsformen auf eine spezifische und dabei mehr durch Tradition und Gewohnheitsrecht als formalrechtlich abgesicherte Weise gegenseitig stützten, blieb jeder Versuch, aufklärerisch-freimaurerische Idealvorstellungen im Sinne der Bürgergesellschaft durchzusetzen, von vornherein utopisch. Dies galt auch für die Reformabsichten Katharinas II. und die von einem Mann wie Alexander Radiščev verkörperte radikal-revolutionäre Opposition des Adels ebenso wie für die Aufstandsbewegung bäuerlicher und anderer sozialer Unterschichten des Volkes. Für die russischen Freimaurer, Literaten und Dichter bedeutete Aufklärung vor allem Rezeption und Adaption westlicher Entwicklung sowie Teilnahme an der gesamteuropäischen Entwicklung. Die eigene Funktion der russischen Aufklärer und Freimaurer bestand in der Vermittlung zwischen der westlichen kosmopolitisch-universalen, der gesamteuropäischen und der nationalpatriotisch-russischen Einstellung. Dieses Anliegen wurde unter Katharina II. mit unterschiedlicher Intensität artikuliert.

Als Politikerin erwies sich die große Katharina als eine gebildete und überaus begabte Herrscherin,[12] die aufgeklärtes Denken keineswegs als eine angelesene und nicht wirklich verarbeitete Modeerscheinung behandelte. Auch in anderen Literatur und Kunst betreffenden Fragen vertrat Katharina II. einen klaren und eindeutigen Standpunkt. Dabei ist nicht zu bezweifeln, dass die Aufklärung, die Katharina II. persönlich ihrem Reformwerk nutzbar zu machen suchte, eher von Pietismus und deutscher Naturrechtslehre geprägt war als von der französischen Kritik der Religion, des absoluten Fürstenstaates und der höfischen Gesellschaft. Gegen Ende des 18. Jahrhunderts zeitigte die aus der Annäherung der deutschen Aufklärung an die radikale französische Spätaufklärung, die an Rousseau orientiert war, entstandene neue Form der deutschen Aufklärung spürbare Wirkungen auf das russische Geistesleben, wie insbesondere aus den Aktivitäten Novikovs und des Moskauer Freimaurerkreises deutlich wurde. Die Gruppe junger freimaurerischer Literaten, Publizisten und Reformer, deren Wirken zu Beginn des 19. Jahrhunderts ganz besonders augenfällig werden sollte, schöpfte aus der Verschmelzung der deutschen Tradition des Naturrechts mit pietistischer Religiosität, literarischem Sentimentalismus, „Sturm- und Drang“-Patriotismus und Bürgermoral.

Unter den russischen Freimaurern befanden sich ungewöhnlich viele Literaten, Philosophen und Historiker. Katharinas Verhältnis zu den Freimaurern und Rosenkreuzern war in ihren ersten Regierungsjahrzehnten recht unbestimmt und widersprüchlich. Erst um die Mitte der Achtzigerjahre begann sie sich näher mit den *masony* zu befassen. Bis dahin gab es in Russland keine einheitliche staatliche Zensur, da private Druckereien im Lande noch nicht existierten. Religiöse Bücher wurden vom Synod, die übrigen in der Hauptsache von der Akademie der Wissenschaften, dem Heereskadettenkorps und der Universität Moskau zensiert. Obwohl Form und Offenheit der von Katharina selbst angeregten literarischen Betätigung mit ihrer Kritik der sozialen Probleme, an der die Freimaurer aktiv beteiligt waren, bald zur Herausforderung der offiziellen Kulturpolitik wurden, vermied die Kaiserin bis zu diesem Zeitpunkt, dagegen einzuschreiten oder gar Zensurmaßnahmen festzulegen. Erst mit dem Ukas vom Jahre 1783, der die Gründung privater Druckereien erlaubte, ergab sich die Notwendigkeit, das Zensurwesen neu zu ordnen.[13]

Zu wirklichen Zensurmaßnahmen kam es erst im Zusammenhang mit dem Anstoß, den die Herrscherin an den Arbeiten der Moskauer Universitätsdruckerei unter Nikolaj Novikov nahm, wobei zunächst die Initiativen von den lokalen Behörden und der Kirche ausgingen. Die den Freimaurern nicht ohne Misstrauen gegenüberstehende Kaiserin selbst leitete zunächst keine drastischeren Maßnahmen ein, ging es den Rosenkreuzern doch vor allem um die Verwirklichung ihres immer wieder hervorgekehrten humanistisch-philanthropischen Anliegens, wie Katharina wohl wusste. Nicht von ungefähr ist ihr Vorgehen gegen Novikov und seine Freunde noch heute unter den Historikern umstritten, hatte sie doch die Freimaurer-Zeitschriften sogar spürbar finanziell unterstützt. Das Gleiche galt für die von Novikov und seinem Kreis eingerichteten Schulen, denen sie ebenfalls Geldsummen zukommen ließ. Von einer Verfolgung der aufgeklärten Schriftsteller, Publizisten und Freimaurer durch die Kaiserin konnte bis zu den Achtzigerjahren keine Rede sein. Katharinas aufkeimende Abneigung gegen Novikov als Verleger hing wohl vornehmlich mit der Herausgabe hermeneutischer und okkulter Literatur durch dessen Moskauer Druckerei zusammen. Erst als die mehrmaligen Versuche der Freimaurer um Novikov, Schwarz und Schröder, über den Architekten Vasilij Ivanovič Baženov Kontakte zum Thronfolger Paul anzuknüpfen, bekannt wurden, erlangte der ausgebrochene Konflikt politische Bedeutung. Katharina II. gab nunmehr zu erkennen, dass sie nicht mehr bereit war, Novikovs Pachtvertrag für die Universitätsdruckerei zu verlängern. Bereits 1785 ließ Metropolit Platon Novikovs Buchproduktion überprüfen und die Drucklegung religiöser Literatur in privaten Typographien untersagen.

Bei dieser Aktion wurden von der Kaiserin freilich nur wenige Stücke der von den kirchlichen Behörden konfiszierten Bücher als verbotene Literatur eingestuft. Katharinas Vorgehen gegen die Freimaurer stand offensichtlich mit den gleichzeitigen Maßnahmen des Kurfürsten Karl Theodor von Bayern (1777-1799) gegen die Illuminaten in Zusammenhang, die sich unter dem Eindruck der Französischen Revolution drastisch verstärken sollten. Der 1780 gegründete Illuminatenorden hatte seine Aktivitäten in den Jahren unmittelbar vor den französischen Ereignissen beträchtlich ausgeweitet. Seine Führer wandten sich anders als die Rosenkreuzer mit Nachdruck gegen Schwärmerei, Geisterglauben und Obskurantismus. Sie forderten eine großflächige, praktisch wirksame Aufklärung und traten gegen Magie und Geisterglauben im kleinsten, abgeschlossenen Kreis auf. Als weit reichende Vereinigung vorwärtsgewandter Männer war der Illuminatenorden die bedeutendste Hervorbringung der deutschen Freimaurerei im 18. Jahrhundert.[14]

Katharinas Misstrauen den russischen Freimaurern gegenüber erhielt durch einen ihrer Briefpartner, den deutschen Arzt und Philosophen Johann Georg Zimmermann, weitere Nahrung.[15] Dieser sprach unverhohlen von politischen und verschwörerischen Umtrieben der Illuminaten in Bayern. Dies veranlasste auch die Zarin, die in den russischen Freimaurern vor allem Vertreter des Obskurantismus sah, sie umstürzlerischer Machenschaften zu verdächtigen. Die Vorkommnisse fielen zeitlich in die Jahre, in denen sich der Konflikt zwischen Katharina II. und dem Thronfolger Paul zuspitzte, dessen Hof in Gatčina die Herrscherin bereits seit langem als eine Brutstätte freimaurerischer Palastverschwörer beargwöhnte. Paul unterhielt Verbindungen zu den Freimaurern. Gelegentlich seines Auslandsaufenthalts zu Beginn der Achtzigerjahre hatte der russische Thronfolger, in dessen Begleitung sich Fürst Aleksej Borisovič Kurakin befand, der gewissermaßen als Attaché der Freimaurer fungieren sollte,[16] in Österreich Logensitzungen beigewohnt. Da die Kaiserin Geheimgesellschaften, Geheimwissenschaften und Freimaurerei verabscheute und nur Verachtung und Spott für sie übrig hatte, machten die Aktivitäten der russischen Rosenkreuzer die Herrscherin immer reizbarer. Als die Zarin nach dem Tode ihres Kabinettsekretärs Elagin, der 1793 gestorben war, erfuhr, dass dieser Großmeister der russischen Logen gewesen sei, schrieb sie empört an den Schriftsteller, Publizisten und Diplomaten Friedrich Melchior Grimm: „Er hinterließ einen unglaublichen Haufen Papier, den er über die Freimaurerei geschrieben hatte, der beweist, daß er verrückt geworden war."[17] Es war dies derselbe Elagin, der den jungen Novikov bewogen hatte, in die Loge einzutreten.

Zu dem „*Haufen Papier*", der der Kaiserin vorgelegt worden war, gehörte wohl auch Elagins *Erzählung über sich selbst* (*Povest' o samom sebe*). Bei den kurzen autobiographischen Aufzeichnungen[18] handelt es sich um eine testamentarische Verfügung des ersten russischen Freimaurergroßmeisters Ivan Perfil'evič Elagin, in der dieser seine schriftliche Nachlassenschaft wie folgt regelte: „Diesen von mir ausgewählten liebenswürdigen Brüdern widme ich dieses Werk nicht als einer, der Ruhm und Ehre eines Schriftstellers, sondern als einer, der wahrhaftig nach ihrer Freundschaft und nach der Bezeugung seines Namens sucht. Im Gegenzug zu meinem Vertrauen bitte und beschwöre ich sie beim schrecklichen Namen und Gericht des lebendigen Gottes, daß sie mein Vermächtnis absolut geheim halten. Als gegenseitiges Erkennungszeichen soll ihnen der auf die Lippen gelegte Harusfinger dienen. Nachdem ich die Schwelle des Todes überschritten habe, sollen meine Schriften von ihnen und den dabei Anwesenden einem einzigen Bruder zur Aufbewahrung übergeben werden, dessen Name im Titel dieses ersten Teils geschrieben steht, mit der Auflage, daß niemals Abschriften angefertigt werden und daß er sie bei seinem Tod wiederum einem einzigen übergibt."[19]

Elagins geheime Autobiographie stellt eine Legitimationsschrift dar, mit der der Verfasser sich als einer der ersten qualifizierten russischen Freimaurer auszuweisen trachtete. Alle anderen Dinge, die nicht zu seinem freimaurerischen Werdegang und seinen masonischen Obliegenheiten in Verbindung standen, bleiben unerwähnt: Geburt, Erziehung, Privatleben, berufliche Karriere und anderes mehr. Am Anfang der Schrift stehen Elagins offenherziges Bekenntnis zur Freimaurerei und die Motive seines Beitritts zu diesem brüderlichen Bund: „In sehr jungen Jahren trat ich in die Gesellschaft der so genannten Freimaurer ein - aus gefallsüchtiger Neugier, daß ich das Geheimnis erfahre, das sich angeblich unter ihnen befindet, aus Eitelkeit, daß ich wenigstens für eine Minute Personen gleichgestellt wäre, die im gesellschaftlichen Leben berühmt und durch Ränge, Würden und Orden von mir entfernt sind, denn durch die Indiskretion der Brüder hatte ich all dies schon erfahren. Auf diese Weise trat ich in die Brüderschaft ein, ich besuchte sie mit Vergnügen. Dabei erschien mir die Arbeit als gänzliche Spielerei, die zum Zeitbvertreib ersonnen wurde. Dabei zog mich auch die vermeintliche Gleichheit, die dem menschlichen Ehrgeiz und dem Stolz schmeichelt, mehr und mehr in diese Versammlungen. Wenigstens für kurze Zeit bin ich Potentaten gleich, die manchnmal sogar unser Schicksal lenken. Dazu kam auch die eitle Hoffnung, daß ich in der Bruderschaft bei einflußreichen Männern Protektion und Freundschaft erhalten und so mein Glück befördern könne."[20]

Als Ziel seiner *Povest'* hatte Elagin angegeben, damit die *Brüder* „zum Ursprung" führen zu wollen, aus dem „unsere königliche Lehre entsprungen ist und sich in verschiedenen Flüssen über die Erde ausbreitet, bis sie in aller Reinheit unserer Zeit und uns erreicht hat."[21] Dabei polemisierte er scharf gegen die aufklärerischen Atheisten Voltaire, Rousseau und Helvétius, die sein Herz, „mit dem süßen Gift der Rhetorik"[22] fesselten. Allein "ganze fünf Jahre" verbrachte er „über der unermüdlichen Lektüre der Heiligen Schrift" zu und das „Alte und das Neue Testament waren und sind mir immer noch die liebsten Lehrer."[23] Am Ende seines freimaurerischen Bildungsberichts wies Elagin stolz auf seine moralische und intellektuelle Eignung als masonischer Meister hin: „Aus allem oben Vermeldeten habt ihr, liebe Brüder, mein reinherziges Geständnis sowohl über mich selbst als auch über meine geringe Gelehrtheit erfahren. Ihr könnt nun nach eigenem Gutdünken darüber urteilen, ob ihr nicht eure Zeit vergeblich zur Anhörung meiner Reden verschwendet und ob ich eures Vertrauens würdig bin."[24]

Da es sich bei Elagin um den ersten führenden *mason* Russlands handelte, der Katharina II. als Geheimsekretär diente, entbehrte seine „Entlarvung" nicht der Peinlichkeit. Die Auslassungen der Kaiserin gegen die Freimaurer waren bereits seit der Mitte der Achtzigerjahre immer schärfer geworden. Schon 1782 hatte die Herrscherin in einer Verordnung erklärt: „Sollte es eine Gesellschaft, Kompanie, Bruderschaft oder irgendeine solche Vereinigung geben, die Verlust oder Schaden dem allgemeinen Wohl verursacht oder welche nutzlos ist, dann soll sie der Liquidierung und dem Verbot unterliegen".[25] Der Warnung an die Freimaurer ließ die Kaiserin jetzt gegen diese gerichtete Schriften folgen, darunter mehrere Lustspiele, und bezeichnete deren Tun als eine der „größten Tollheiten" des Jahrhunderts. Gleiches fand sich in ihren Briefen an ausländische Korrespondenzpartner. Hierbei hatte es ihr insbesondere der Schwarzkünstler Cagliostro angetan. So schrieb sie am 10. Januar 1786 an Dr. Zimmermann in Hannover: „[...] Apropos, es ist nötig, Ihnen zu sagen, daß soeben zwei russische Lustspiele (der Kaiserin – E. D.) unter dem Titel ‚Der Betrüger' und ‚Die Betrogenen' erschienen sind. Die erste stellt Cagliostro dar (Ich habe ihn niemals gesehen, noch weniger seine Frau, obwohl beide hier waren) und die andere seine Gimpel. Unser Publikum ist in die beiden Stücke vernarrt, sie sind in der Tat sehr lustig. Ich sage Ihnen das, damit Sie wissen, wie die Spiele bei uns bearbeitet werden. Man sagt, Deutschland sei davon überschwemmt, sowohl durch die Mode, da die Franzosen in die Possen verliebt sind."

Weit härter ging sie mit dem Scharlatan und falschen Grafen Cagliostro in ihrem Schreiben an Grimm vom 17. Februar und 3. März 1786 ins Gericht. Hier hieß es: „Der sibirische Schamane (die Hauptfigur von Katharinas gleichnamigem Lustspiel, hinter der sich Cagliostro verbarg – E. D.) ist ein Theosoph, der alle Scharlatanerien der Gevatter des Paracelsus begeht. Sehen Sie den Artikel *Théosophe* in der *Encyclopédie* und Sie haben das Geheimnis unserer Komödie, der Freimaurerei und der Modesekten". Und wenig später fügte die Zarin über das Auftreten Cagliostros, der auch in Petersburg erschienen war und sich eine Abfuhr der Monarchin, die ihn ignorierte, geholt hatte, hinzu: „Das ist ein übler Schurke, den man hängen sollte; das würde dem neuen Wahnwitz, an okkulte Wissenschaften zu glauben, zum Stehen bringen, von dem man jetzt in Deutschland und Schweden so stark besessen ist, und der auch hier anfing, Boden zu gewinnen; aber wir machen da gute Ordnung."[26]

Die russischen Freimaurer freilich verfolgten keinerlei Umsturzpläne. Zwar gehörten die Moskauer *masony* formell dem Zweig der Freimaurerei an, deren Großmeister Herzog Ferdinand v. Braunschweig war, doch fühlten sie sich insgeheim mehr zur Bewegung der Berliner Rosenkreuzer hingezogen, deren Zentrum die russischen Logen überwachte und bestrebt war, auch den preußenfreundlichen Großfürsten Paul dafür zu gewinnen, das Großmeisteramt für die Rosenkreuzer in Russland zu übernehmen. Bei ihrem Vorgehen gegen die Freimaurerei unterstützte Kaiserin Katharina II. daher die Berliner Aufklärer und deren Kampf gegen Aberglauben und Mesmerismus, religiöse Schwärmerei und gegen aufklärerische Geheimgesellschaften. Dabei unterhielt sie besonders enge Verbindungen zu dem Berliner Buchhändler, Schriftsteller und Dichter Friedrich Nicolai, dem Haupt der Berliner Aufklärung. Dieser lieferte der Zarin beständig die von ihr bestellten Bücher und verlegte seit 1782 mehrmals deutsche Übersetzungen pädagogischer Schriften und Lustspiele Katharinas II., so *Das Märchen von Zarewitsch Chlor*, *Das Märchen vom Zarewitsch Fewei* und *Erzählungen und Gespräche*[27], die in fünf und danach in neun Bändchen erschienen und für ihre Enkel Alexander und Konstantin geschrieben waren.

Erfreut über die deutsche Ausgabe ihrer Märchen, Lustspiele und Erzählungen sandte die Zarin Nicolai nun auch die für die beiden Großfürsten bestimmten Exzerpte aus alten russischen Chroniken zu, die von den Anfängen bis zum Beginn der Mongolenherrschaft reichten und in mehreren Bänden bzw. Teilen unter den Titeln *Bibliothek der Groß-*

fürsten Alexander und Konstantin und *Aufsätze betreffend die russische Geschichte*[28] in mehreren Ausgaben erschienen. Von ihren gegen Cagliostro und die Moskauer Martinisten gerichteten Lustspielen hatte die Kaiserin zwei, betitelt *Der Betrüger* und *Der Verblendete*, im Winter 1785/86 zur Aufführung im Hoftheater fertig gestellt. Gleichzeitig war Metropolit Platon[29] von der Herrscherin veranlasst worden, als oberster Hirte der Hauptstadt im Verein mit dem Generalgouverneur auf die verdächtigen martinistischen Brüderschaften und Zusammenkünfte ein wachsames Auge zu haben und durch Predigten und Vermahnungen die Leute von der Übernahme und Verbreitung erdachter Unwahrheiten abzuhalten sowie auf den rechten Weg zu leiten. Dies sei schon deshalb von großer Bedeutung, da sich unter den verkappten Martinisten auch Angehörige des Fürstenstands befänden. Im Zusammenhang damit legte Katharina großen Wert darauf, dass ihre Lustspiele möglichst rasch ins Deutsche und Französische übersetzt würden, damit sie auch den ausländischen Gesandten am russischen Hof überreicht werden könnten.

Um ihr Verlangen baldigst zu verwirklichen, wandte sich die Kaiserin am 1. Juli 1787 auch an ihren Briefpartner Dr. Zimmermann in Hannover und teilte ihm mit: „Ich weiß nicht, ob Nicolai geneigt ist, in dem Milieu von Berlin den ‚Schamanen', ‚den Verblendeten' oder den ‚Betrüger' drucken zu lassen. Ich denke, diese Stücke sind Konterbande für den Zeitgeist. Ich habe in den Hamburger Zeitungen Ihr Dementi gelesen, das Sie gegen die Straßburger Magnetiseure verfasst haben, und die Erwähnung des ‚Schamanen' in diesem Dementi. Ich schmeichle mir, man könne von hieraus etwas in jene Länder bringen, wo ein entschiedener Geschmack für diese Art von Scharlatanen besteht. Ich kann von vornherein versichern, daß sie zum Besseren führen und daß man besser gehen wird als Cagliostro und seine Gefährten. Es gibt mehr modische Windmühlen und Don Quichotes, die mit Windmühlenflügeln kämpfen. Die schlimmsten von allen sind die politischen Windmühlen und ihre Kämpfer; sie blasen sie durch ihre Feindschaft aus, und wenn man sie näher betrachtet, muß man sich eingestehen, es sind Chimären einer Schar von Leuten, die sie erfanden, um sich ein Relief ihrer gar nicht vorhandenen Persönlichkeit zu geben."[30]

Doch, die Zarin konnte beruhigt sein. Schon 1788 gab Nicolai die bereits von dem Übersetzer, Schriftsteller und Herausgeber Christian Gottlieb Arndt in Petersburg angefertigten deutschen Übersetzungen der Lustspiele *Der Betrüger*, *Der Verblendete* und *Der Sibirische Schamane*, die 1786 in Einzelausgaben in der russischen Hauptstadt erschienen waren, nochmals gesammelt unter dem Titel *Drey Lustspiele wider Schwärmerey und Aberglauben* heraus. 1789 druckte der Berliner Verleger auch die St. Petersburger Ausgabe von Katharinas Lustspiel *Der Familienzwist durch falsche Warnung und Argwohn* nach.[31]

Von Zimmermanns Meinung überzeugt, dass die Freimaurer auch für die Revolution in Frankreich verantwortlich seien, ordnete Katharina II. im Jahre 1790 Repressalien gegen die russischen „Martinisten" an, als deren Haupt Novikov galt. Ihn, den ihr persönlich bekannten, nunmehr als geistigen Deserteur verachteten Schriftsteller, Redakteur, Schulmann und Philanthropen, Symbolfigur nationaler Erziehung und Bildung, traf 1792 der herrscherliche Zorn und setzte seinem Wirken ein jähes Ende. Die Zarin beschuldigte jetzt die *Gelehrte Freundesgesellschaft* und die *Typographische Compagnie* staatsgefährdender Umtriebe. Unter dem Vorwand, Novikov habe insgeheim ein Werk über die Altgläubigen veröffentlicht, in dem Lügen über die orthodoxe Kirche ausgestreut würden, wurde er in Gewahrsam genommen. Bei der Durchsuchung seines Hauses fand man zahlreiche verbotene religiöse, okkulte und freimaurerische Schriften. Vor allem aber verübelte man Novikov die Beziehungen, die er zum Thronfolger Paul und den Berliner Rosenkreuzern unterhalten hatte. Darüber hinaus wurde er beschuldigt, geheime Freimaurertreffen organisiert zu haben, bei denen die Anwesenden dem Herzog von Braunschweig Gehorsam geschworen hätten. Im April 1792 wurde Novikov in die Schlüsselburg eingekerkert.

In ihrem Ukas vom 1. August 1792 an den Moskauer Generalgouverneur Fürst Alexander Aleksandovič Prozorovskij, der im kaiserlichen Auftrag die Verhöre führte, ging Katharina II. ausführlich auf das Wirken Novikovs ein. Es hieß dort: „Bei Durchsicht der mit dem verabschiedeten Leutnant Nikolaj Novikov vorgenommenen Verhöre und der ihm abgenommenen Papiere fanden wir einerseits das schädliche Vorhaben dieses Verbrechers und seiner Mittäter, die vom Geist der Eigenwilligkeit und der Gewinnsucht verseucht sind, anderseits äußerste Blindheit, Unwissenheit und Verderbtheit ihrer Anhänger. Auf folgenden Grundlagen war ihre Gesellschaft aufgebaut: auf Schurkerei und Verführung, zur Verbreitung nicht nur in Moskau, sondern auch in anderen Städten --- Heiligste Dinge dienten als Werkzeug des Betrugs. Und obwohl der Leutnant Novikov nicht gesteht, dass er und seine Mittäter üble Vorhaben gegen die Regierung hatten, erweisen folgende Umstände sie als offenkundige und schädliche Staatsverbrecher."

Im weiteren Text ihrer brieflichen Weisung an Prozorovskij ging die Kaiserin auf die geheimen Zusammenkünfte der Freimaurer, auf Tempel, Throne, Eide und Kreuzesküsse ein. Dabei beschuldigte sie Novikov und seine Freunde, auch versucht zu haben, eine *bekannte Person* [den Thronfolger Paul – E. D.] für ihre Sekte einzufangen: „Zu diesen Versuchen [...] bekannte sich Novikov als Verbrecher." Obwohl dieser, wie Katharina schrieb, noch nicht alle ihm zur Last gelegten Vergehen zugegeben habe, seien die „von ihm gestandenen Verbrechen so erheblich, daß sie ihn kraft der Gesetze schwerster und schonungsloser Strafe unterwerfen". Und schließlich übermittelte Katharina dem Moskauer Generalgouverneur ihren Urteilsspruch: „Wir jedoch folgen auch in diesem Falle Unsrer angeborenen Menschenliebe, befreien ihn davon [von der Todesstrafe – E. D.], lassen ihm Zeit, für seine Übeltaten Reue zu üben und befehlen, ihn für fünfzehn Jahre in die Festung Schlüsselburg einzukerkern. Was aber seine Mittäter betrifft, so befehlen wir, jeden einzelnen zu rufen und reinherzige Erklärung zu allen vorgelegten Punkten zu verlangen." Zum Schluss erteilte die Kaiserin Prozorovskij den Auftrag, sich auf die Dörfer der Beschuldigten zu begeben und die dortigen Obrigkeiten anzuweisen, das weitere „Tun und Lassen" der „glimpflich Davongekommenen"[32] streng zu beobachten.

Die Abführung Novikovs in die Festung Schlüsselburg löste bei Paul und seiner Familie mystische Stimmungen aus. Jedoch Großfürstin Maria Fëdorovna, die Gemahlin des Thronfolgers, behielt einen klaren Kopf. Als einziger Freimaurer durfte Sergej Ivanovič Pleščeev am „kleinen Hof" von Gatčina verbleiben. Zwischen ihm und der Großfürstin kam es freilich bald zu Konflikten, wies diese doch Pleščeevs Einflüsterungsversuche schroff zurück, wobei sie beim Thronfolger mehr und mehr Unterstützung fand. Indes, Pauls Hof blieb ein Ort, wo nicht nur gebetet wurde, sondern auch freie Meinungsäußerungen erlaubt waren. Dabei war man sich über die Ereignisse, die sich in Frankreich vollzogen, in deren einhelliger Ablehnung völlig einig. Diese Sachlage wurde nun mehr und mehr von konservativen Würdenträgern dazu genutzt, den Großfürsten aus jeglicher Bindung zu den Freimaurern zu lösen. Paul hatte zu Novikov selbst keinerlei persönliche Beziehungen unterhalten, jedoch steht fest, dass er mit mehreren von diesem an ihn entsandten masonischen Geheimmissären Gespräche führte, wovon auch die Kaiserin, wie sie mehrmals äußerte, wusste. In einem an seine Mutter gerichteten Rechtfertigungsschreiben wies der Thronfolger jedoch darauf hin, dass nur ein „Dummkopf" den verleumderisch unterwürfigen Anschuldigungen Glauben schenken könne, die gegen ihn als vermeintlichen Freimaurer erhoben würden.[33]

Die Folge von Katharinas Vorgehen gegen die Freimaurer war, dass auch alle an Pauls Hof befindlichen Brüder von dort entfernt wurden. Die fürstlichen Aristokraten und einige andere durfte sich auf ihre Güter zurückziehen. Der Großfürst selbst, von Haus aus ein echter Sohn der russischen Rechtgläubigkeit, erfüllt von tiefer Religiosität, wandte sich in der auch für ihn entstandenen prekären Lage mehr und mehr dem Gebet zu, in dem er immer häufiger und länger verharrte. Bald versammelten sich um Paul Höflinge streng freimaurerfeindlicher Gesinnung, voran die späteren Grafen und Generale Fëdor Vasil'evič Rostopčin und Aleksej Andreevič Arakčeev, die die russische Maçonnerie unnachsichtig bekämpften und eine Führungsrolle des Großfürsten in ihr zu vereiteln wussten.

Die Französische Revolution und die damit verknüpften Ereignisse und Vorgänge hatten auch zu Veränderungen in der Geisteshaltung und im religiösem Bewusstsein des Thronfolgers geführt. So hatte Baženov bei einem Gespräch, das er 1791/92 mit dem Großfürsten führte, diesen in großem Zorn gegen die *Martinisten* angetroffen, wobei Paul seine Unterhaltung mit den an Baženov gerichteten Worten schloss: „Ich schätze Dich als Künstler, aber nicht als Martinisten; über sie will ich nichts hören, und Du reiß nicht das Maul so weit auf, wenn Du von ihnen sprichst!"[34] Wenige Jahre später, 1796, nach dem Tode Katharinas II., wurde Novikov durch Kaiser Paul aus den Kasematten der Festung Schlüsselburg befreit. Doch er verließ den Kerker bereits als gebrochener Mann und gebeugter Greis. Die letzten Lebensjahre verbrachte er in Zurückgezogenheit auf seinem väterlichen Gut Avdot'ino. Noch im Jahre 1812 soll sich Novikov bemüht haben, erschöpften Soldaten Napoleons als Samariter zu helfen. Er starb am 31. Juli 1818.

Katharinas Bruch mit Novikov und den Freimaurern und damit auch mit der Aufklärung war verbunden mit weiteren Verfolgungen und verschärfter Zensur. Die Kaiserin bezichtigte die Französische Revolution des Verrats an der Aufklärung und wies im Oktober 1789 die Zensurbehörde an, den Druck von Werken Voltaires zu überwachen. Bereits1790 hatte sie Radiščev, den Verfasser der *Reise von Petersburg nach Moskau*, den kühnen Augenzeugenbericht eines Zeitgenossen, nach Sibirien verbannen lassen. Radiščev hatte sich erlaubt, in seiner Reiseschilderung die in Russland bestehenden Zustände ungeschminkt beim Namen zu nennen und die Autokratie, die unwürdige Leibeigenschaft und die korrupte Bürokratie schonungslos anzuprangern. Die Kaiserin, die, wie sie schrieb, Radiščevs Buch „von Anfang bis zu Ende" gelesen hatte, war darüber sehr erbost, wurden dort doch Fragen gestellt, „an denen Frankreich jetzt zu Grunde geht". Weiter hieß es bei Katharina, der Verfasser sei „erfüllt und vergiftet von dem französischen Irrwahn, sucht alles Mögliche zur Herabsetzung der Achtung vor der Regierung, zur Empörung des Volkes gegen Vorgesetzte und Obrigkeiten; er ist wohl Martinist oder etwas Ähnliches. Kenntnisse besitzt er genügend, und er hat viele Bücher gelesen. Sein Temperament ist melancholisch, er sieht alles in tiefschwarzer Gestalt, ist also von schwarzgelber Art. Phantasie hat er genug und ist in seinen Äußerungen ziemlich frech." Alles in allem nannte Katharina II. Radiščev einen Mann, „schlimmer als Pugačëv".[35]

In Sibirien verfasste Alexander Radiščev mehrere rechtsphilosophische, ökonomische und historische Schriften[36], in denen da und dort freimaurerisches Gedankengut durchschimmerte. Nach der Thronbesteigung Pauls I. im Jahre 1796 durfte er aus der Verbannung zurückkehren und sich wieder als Jurist in subalterner Stellung betätigen. Er beschloss sein Leben durch Freitod. Von der *Reise von Petersburg nach Moskau* waren die ersten sechs Kapitel im Juni 1793 in der Halberstädter *Deutschen Monatsschrift* in deutscher Übersetzung[37] erschienen. In Russland durfte das Werk erst 1905 legal veröffentlicht werden.

Noch 1791 hielt Katharina die Ereignisse in Frankreich für „Intrigen einiger Krimineller".[38] Aber bald begann sie an den kausalen Zusammenhang von Aufklärung und Französischer Revolution zu glauben. Die Zensurmaßnahmen wurden immer mehr verschärft. Um Russland von demokratischen Einflüssen aus dem In- und Ausland abzuschirmen, hob sie durch Ukas vom September 1796 das Recht auf, private Druckereien zu betreiben. Das Ende der „liberalen Katharina-Zeit" kündigte sich somit schon unter der Kaiserin an. Bereits 1792 hatte sie in Tambov gedruckte Werke Voltaires als „schädlich und voll Demoralisierung" konfiszieren lassen und 1794 in einem Schreiben an Grimm im Stile einer Rechenschaftslegung vor dem zu Ende gehenden Zeitalters bekannt: „Erinnern Sie sich noch, daß Sie nie wollten, daß man Sie zu den Philosophen zähle. Nun, Sie haben recht, daß sie nie zu den Illuminaten, Illuminierten noch zu den Philosophen gezählt werden wollten, denn all das zielt nur, wie die Erfahrung lehrt, auf Zerstörung ab. Aber die haben gut reden und tun. Der Welt wird niemals ein Herr fehlen und noch ist die vorübergehende Unvernünftigkeit eines Einzelnen besser als die Unvernünftigkeit Vieler, die zwanzig Millionen in Raserei für das Wort Freiheit versetzt, von dem sie nicht einmal den Schatten haben, und dem die Unsinnigen nachlaufen, ohne es je zu erreichen."[39]

Die Kaiserin hatte die ihr vom Synod und dem Untersuchungsrichter Fürst Prozorovskij im August 1792 zugeleiteten verbotenen Rosenkreuzerschriften offensichtlich aufmerksam gelesen, darunter auch das von Baron Heinrich Jakob v. Schröder verfasste Tagebuch. In ihm fanden sich für sie wichtige Aufschlüsse über die in Berlin agierenden Freimaurer-Minister. Sie, die sich gänzlich auf Österreich orientiert hatte, zählte den neuen preußischen König Friedrich Wilhelm II. mitsamt seinen Diplomaten und Beratern zu den „miserabelsten Leuten auf der Welt". Von der russischen Herrscherin angefeindet, musste sich auch Prinz Heinrich von Preußen, der Bruder Friedrichs II., „Jakobineronkel eines Jakobinerneffen" und Minister Herzberg gar „großer Narr" nennen lassen. Auch den „Freimaurer-König" Gustav III. v. Schweden schonte sie nicht. Und den „Oberfreimaurer" Herzog Ferdinand v. Braunschweig schließlich reihte sie nach der verlorenen Schlacht bei Valmy 1792 verächtlich in die Reihe der „deutschen Don Quichotes" ein, die in Generalsuniformen sich beim Exerzieren heiser schrien und, wenn es darauf ankäme, mit ihren Truppen das Weite suchten.[40] Im Unterschied zu den Berliner Freimaurern war der Moskauer Rosenkreuzerorden zerschlagen und ihre Angehörigen in alle Winde zerstreut worden. Kutuzov und Baron Schröder befanden sich zu diesem Zeitpunkt im Ausland, der eine in Berlin, der andere noch in Nürnberg oder wieder in Berlin. Vielleicht war Schröder auch in seine mecklenburgische Heimat zurückgekehrt? Genauere Angaben über Schröders letzte Lebensjahre haben sich bislang nicht finden lassen. Er soll nicht vor 1797, wohl in Deutschland, gestorben sein.

Baron Schröder hat seinem Tagebuch auch völlig unzusammenhängende Einzelnotizen über sich selbst anvertraut, die vielfach nicht des Grotesten entbehren. So sei er, wie er bemerkt, als Kind „stupid" gewesen, „ungeschickt und außerordentlich blöde und schamhaft", dazu „geizig, zur Wollust geneigt, hochmüthig". Ausgehend davon habe ein Dorfweib bald nach seiner Geburt über seine Größe gelästert: „Wat dat förn großer Esel ist, wie dö seine Mutter beschwert hat." Von einer anderen alten Frau vom Land sei dem hinzugefügt worden: „Das arme Kind wird sein Brod weit, weit suchen müssen", aber am Ende hätte sie ihm doch „viel Glück und Reichthum geweissagt".

Der reife Schröder selbst ist vor allem in seinen Briefen immer wieder auf seinen Aufenthalt in Russland zurückgekommen, ohne freilich eindeutig zu sagen, was ihn bewogen hatte, dorthin zu gehen. Jedoch hat er freimütig gestanden: „Hätte ich doch lieber nie einen Fuß in Rußland gesetzt, als daß durch mich die heilige Lehre der Correspondence so entweihet und mit Füßen getreten und in den Staub und Dreck getreten wird." Im Zusammenhang mit dem Kauf eines großen Hauses in Moskau, von dem er mehrmals schreibt, in dem er wohl sein angestrebtes *Zentrales Freimaurer-Institut* unterzubringen gedachte, wollte er sich, wie er mehrmals betonte, in eine solche Lage bringen, „daß ich nicht für einen betrügerischen ausländischen Aventurier passiren und also dem Orden wesentliche dienen mögte". Auch über seine „philosophische Correspondence" und das ihm zustehende Recht, seine masonischen Auffassungen vertreten zu können, hat er sich gelegentlich geäußert und dabei festgehalten: „Ich bin ein solcher Bruder, dem das Recht gegeben ist, sich zu defendiren. Kann das ein Mousquetier beim Standrecht nicht, ja der

Missethäter, der Mord, ja Königsmord, Kirchenraub, Sodomiterei u. s. w. begangen? Und dies werde ich erst nach meinem Bekenntnis, eher nicht."[41]

Während der in der Schlüsselburg schmachtende Novikov bei Regierungsantritt des neuen Kaisers Paul 1796 zusammen mit seinen Freunden die Freiheit wiedererlangte, hat der in Russland verfemte *Bruder* Heinrich Jakob v. Schröder die neue Morgenröte, die mit Alexander I. für die Freimaurer im Zarenreich für zwei Jahrzehnte anbrach, nicht mehr erlebt.

Anmerkungen

1 Deutsche Zitate nach Krasnobaev, Gesellschaft gelehrter Freunde, in: Beförderer, S. 267.
2 Brang, Kutuzov.
3 Barskov, Perepiska, S. 66.
4 Aleksandr Tatarincev, Radiščev und die Freimaurer, in: Jahrbuch für Geschichte der UdSSR und der volksdemokratischen Länder Europas 9/1966), S. 171-191. Vgl. auch Erwin Wedel, Karamzin und Radiščev, in: Welt der Slaven 4 (1959), S. 38-65, 302-328, 435-443.
5 Zitiert nach Brang, Kutuzov, S. 50.
6 6 Bände, Paris 1783-1794.
7 Handbuch der Geschichte Rußlands, Bd. 2, S. 841 f.
8 Eva-Maria Hartenstein, Michail M. Ščerbatov (1723-1790) als politischer Ideologe des russischen Adels, Halle-Burg Giebichenstein 1988.
9 Bryner, Karamzin, S. 18 ff.
10 Ebenda, S. 18.
11 In der Folge schon Donnert, Katharina II., S. 81 ff. Auch Smith, Freemasonry, S. 53 ff., 136 ff.
12 Erich Donnert, Katharina II.
13 Erich Donnert, Zum russischen Buch-, Verlags- und Zeitschriftenwesen (1700-1783), in: Literaturbeziehungen im 18. Jahrhundert, Berlin 1986, S. 236-260; Handbuch der Geschichte Rußlands, Bd. 2, S. 812 ff.
14 Gerhard Steiner, Freimaurerei und Rosenkreuzer, Berlin 1985, S. 107.
15 Eduard Bodemann (Hrsg.), Der Briefwechsel zwischen Katharina II. von Rußland und Johann Georg Zimmermann, Hannover und Leipzig 1906.
16 Rauch, Schwarz, in: Beförderer, S. 221.
17 SIRIO, Bd. 23, St. Peterburg 1878, S. 589.
18 I.P. Elagin, Zapiska (Novye materialy dlja istorii masonstva), in: Russkij Archiv 1864, 83-110. Die deutschen Zitate in der Folge nach Schmid, Ichentwürfe, S. 150-153.
19 Elagin, Zapiska, 98.
20 Ebenda, 99.
21 Ebenda.
22 Ebenda, 101.
23 Ebenda, 107.
24 Ebenda, 109.
25 PSZ, Bd. 31, St. Petersburg 1830, Nr. 15379.
26 Zitate: Bodemann, Briefwechsel (wie Anm. 15), S. 19-20; SIRIO, Bd. 23 (wie Anm. 17), S. 374, 375. Über Cagliostro: Klaus H. Kiefer, Dokumente des Okkultismus, München 1991.
27 Katharina II. von Rußland. Das Märchen vom Zarewitsch Chlor, Berlin und Stettin 1782 (frz. ebenda); dieselbe, Das Märchen vom Zarewitsch Fewei, Berlin und Stettin 1784; dieselbe, Erzählungen und Gespräche von Katharina der Großen, 5 Bände, Berlin und Stettin 1783-1786; Berlin 1783-1788.
28 Ausgaben verzeichnet bei Donnert, Katharina II., S. 96, Anm. 27.
29 K. A. Papmehl, Metropolitan Platon of Moskov, Newtonville 1983.
30 Bodemann, Briefwechsel (wie Anm. 15), S. 49-50.

31 Katharina II. von Rußland. Der Familienzwist durch falsche Warnung und Argwohn. Lustspiel, Berlin und Stettin 1789.

32 Longinov, Novikov i martinisty, S. 312 ff. und Beilagen Nr. 28 ff.; Fleischhacker, Katharina II., S. 179 f.

33 Šumigorskij, Imperator Pavel I i masonstvo, in: Masonstvo, Bd. 2, S. 147 f.

34 Ebenda, S. 220.

35 Alexander Radischtschew, Reise von Petersburg nach Moskau, Leipzig 1982, S. 219; Hans Jessen (Hrsg.), Katharina II. von Rußland in Augenzeugenberichten, München 1978, S, 396-397.

36 Alexander Nikolajewitsch Radischtschew. Ausgewählte Schriften, Berlin 1959, S. 31 ff, 121 ff, 391 ff.

37 A. N. Radiščev und Deutschland. Redaktion: Erhard Hexelschneider, Berlin 1969.

38 Handbuch der Geschichte Rußlands, Bd. 2, S. 814. Generell jetzt Erich Donnert, Katharina II. und die Französische Revolution, in: Formen der Aufklärung und ihrer Rezeption. Festschrift zum 70. Geburtstag von Ulrich Ricken, hrsg. von Reinhard Bach, Roland Desné und Gerda Haßler, Tübingen 1999, S. 119-130.

39 SIRIO, Bd. 23 (wie Anm. 17), S. 593. Vgl. Smith, Freemasonry, S. 176 ff.

40 Schon Donnert, Katharina II., S. 308-313.

41 Die zitierten Aussagen sind nicht datiert. Vgl. Barskov, Perepiska, S. 234, 279, 181. Andere missdeutige Stellungnahmen: Ebenda, S. 280-281.

Neuaufstieg und Rolle der Freimaurerei in der russischen Gesellschaft zu Beginn des 19. Jahrhunderts

Wiedergeburt und Ausbreitung des neuen Logenwesens

Die Freimaurerei stellt die erste freie gesellschaftliche Organisation in Russland dar. Sie ist zugleich außerhalb der Kirche die erste selbstständige Vereinigung, die ein aufgeklärt-religiöses Gesellschaftsprogramm verfolgte. Das Ziel der Maurer bestand darin, die Gedanken der Brüderlichkeit aller Menschen zu erwecken und die Vervollkommnung der Persönlichkeit durch innere Umwandlung zu erreichen. Dieses Anliegen hatte seine Grundlage in der traditionellen Religiosität, die sich im verweltlichten Bewusstsein als Mystizismus äußerte. Andererseits handelte es sich um den Versuch, eine neue Form des gesellschaftlichen Lebens zu finden, das sich in allmählicher Veränderung befand. Genauer gesagt, in Russland begannen seit der Mitte des 18. Jahrhunderts die einzelnen Schichten der Gesellschaft bereits erkennbare Konturen anzunehmen. Bei ihrer Mitwirkung an diesem Vorgang versuchten die Freimaurer, sowohl religiöse als auch gesellschaftliche Fragen zu beantworten sowie die unterschiedlichen Bereiche von Öffentlichkeit und Innerlichkeit in einer neu aufzubauenden Welt der Brüderlichkeit zu vereinen. Das Bestreben des russischen Freimaurertums vollzog sich demgemäß in zwei Hauptrichtungen. Die erste zielte auf die innere Vervollkommnung der eigenen Person, wobei die Beschäftigung mit der Literatur des Sentimentalismus und des Mystizismus sowie eine gewisse Neigung zur Magie und Geisterkunde in den Vordergrund traten. Die zweite Richtung, die die gesellschaftliche Funktion der masonischen Bewegung beinhaltete, war auf die Entwicklung einer Leitidee abgestellt, die als Grundlage bei der Errichtung eines vom christlichen Geist erfüllten neuen Staatswesens dienen sollte.

In den Freimaurerlogen waren sich die Angehörigen der *Intelligencija* ihrer inneren Zerrissenheit und ihres Gespaltenseins bewusst geworden. Um diese zu überwinden, zeigten sie sich bemüht, in noch größerem Umfang als vordem die Grundwerke der gesamteuropäischen Literaturepoche der Empfindsamkeit durch Übersetzung und Herausgabe auch in Russland einer breiten Leserschaft zugänglich zu machen. Dies war für die Maurerei schon deshalb von großer Bedeutung, verliehen doch die vom Geist des Sentimentalismus durchdrungenen Schriften den gleichen Gefühlen und Neigungen Ausdruck, die auch den Freimaurern eigen waren. Der mit der Thronbesteigung Alexanders I. in Russland hervorgetretene neue Zeitgeist[1] bewirkte auch die Wiederbelebung und Erneuerung der 1794 im Zarenreich verbotenen Freimaurerei. Die unter Katharina II. eingekerkerten und verbannten Freimaurer und Aufklärer erlangten unter Kaiser Paul Petrovič (1796-1801) wieder die Freiheit. Dieser hatte bereits zu Beginn seiner Regierung alle Maßnahmen gegen die Freimaurer rückgängig gemacht. So ließ er schon am zweiten Tag seiner Herrschaft Novikov und alle als *Martinisten* verdächtigten Personen befreien. Die Fürsten Alexander Borisovič Kurakin, Nikolaj Vasil'evič Repnin und Pavel Petrovič Lopuchin sowie Vasilij Ivanovič Baženov wurden wieder an den Hof gerufen und großzügig entschädigt. Die Freiheit erhielten auch Ivan Vladimirovič Lopuchin, Fürst Ivan Ivanovič Trubeckoj und Ivan Petrovič Turgenev. Ebenso durften alle Verbannten zurückkehren, die 1790 bei der Aburteilung Radiščevs verschickt worden waren. Mit Auszeichnungen und Beförderungen bedacht wurden die Freimaurer Zachár Jakovlevič Karneev, A. A. Lenivcëv, Michail Matveevič Cheraskov und Ivan Petrovič Turgenev. Am dritten Tag folgte die Ernennung des Fürsten Repnin zum Generalfeldmarschall, was den Jubel der Freimaurerschaft hervorrief.

Freilich sollte dieser nicht lange anhalten, tat doch einer der neuen Berater Pauls, Graf Fëdor Vasil'evič Rostopčin, ein eingefleischter Feind des *masonstvo* in Russland, alles, um die *Brüder* beim neuen Herrscher in Misskredit zu bringen. Er unterstellte ihnen geheime Wühlarbeit gegen die zarische Autokratie, wobei er insbesondere Peter Vladimirovič Lopuchin und dessen Anhängerschaft als Staatsverbrecher diffamierte. Dabei berief er sich auf einen Brief aus München, in dem behauptet wurde, dass die russischen Freimaurer Verbindungen zu ausländischen *Martinisten* unterhielten, deren Ziel es sei, Kaiser Paul zu töten und im Russischen Reich einen revolutionären Umsturz herbeizuführen. Daraufhin wurde Lopuchin nach Moskau abgeschoben und der soeben aus dem Kerker befreite Novikov in St. Petersburg unter Polizeiaufsicht gestellt. Ähnlich erging es dem Geistlichen und nachmaligen Metropoliten von St. Petersburg, Matvej Desnickij, der aus dem Kirchendienst entlassen wurde. Mit einem Wort: nahezu alle wieder als Freimaurer hervorgetretenen und als masonische Verschwörer verleumdeten Persönlichkeiten verloren ihren Einfluss. Damit hatte auch Paul Petrovič den Anwürfen, beim *masonstvo* handle es sich um eine staatsgefährdende Bewegung, Rechnung getragen.

Für die unter Kaiser Paul Petrovič in die Machtzentralen drängenden konservativen Eliten, denen es um den Erhalt der zarischen Autokratie ging, war es unvorstellbar, dass den Thron des Russischen Reiches jemals ein freimaurerischer Volkskaiser einnehmen könnte. Paul besaß von seiner Erziehung und Bildung her alle Voraussetzungen, ein ehrenhafter, würdiger russischer Monarch zu sein. So hatte Kaiserin Elisabeth alles daran gesetzt, den Sohn einer deutschen Mutter, der nachmaligen Katharina II., vorsorglich getrennt von ihr, streng im Geiste des Russentums zu erziehen und auf sein hohes Amt als Herrscher des Zarenreiches vorzubereiten, und dabei besonderen Wert auf dessen vollständige Kenntnis und Beherrschung auch der russischen Sprache gelegt. Sie fand für den Thronfolger die besten Lehrer, die ihr zur Verfügung standen, wie die Namen Nikita Ivanovič Panin und Semën Andreevič Porošin bezeugten, die den jungen Prinzen gewissenhaft und in aller Breite mit den Errungenschaften der europäischen Kultur, Wissenschaft und Bildung bekannt machten. Ihnen gelang es, Paul Petrovič zu einer gebildeten Persönlichkeit zu entwickeln und mit Eigenschaften auszustatten, über die vor ihm noch kein russischer Monarch verfügte.[2]

In der gesamten zeitgenössischen Überlieferung gibt es keinen gesicherten Hinweis, dass Paul Petrovič Freimaurer geworden ist. Unter den mit Kaiser Paul und seinem Wirken als Herrscher des großen Russischen Reiches Unzufriedenen befanden sich freilich auch solche, die einer Loge angehörten. Es bleibt daher die bereits von Karamzin gestellte Frage: Wer hat denn eigentlich den Tod von Kaiser Paul beweint? Dieser selbst soll von sich gesagt haben: "Ich hoffe, daß die Nachkommenschaft mir unvoreingenommen begegnen wird."[3] Wie sein Lehrer Nikita Panin glaubte auch Paul Petrovič, eine Alternative zu der von Katharina II. nach innen und außen verfolgten Politik bieten zu können. Er erstrebte eine moralisch geläuterte und institutionell regenerierte Autokratie, deren soziale Basis er zu erweitern suchte. In dieser Hinsicht ließ er bereits Ansätze erkennen, die sich mit dem „Konstitutionalismus" seines Nachfolgers berührten.[4]

Die Regierungszeit Alexanders I. (1801-1825) war durch einen milden Liberalismus gekennzeichnet, durch eine nahezu unbegrenzte Toleranz auch in Dingen des religiösen Denkens und Lebens.[5] Das literarische Schaffen fand kaum Behinderungen, was auch für die freimaurerische und mystizistische Literatur galt, als deren Anhänger und Protektor der Herrscher selbst in Erscheinung trat. In St. Petersburg, in Moskau und mehreren Provinzmetropolen sowie an den ins Leben gerufenen neuen Universitäten und Hochschulen entstanden neue Zentren von Kultur, Wissenschaft und Bildung, in denen Freimaurer als staatliche Würdenträger vordere Plätze einnahmen. Junge Angehörige der *Intelligencija*, erfüllt von romantischer Begeisterung, brachten von den Hohen Schulen des Westens, an denen sie studiert hatten, modernes Gedankengut mit nach Russland und verschmolzen es mit ihren eigenen Humanitätsidealen und Freiheitsideen. Zu ihren Trägern gehörten auch deutsche Universitätsprofessoren, die an die Universitäten des Russischen Reiches berufen worden waren. Tiefgehende Veränderungen vollzogen sich im Bereich des philosophischen und staatsrechtlichen Denkens.[6] Es kam zu neuen Einsichten und Erkenntnissen, denen die Lehren von Kant, Fichte und Schelling zu Grunde lagen. Fast drei Jahrzehnte hielt der Einfluss Schellings auf das russische Geistesleben an, bis er von dem Hegels abgelöst wurde.

Was das über das Freimaurertum der Zeit Alexander I. ursprünglich existierende, keineswegs geringe Quellenmaterial anbelangt, so wurde dieses von der älteren russischen Forschung ausgiebig benutzt. Eine neuere, zusammenfassende Übersicht über die noch gegenwärtig in den russischen Archiven vorhandenen maurerischen Handschriften und zeitgenössischen Drucke gibt es wohl nicht.[7] Der Umstand, dass die Freimaurerforschung in Russland nach der Revolution fast gänzlich zum Erliegen kam, hat dazu geführt, dass auch die masonische Bewegung des beginnenden 19. Jahrhunderts nach wie vor ungenügend aufgehellt ist. Die von den Kaisern Paul und Alexander aus Kerker und Verbannung befreiten Freimaurer der älteren Generation, die sich ihren Traditionen verpflichtet wussten, waren nach ihrer Rückkehr sogleich daran gegangen, ihre Arbeiten wieder aufzunehmen. Dabei zeigte sich freilich, dass die früheren *Rosenkreuzer* ihre starke Anziehungskraft, die sie in der masonischen Bewegung Russlands hatten, rasch verloren und anderen Richtungen Platz machen mussten. Besondere Bedeutung erlangten jetzt die in

Russland bestehenden Ausländervereine, insbesondere die deutschen Logen, wo sich mit der Zeit neue freimaurerische Prinzipien herausbildeten. Im Zusammenhang damit sahen sich auch die nationalrussischen Logen veranlasst, ihre Profile stärker auszuprägen. Die von Paul und Alexander wieder erlaubte Maurerei gestaltete sich freilich anfangs recht chaotisch, verworren und undurchsichtig, was vor allem für die kurze Regierungszeit Pauls galt. Jedoch wurden die Thronbesteigungen der beiden Herrscher von den Freimaurern einmütig und mit größten Hoffnungen begrüßt und der Regierungsantritt Alexanders geradezu als Morgenröte einer neuen Zeit empfunden.

Im Vertrauen auf Alexanders humane Einstellung, die dieser schon als Thronfolger zu erkennen gegeben hatte, wagten es einzelne *Brüder*, sich wieder zu versammeln.[8] So nahm die französische Loge *Les Amis Réunis* bereits 1802 ihre Arbeit wieder auf. Ein Jahr später soll Kaiser Alexander den bereits unter Katharina II. bekannten Freimaurer, Arzt und Professor, den Direktor des St. Petersburger Heereskadettenkorps und Staatsrat Johann Böber, veranlasst haben, die Wiedereröffnung der Logen in die Wege zu leiten. Im Gefolge von Böbers Aktivitäten bildeten sich rasch mehrere neue Logen, so die *Zum gekrönten Pelikan*, *Elisabeth zur Tugend* und *Peter zur Wahrheit*. Deren Mitglieder waren alte Bekannte Böbers, der in seinen Festlegungen und Handlungen der Strikten Observanz folgte. Zu den Mitgliedern der genannten Logen gehörten Großfürst Konstantin Pavlovič, der Bruder des Kaisers, Graf Stanisław Kostka Potocki, polnischer Großmarschall, Politiker, Schriftsteller und Historiker, Graf Ivan Alekseevič Ostermann-Tolstoj, General Alexander Christoforovič v. Benkendorff, Herzog Alexander v. Württemberg, Oberkämmerer Alexander Alekseevič Naryškin und andere Aristokraten, aber auch Provinzadelige und Vertreter bürgerlicher Schichten. Die Zahl der Logenmitglieder erhöhte sich rasch, was 1809 die Gründung der großen Direktorialloge *Vladimir zur Ordnung* zur Folge hatte, die nach dem Schwedischen System arbeitete. Zu ihrem Großmeister wurde Böber bestellt. 1811 und 1812 schlossen sich der Direktorialloge auch die französischen Logen *Les Amis Réunis* und *La Palèstine* in St. Petersburg sowie die Logen von Kronstadt und Reval an. So gab es um 1813 in Russland – die geheim wirkenden *Martinisten* nicht eingerechnet – nur einen Zweig der Freimaurerei: den nach der Schwedischen Lehrart.

Die formelle Erlaubnis zur Wiedereröffnung der Logen scheint erst im Jahr 1810 erteilt worden zu sein. Seitdem datierten wohl auch die offiziellen Beziehungen zwischen der Regierung und den Logen. Jedenfalls ging zu diesem Zeitpunkt den Logen eine Vorladung des Polizeiministers Alexander Dmitrievič Balašëv zu, auf Allerhöchsten Befehl ihre Akten der Regierung zur Einsicht zuzuleiten. Nach erfolgter Prüfung gingen die Unterlagen, offensichtlich ohne Beanstandung, wieder an den Minister für Volksaufklärung Graf Aleksej Kirillovič Razumovskij über den Hauptleiter der Direktorialloge Böber zurück. Der Bestand der Logen wurde bestätigt und auch die Eröffnung neuer Logen zugelassen, jedoch unter die Kontrolle der Regierung gestellt. Die maurerische Obrigkeit musste sich verpflichten, dem Polizeiminister kontinuierliche Rechenschaftsberichte einzureichen, in denen Aufschluss über die Arbeiten der Logen und deren Personalbestand gegeben wurde.

In diesen Zusammenhang gehört ein anonymes Schriftstück, eine Art Rapport oder Denkschrift, gerichtet an Kaiser Alexander persönlich. In dem französischsprachigen Bericht hielt es der unbekannt gebliebene Verfasser für seine Pflicht, dem Herrscher „einige Gedanken" hinsichtlich der „Regelung der Freimaurerei" zu unterbreiten, mit denen er „zur Sicherstellung des Erfolgs der Absichten" Alexanders I. beitragen wollte. Dabei ging er davon aus, dass „eine zweckentsprechende Organisation der Freimaurerei im Reiche zwei wesentliche Vorteile mit sich bringen müßte, einem Umsichgreifen der Sittenverderbnis Einhalt gebieten, indem sie gesunde moralische Grundsätze einbürgert, die im Boden der Religion wurzeln". Gleichzeitig müsste diese für eine „beständige, obschon nicht wahrnehmbare Controle" und „geheime Beziehungen zum Polizeiminister" Sorge tragen als Bürgschaft für die Abwendung von „zuwiderlaufenden Bestrebungen". Ebenso müssten das „Freimaurertum in seiner ganzen Reinheit" erhalten und alle „Beimengungen", die aus „fremden Verhältnissen" und „anderen Ländern" stammten, unterbleiben. Um dies alles zu erwirken, sei es notwendig, ein „Vereins-Centrum" zu schaffen, zu dem sich alle „Institutionen dieser Gattung", wo immer sie auch „im Innern des Reiches entstehen könnten", in engem Bündnis befinden und diesem rechenschaftspflichtig sein müssten: „Dieses vereinigende Centrum sollte eine in der Residenz zu gründende Mutter-Loge sein. Jede andere, nicht durch diese Mutter-Loge im Reiche gegründete Loge dürfte nicht geduldet werden."[9]

Obwohl nicht bekannt geworden ist, wer die Eingabe an den Kaiser verfasst hat, steht fest, dass die Organisation der Freimaurerei im Russischen Kaiserreich nach den in dem Gutachten vorgeschlagenen Empfehlungen vorgenommen wurde. Dass dem so war, ging auch aus der Bekanntmachung von Polizeimeister Balašëv hervor, die dieser im August 1810 erließ. Darin ließ er wissen, dass der Vorsteher der Logen und die kaiserliche Regierung sich über die Ordnung und Ziele der Freimaurerei einig seien und daher kein Grund bestünde, die Zusammenkünfte in den Logen zu verbieten. Freilich sei „die Kenntnis vom Vorhandensein dieser Loge sowohl durch die Unvorsichtigkeit einiger Mitglieder als auch durch den Wettstreit der Logen untereinander und durch ein gewisses überhastetes Bestreben, sie durch fortwährende Neuaufnahmen zu erweitern, in zu weite Kreise der Öffentlichkeit gedrungen" und habe dadurch „der Unwissenheit und der Böswilligkeit Anlaß zu mancherlei Nachrede gegeben." Angesichts dessen habe es die Regierung für notwendig erachtet, „sich mit den Reglements dieser Gesellschaft genauer bekannt zu machen" und sich Gewissheit zu verschaffen, ob sie auch fernerhin geduldet werden und den Schutz der Regierung erhalten könnten. Dabei stellte Balašëv ausdrücklich fest: „Das Ziel der wahren Freimaurerei kann Niemandem tadelswert erscheinen. Die Regierung hofft, daß die Vorsteher der Gesellschaften durch die Freimütigkeit beweisen werden, daß sie dieses Ziel kennen und es aufrichtig zu erreichen wünschen. Zu diesem Behufe werden neben den Vorstehern dieser Gesellschaften Vertrauensmänner ernannt und

Beziehungen geschaffen, die mit den gewöhnlichen polizeilichen Maßnahmen nichts gemein haben. Die Regierung wird von sich aus zwei Personen wählen, die in Folge ihrer Kenntnisse und Grade mit der Freimaurerei vertraut sind. Mit diesen zwei, unmittelbar unter Aufsicht des Ministers der Volksaufklärung stehenden Persönlichkeiten werden alle Logenvorsteher in Beziehungen treten und ihnen im Geiste des Vertrauens und der Brüderlichkeit die Regeln, die Grundsätze und das System ihrer Loge auseinander zu setzen haben." Ab sofort, so wies der Polizeimeister an, seien deshalb in allen Logen die Neuaufnahmen von Mitgliedern einzustellen und die „seitens der Regierung zu den Logenvorstehern anzubahnenden Beziehungen von diesen als *persönliches, unverbrüchliches Geheimnis* [kursiv von mir – E. D.] nicht nur dem Publikum, sondern auch den Logenmitgliedern gegenüber zu betrachten und zu bewahren."[10]

Ungeachtet der von der Regierung den Logen aufgenötigten Reglementierung und des dringenden Ersuchens, in ihren Arbeiten sich vor allen „fremden Beimengungen" zu hüten, hielt die im Freimaurerbund angestrebte Einigkeit nicht allzu lange an, wie aus den Erhebungen, die der Polizeimeister angeordnet hatte, deutlich wurde. So vermitteln die der Regierung im Jahre 1810 zur Prüfung eingereichten Logenverzeichnisse einen guten Einblick in die Struktur, den Personalbestand und die Arbeiten der Maurergemeinschaften. Danach zählte die unter der Leitung von Alexander A. Žerebcov stehende Loge *Les Amis Réunis* 50 aktive und 19 Ehrenmitglieder. Žerebcov war in einer Pariser Loge aufgenommen worden und hatte dort das Patent und die Regeln erhalten, auf deren Grundlage seine Loge arbeitete. Wie er der Regierung versicherte, unterhielt seine Gemeinschaft jedoch keinerlei Beziehungen zu Logen in Frankreich. An Versammlungsarten, die in einer Loge üblich waren, nannte er solche von Mitgliederaufnahmen, der Regelung von familiären und wirtschaftlichen Fragen sowie Lehr-, Fest- und Trauerzusammenkünfte. Lobend erwähnte Žerebcov dabei die Wohltätigkeitsarbeit seiner Bruderschaft, deren Angehörige Strafgefangene besuchten, Arme unterstützten und dergleichen gute Werke mehr verrichteten.

Nach dem gleichen System liefen offensichtlich die Arbeiten in der Loge *La Paléstine* ab, in der Generalleutnant Graf Michał Wielhorski den Hammer führte. Sie verfügte über kein eigenes Reglement, sondern richtete sich nach dem Ritual Žerebcovs. Ihre Mitgliederzahl betrug 50. Die Loge *Pelikan* war 1805 unter der Leitung von Staatsrat Alexander Sergeevič Sergeev entstanden. Sie gliederte sich danach in drei Logen auf, die, dem Schwedischen System folgend, sich unter der Oberleitung einer vierten, der Direktorialloge, befanden. Die drei vereinigten Logen führten die Namen *Elisabeth*, als deren Vorstand Sergeev amtete, *Alexander*, der der Kaufmann Johann Ambrosius Rosenstrauch vorstand, und *Peter*, geleitet von Staatsrat Dr. Georg v. Ellisen. Die Direktorialloge stand unter der Leitung von Johann Böber. Die Mitgliederzahl der vereinigten drei Logen betrug 114.[11]

Die Logen Žerebcovs und Wielhorskis erregten bei der Regierung Anstoß dadurch, dass deren Leiter keine präzisen Ziele ihrer Arbeiten anzugeben vermochten und erklärten, von keinerlei „freimaurerischen Geheimnissen" zu wissen. Außerdem wurde von den Vertretern des Ministeriums moniert, dass das System der drei vereinigten Logen sichtbar den Regeln französischer Logen entlehnt sei. Insgesamt jedoch glaubten die von der Regierung eingesetzten Revisoren, die genannten Brüderschaften ohne besondere Schwierigkeiten auf den richtigen Weg zu bringen. Die Logen *Les Amis Réunis* und *La Paléstine* wurden von zahlreichen Mitgliedern repräsentiert, die aristokratischen Familien angehörten. So zählten zu der erstgenannten Loge Herzog Alexander v. Württemberg, Graf Stanisław Kostka Potocki, Graf Alexander Ivanovič Ostermann-Tolstoj und Generalmajor Nikolaj Michajlovič Borozdin, die Träger des Grads *Rose Croix* waren. Den Grad eines *Chevalier d'Orient* besaß Polizeiminister Balašëv, den eines *Grand Ecossais* Sergej Stepanovič Lanskoj. Inhaber des Grads *Ulus* (vormals *Eleusis*) waren Graf Ivan Alekseevič Voroncov, Graf Dmitrij Aleksandovič Zubov, Hofzeremonienmeister Ivan Alekseevič Naryškin, Fürst Pavel Petrovič Lopuchin und Kollegienassessor Vasilij L'vovič Puškin. Meistergrade konnten Graf Jarosław Potocki, Graf Heraklius und Louis Poiniakki vorweisen. Den Meistergrad eines anderen Ordens besaß General Alexander Christoforovič von Benckendorff. Den genannten *Meistern* folgten die *Gesellen* und *Lehrlinge*. Unter den Ehrenmitgliedern wurden Ignaz Aurelius Feßler, Senator Generalleutnant Evgenij Andreevič Kušelev, der Komponist François Adrien Boiëldieu und der Schauspieler Dalmasse genannt, der gelegentlich auch literarisch tätig war. Und als Logengründer wurden unter anderen Žerebcov, Ostermann-Tolstoj, Audé de-Zion, Louis Barthelemy und Peter Petrovič Čekalevskij angeführt.

Die Loge *La Paléstine* war zum Teil mit noch hochgradigeren Freimaurern besetzt. Die Aufzählung der Mitglieder begann mit Charrier de Monteraut, der im profanen Leben die bescheidene Stellung eines Hauslehrers beim Polizeiminister Balašëv einnahm, in seiner freimaurerischen Würde jedoch als *Grand Chevalier Elu Kadosch, prince de Liban et de Jérusalem* in Erscheinung trat. Darauf folgte Dr. Beigny als *Grand Chevalier Ecossais, prince de Jérusalem*, dann Wielhorski, der Leiter der Loge, als *Rose Croix*. Weiter wurden die *Chevaliers d'Orient* und *Chevaliers Ecossais* genannt. Unter denen befand sich der aus Metz gebürtige Ingenieur Pierre Dominique Bazaine, unter den *Ulus* Fürst Alexander Ypsilanti. Als *Lehrling* tauchte Tardiffe auf, ein damals renommierter Schenkenwirt. Als Träger niederer Würden wurden hauptsächlich Namen französischer und deutscher Kaufleute, Künstler und anderer Professionisten aufgeführt.

In den Mitgliederlisten der unter Aufsicht der Großen Direktorialloge *Vladimir* stehenden Logen *Elisabeth, Alexander* und *Peter* wurden unter anderen folgenden Personen vermerkt: in der Loge *Elisabeth*: der Wirkliche Staatsrat Sergeev und Generalmajor Fedot Danilovič Sinicyn als Groß- und stellvertretender Meister der Loge; in der Loge *Alexander*: der Kaufmann Johann Ambrosius Rosenstrauch; in der Loge *Peter*: Staatsrat Ellisen. Unter den übrigen Mitgliedern befanden sich Generalleutnant Kušelev, die Professoren Kajdanov, Feßler, Peter Dmitrievič Lodi, Friedrich v. Hauenschild, Kammerherr Žerebcov, Graf Zubov, Premierleutnant der Kavallerie, Fürst Lopuchin, ferner mehrere Offiziere des Semënovskij- und Preobraženskij-Garderegiments, ausländische Kaufleute, Ärzte und Angehörige anderer Berufsgattungen. Als Ehrenmitglieder wurden Senator Fëdor Michajlovič Kutuzov und Alexander Fëdorovič Labzin genannt.[12]

Nach Abschluss der Überprüfung der genannten Logen erhielten die unter der Direktorialloge vereinigten Logen ihre zur Verfügung gestellten Akten und Verzeichnisse zu Händen von Staatsrat Böber zurück, nicht so offensichtlich die übrigen Logen. Auf deren an den Minister für Volksaufklärung Graf Razumovskij gerichtetes Mahnschreiben vom Oktober 1811 erhielten sie zur Antwort, in dieser Angelegenheit sich direkt an Polizeiminister Balašëv zu wenden. Es war dies die Zeit, als sich erneut Meinungsverschiedenheiten zwischen den einzelnen Logen ergeben hatten, die in der Folge immer stärker hervortraten. Der Ausbruch von Rivalitätskämpfen hing eng mit vor allem aus Deutschland eindringenden neuen freimaurerischen Ritualen zusammen. Die Zwistigkeiten wurden zwischen den *Meistern*, die nur drei Johannisgrade anerkennen wollten, und den *Hochgradmeistern* ausgetragen. 1815 kam es zur Aufspaltung der von Böber geleiteten Direktorialloge in zwei Großlogen: Vier Logen taten sich zur Großloge *Asträa*[13] zusammen, die nach dem Englischen Muster arbeitete, sechs der *Vladimir*-Logen bildeten eine *Schwedische Provinzialloge von Russland*. Die Asträa, die unter der Leitung von Staatsrat Ellisen stand, überflügelte alsbald die Schwedische Großloge, die nicht über ihren Bestand hinaus gelangt war, und erhielt immer neuen Zulauf. Bereits ein Jahr nach ihrer Gründung gebot die *Asträa* über 24 Logen, von denen sieben nach dem *Schröderschen* und eine nach dem *Feßlerschen Ritual* wirkten.

Die Gründe für die Aufspaltung der russischen Maurerei beruhten auf den unterschiedlichen Auffassungen, die es im Hinblick auf die Gestaltung der masonischen Hierarchie und des verwendeten Begriffsvokabulars gab. In der Direktoralloge, der Mitglieder sowohl der alten als auch der neuen Freimaurergeneration angehörten, herrschte ein sogenanntes gemischtes System vor, repräsentiert einerseits von Wortsprechern der *Grade* und *Hochgrade*, die die meisten Maurer mit großer Mühe und nicht selten unter Aufwendung beträchtlicher Geldmittel erlangt hatten, andererseits von Vertretern der so genannten *Johannislogen*, deren Rituale lediglich die Vergabe der drei ursprünglichen Grade – *Lehrling*, *Geselle* und *Meister* – zuließ. In den aus Deutschland stammenden Systemen von Schröder und Feßler waren die Hochgrade als längst überholt abgeschafft worden.[14]

Anmerkungen

1 Vgl. Erich Donnert, Zwischen Adelskonservatismus, liberalem Konstitutionalismus und nationalrevolutionärem Umsturzversuch: Rußland unter Alexander I., in: Die Französische Revolution und das Projekt der Moderne. Hrsg. v. Anton Pelinka und Helmut Reinalter, Wien 2002, S. 149-167; derselbe, Ost- und Mitteleuropa im Wirkungsbereich der liberalen Verfassungsbewegung der Neuzeit: Konstitutionen und Verfassungsentwürfe für Finnland, Polen und Rußland unter Alexander I., in: Die Anfänge des

Liberalismus und der Demokratie in Deutschland und Österreich, hrsg. von Helmut Reinalter, Frankfurt/Main u.a. 2002, S. 81-107. Siehe auch die russische Fassung: Erich Donnert, Liberal'nyj konstitucionalizm i konstitucionnye proekty vremeni Aleksandra I dlja Finljandii, Pol'ši i Rossi, in: Slavjanskie narody: Obščnost' istorii i kul'tury. K 70-letiju Vladimira Konstantinoviča Volkova, Moskau 2000, S. 196-214.

2 Vgl. E. S. Šumigorskij, Imperator Pavel I i masonstvo, in: Masonstvo, Bd. 2, S. 135-152; Ivanov, Intelligencija i masonstvo, S. 217 ff., 221 ff.

3 Šumigorskij, S. 152.

4 Donnert, Zarenreich, S. 219 ff. Ansonsten: V. Zubov, Zar Paul I. Mensch und Schicksal, Stuttgart 1963.

5 Pypin, Geistige Bewegungen, Bd. 1; T. O. Sokolovskaja, Vozroždenie masonstva pri Aleksandre I., in: Masonstvo, Bd. 2, S. 153-202. Kurze Bemerkungen auch bei Karl R. H. Frick, Licht und Finsternis. Gnostisch-theosophische und freimaurerisch-okkulte Geheimgesellschaften bis an die Wende zum 20. Jahrhundert, Teil 2, Graz 1978, S. 448 ff.

6 S. A. Levickij, Russisches Denken, Bd. 1, Frankfurt/Main 1984, passim; Goerdt, Russische Philosophie, Bd. 1, S. 230 ff. und passim; Bd. 2, S. 121 ff. und passim; Dmytro Čyževśkj (Hrsg.), Aus zwei Welten, S-Grafenhagen 1956, S. 211 ff.; derselbe, Rußland zwischen Ost und West. Russische Geistesgeschichte, Bd. 2, Reinbeck bei Hamburg, S. 61 ff.; Lauer, Russische Literatur, S. 96 ff.; Waegemans, Russische Literatur, S. 71 ff.

7 Vgl. Pypin, Quellen, S. 1 ff. Vgl. jetzt die von Inter Documentation Company, Chamber of Commerce, Leiden, angekündigten Quellenausgaben zur russischen Freimaurerei aus dem Russischen Staatsarchiv für Alte Akten, Moskau.

8 Pypin, Quellen, S. 55 ff. Vgl. auch T. Sokolovskaja, V masonskich ložach, Petrograd 1914.

9 Pypin, Quellen, S. 41-42.

10 Ebenda, S. 59-60.

11 Ebenda, S. 60-62.

12 Ebenda, S. 63-64.

13 Osnovnoe uslovye Velikoj Loži Astrej ili Loža pod eja upravleniem soedinennych, Teil 1, St. Petersburg 1815.

14 Pypin, Quellen, S. 65 ff.

Einfluss der deutschen Reform-Maurerei: Friedrich Ludwig Schröder und Ignaz Aurelius Feßler

Friedrich Ludwig Schröder[1], Schauspieler, Theaterdirektor und Schriftsteller, lutherischer Religion, geboren in Schwerin, war 1774 in Hamburg Freimaurer geworden. Nach Erlangung des Meistergrades 1775, 1787 Meister vom Stuhl, 1789 Provinzialgroßmeister und 1814 Großmeister der *Großen Loge* zu Hamburg, fielen seine Anfänge in die düsteren Jahre der deutschen Freimaurerei, in die Zeit der Strikten Observanz, in der der Charakter der englischen Maurerei verloren ging und Mystizismus, Alchimie, Rosenkreuzerei, Illuminatentum und aus Frankreich importierte Hochgrade an deren Stelle traten. 1782 war auf dem Wilhelmsbader Konvent die Strikte Observanz zu Grabe getragen worden. Bereits ein Jahr später wurde in Hamburg ein Gremium gebildet, dem auch Schröder angehörte. Ihm war aufgetragen, in Deutschland die Freimaurerei nach englischem Muster wiederherzustellen. Die Federführung oblag Schröder, der Ende 1788 den von ihm erwarteten Entwurf einer neuen Freimaurer-Konstitution vorlegte. Nach Schröders Richtlinien, die auf dem englischen Grundtext von 1723 beruhten, baute die reformierte Freimaurerei auf drei Graden auf. Das Anliegen von Schröder war, mit seiner Neuregelung die Konfusion, die Ende des 18. Jahrhunderts durch die Einführung der Hochgrade in der Freimaurerei angerichtet worden war, ein für alle Mal zu beseitigen.

Um welche Riesenarbeit es sich dabei handelte, bezeugten seine *Materialien zur Geschichte der Freimaurerei seit ihrer Entstehung bis 1723*[2] und *Materialien zur Geschichte der Freimaurerei seit Wiederherstellung der Großen Loge in London.*[3] Dieses voluminöse Gesamtwerk sollte jedoch nicht nur den Hamburger Freimaurern als Richtschnur dienen, sondern Eingang auch in andere Maurerlogen des In- und Auslands finden. Deshalb hatte Schröder bei der Abfassung seiner Bände auch mehrere sachverständige *Brüder* zu Rate gezogen, zu denen insbesondere der Weimarer Gymnasialdirektor und Altertumsforscher Karl August Böttiger und durch ihn Johann Gottfried Herder, ferner der Verleger, Drucker und Übersetzer Johann Christoph Bode sowie Ignaz Aurelius Feßler gehörten. Mit Herder hatte Schröder in den Jahren 1800 bis 1803 in einem regen Briefwechsel über das freimaurerische System gestanden, das als *Schrödersches Ritual*[4] alsbald von zahlreichen Logen auch des Auslands übernommen wurde. Anerkennung fand auch der *Schrödersche freimaurerische Katechismus.* Seine letzten Lebensjahre verbrachte Schröder als Theaterdirektor in Hamburg. In dieser Zeit lastete die französische Zensur schwer auf den kulturellen Bestrebungen der Hansestadt. So durften unter anderen auch Schillers Dramen nicht mehr aufgeführt werden. Schröder selbst wurde antifranzösischer Stimmungsmache bezichtigt, worunter er psychisch und physisch litt. Im September 1816 starb er. Sein Grab auf dem Hamburger Petri-Kirchhof zitiert die Inschrift: *Dem Freunde der Wahrheit und des Rechts, dem Förderer menschlichen Glücks, dem unerreichten Künstler.*[5]

Bei seinen Untersuchungen hatte der Logenreformer Friedrich Ludwig Schröder zeitweilig auch mit dem aus Zurndorf im Burgenland (Ungarn) stammenden Theologen, Historiker, Literaten und Freimaurer Ignatius Aurelius Feßler (1756-1839)[6] zusammengearbeitet. Dieser gehört zu den schillerndsten Persönlichkeiten der europäischen Theologie- und Geistesgeschichte zweier Jahrhunderte. Sein abenteuerlicher Lebensweg[7], der nicht selten jähe und abrupte Wendungen aufwies und Feßler weite Entfernungen zurücklegen ließ, sollte ihn aus Ungarn und Österreich über Deutschland auch nach Russland führen. Als Philosoph, Kirchenpolitiker und freimaurerischer Reformer wurde Feßler zu einem wichtigen Vermittler und beachteten Interpreten der Geistesströmungen seiner Zeit. Zutiefst beherrscht von religiösen Fragestellungen, gilt er in der Forschung als eine der bedeutendsten ökumenischen Gestalten des ausgehenden 18. und beginnenden 19. Jahrhunderts, der die Kirchen- und Kulturgeschichte Ungarns und Österreichs, Galiziens und Schlesiens, Preußens und Russlands gleichermaßen befruchtete. Den Zeitgenossen wie der Nachwelt erschien der aus kleinen Verhältnissen kommende, römisch-katholisch getaufte, jedoch stark evangelisch beeinflusste Feßler in seiner Wandlungsfähigkeit und Eigenwilligkeit geradezu faszinierend, freilich ebenso rätselhaft wie unheimlich. Seine Persönlichkeit und sein Werk sind in den letzten Jahren ausführlich gewürdigt worden.

Nach stark religiös ausgerichteter Erziehung vor allem durch seine Mutter besuchte der junge Feßler das ungarische Jesuitengymnasium in Raab und Preßburg. 1773 trat er in den *Orden der Minderen Kapuzinerbrüder* ein und erhielt 1797 die Priesterweihe. Deist, Symbolist, zeitweilig Jansenist und Propagandist des Josephinismus, erteilte ihm Kaiser Joseph II. die Erlaubnis, an der Universität Wien zu studieren, wo er 1784 den Dr. theol. erwarb und zum ersten Professor der altorientalischen Sprachen und der alttestamentarischen Hermeneutik an die Universität Lemberg berufen wurde. Seit 1784 engagierter Freimaurer, trat er als solcher mit zahlreichen Schriften hervor, die alsbald den Argwohn der Wiener Regierung hervorriefen und zu seiner Verfolgung führten. So musste Feßler im Januar 1788 übereilt nach Preußisch-Schlesien fliehen. Im Juli 1791 zum Luthertum übergetreten und einflussreiches Mitglied des Evergetenbundes geworden, ging er nach dessen Auflösung 1796 nach Berlin, wo er bei der Loge *Royal York zur Freundschaft* affiliert wurde. 1802 Deputierter Großmeister dieser Loge, versuchte Feßler, das französische Hochgradwesen in Deutschland einzudämmen und zusammen mit Schröder die Maurerei auf ihre Ursprünge zurückzuführen. Als Wortführer in Berliner Freimaurerkreisen unterhielt Feßler persönliche und briefliche Kontakte zu fast allen bedeutenden Männern der Zeit, insbesondere zu Fichte und Jean Paul. Von 1798 bis 1807 betätigte er sich als Regierungsexperte und Konsulent für kirchliche und schulische Angelegenheiten in Neuost- und Südpreußen.

Durch französische Plünderungen ruiniert, nahm Feßler 1809 den Ruf als Professor der orientalischen Sprachen und Philosophie an die geistliche Alexander-Nevskij-Akademie in St. Petersburg an. Indes, es kam bald zum Zerwürfnis mit Erzbischof Feofilakt, der Feßlers Philosophie der Freigeisterei verdächtigte, was den raschen Abgang des Gelehrten zur Folge hatte. Auf kaiserlich-russische Veranlassung begab sich Feßler nach mehreren Zwischenstationen ins südliche Saratov, wo er als Vorsteher des *Lutherischen Konsistoriums der Deutschen Wolgakolonien* und danach als evangelischer Superintendent in den Jahren 1815-1825 eine aktive Tätigkeit entfaltete. In seinen letzten Lebensjahren amtete er hier als evangelischer Bischof apostolischer Sukzession und Kirchenrat. Wieder nach St. Petersburg verpflichtet und 1833 in den Ruhestand versetzt, ist er hier im Dezember 1839 im Alter von vierundachtzig Jahren gestorben.

Feßler galt frühzeitig als angesehener masonischer Reformer. Bereits 1801 hatte er eine ganze Serie freimaurerischer Schriften veröffentlicht. Seine Ansichten fanden bald als *Feßlersches System* Verbreitung und Anerkennung. Auch in St. Petersburg hatte er als Akademieprofessor anfangs mit großem Erfolg gewirkt. Ungeachtet der von Erzbischof Feofilakt gegen ihn eingeleiteten Kampagne vermochte Feßler den Aufenthalt in der Hauptstadt Russlands zu nutzen und seine reformmaurerischen Auffassungen weiter auszuarbeiten. Er machte zahlreiche Bekanntschaften und verkehrte mit angesehenen deutschen und russischen Persönlichkeiten, die in der damaligen biblischen, maurerischen und liberalen Bewegung einen Namen hatten. Zu ihnen gehörte auch Michail Michajlovič Speranskij[8], ein überragender Staatsmann im Russland seiner Zeit. Geboren in Čerkutino im Gouvernement Vladimir als Sohn eines Geistlichen, absolvierte er das Alexander-Nevskij-Seminar zu St. Petersburg und trat 1797 in den Staatsdienst. Als hoch begabte Reformerpersönlichkeit erlangte er bald überragenden Einfluss auf Alexander I. Ursprünglich Theologe, betätigte sich der nunmehrige Jurist Speranskij seit 1803 als Mitarbeiter des Innenministeriums und übernahm als kaiserlicher Staatssekretär im Jahre 1808 die Leitung der Kommission zur Kodifizierung und Herausgabe der Gesetze des Russischen Reiches.

Welche freiheitliche Atmosphäre in den ersten Jahren der Regierung Alexanders I. in Russland vorherrschte, geht auch daraus hervor, dass der zum Protestantismus konvertierte Ignaz Aurelius Feßler als akademischer Lehrer für den russischen theologischen Nachwuchs nach St. Petersburg berufen werden konnte. Dazu gehörte, dass dieser bei seiner Ankunft in der russischen Hauptstadt Mitte Januar 1810 von Metropolit Sergej äußerst freundlich aufgenommen und mit Arbeiten geradezu überhäuft wurde. Freilich fehlte es auch nicht an Schwierigkeiten, hielt Feßler doch nicht nur seine Antrittsvorlesung, sondern auch die allgemeinen Kollegs in lateinischer Sprache, die seine Hörer meist nur sehr unzulänglich beherrschten. Jedoch zeigte sich der deutsche Professor gern zur Nachhilfearbeit bereit, wofür er bei seinen Studenten echte Zuneigung und Vertrauen erwarb.

Auch in oberen Kreisen der Beamtenschaft fand Feßler Anerkennung. Als besonders wertvoll erwies sich sein gutes Verhältnis zu Staatsrat Sergej Semënovič Uvarov, dem Präsidenten der Kaiserlichen Akademie der Wissenschaften zu St. Petersburg und späteren Minister für Volksaufklärung, ebenso zu Staatsrat Alexander Ivanovič Turgenev, dem Göttinger Schlözer-Schüler und nachmaligen Direktor des Departements für Geistliche Angelegenheiten. Durch diese Beziehungen und Verbindungen war Feßler auch Mitglied der von Speranskij präsidierten Kommission zur Herausgabe der Staatsgesetze des Russischen Reiches geworden. Dass Feßler bereits Mitte des Jahres 1810 um seine Entlassung aus dem Lehramt an der Geistlichen Akademie nachsuchte, hing wohl vor allem mit den Anwürfen zusammen, denen er sich seitens seines Akademie-Kollegen, des Ästhetik-Professors und Priestermönchs Leonides, ausgesetzt sah, der sich darüber empörte, dass der deutsche Gelehrte Plato den Systemen der aristotelischen Scholastik, Wolffs und Kants vorzog. Als Günstling von Erzbischof Feofilakt hatte Leonides diesen gegen Feßler mobilisiert, was dessen Versetzung letztlich entschied. Erst 1816 kam es zur Versöhnung zwischen Feßler und Feofilakt.

Feßler wurde als vermeintlicher *Illuminat, Jesuit* und *Kryptopapist* in St. Petersburg freilich nicht nur von Leonides und Feofilakt scharf bekämpft, sondern an der Kampagne gegen ihn beteiligte sich ebenso die *Große Landesloge* in Deutschland. In Russland befand sich die Freimaurerei trotz aller Widrigkeiten und inneren Händel seit den Verboten in den Neunzigerjahren des 18. Jahrhunderts wieder stark im Kommen, war es doch Polizeiminister Balašëv im Verein mit dem Minister für Volksaufklärung Graf Razumovskij gelungen, die russische Maurerei zu überwachen und in das Schlepptau der kaiserlichen Regierung zu nehmen. Im Zusammenhang mit diesem Vorgang wurde Feßler von einigen Freimaurern als derjenige namhaft gemacht, auf den die Maßnahmen der Petersburger Regierung zurückgingen. Beweise für diesen Anwurf wurden freilich nicht erbracht.

Zu denen, die in Feßler den Drahtzieher der Polizei-Aktion gegen die Freimaurer zu sehen glaubten, gehörte vor allem Staatsrat Böber, dem zu diesem Zeitpunkt die Direktorialloge *Vladimir zur Ordnung* mit ihren schwedischen Hochgradsystemen unterstand. Da die Regierung darauf drängte, in der Freimaurerfrage eine möglichst rasche Klärung herbeizuführen, wurde die Angelegenheit dem einflussreichsten Staatssekretär und kaiserlichen Favoriten Alexander Speranskij übertragen. Um sich in dieser Angelegenheit genügend sachkundig zu machen, ließ dieser sich selbst mit Wissen der Regierung eilfertig zum Maurer weihen. Die Aufnahme Speranskijs in den Kreis der Brüder erfolgte nach dem Feßlerschen System, zweifelsohne mit Zustimmung des Kaisers, wie das neue Logenmitglied später auch eingestand.

Im Zusammenhang mit den gegen ihn erhobenen Anschuldigungen, er habe insgeheim auch Beziehungen zu den verbotenen Martinisten und Illuminaten unterhalten, wies Speranskij darauf hin, dass Alexander I. sich freimütig und ausführlich mit ihm über alle Fragen des Maurerwesens unterhalten und für dieses großes Interesse gezeigt habe. Er selbst, Speranskij, habe dabei dem Herrscher verdeutlichen können, dass er das, worüber er den Herrscher aufzuklären suchte, nicht allein aus Büchern, Akten oder Urkunden geschöpft habe, sondern es „der eigenen Seele“ entstamme. So fragte der 1812 in Ungnade gefallene und zum Zeitpunkt seiner Rechtfertigung in Verbannung befindliche ehemalige allmächtige Günstling des Kaisers, gewandt an seine Kritiker: „Was haben Sie in jenen Jahren von mir anderes erhalten außer Hinweisen auf die menschliche Natur, auf deren hohe Bestimmung, auf das Gesetz der allgemeinen Liebe, als die einzige Quelle der Schöpfung, der Ordnung, des Glücks, alles Schönen und Großen?“[9] Über die freimaurerischen Ideale war Speranskij bei seiner *Einweihung* von Feßler nochmals eingehend belehrt worden.

Freilich waren es längst auch andere Maurer, die den angesehenen Staatsreformer über das Anliegen der russischen *Brüder* aufgeklärt hatten, wie das Beispiel des Freimaurers Ivan Vladimirovič Lopuchin deutlich machte. Aus dem Briefwechsel, den Speranskij mit seinen Freunden unterhielt, geht hervor, dass dieser bereits im Jahre 1804 in nahen Beziehungen zu Lopuchin stand, der ihn mit den Grundsätzen der Maurerbewegung seiner Ausrichtung bekannt machte. Über die Weihe Speranskijs durch Feßler hat sich der Bericht eines Augenzeugen erhalten, der aus der Feder des oldenburgischen Kammerherrn Karl Jakob Alexander v. Rennenkampff stammt. Diesem, der Feßler bereits in Berlin kennen gelernt und dort die ersten Grade erhalten hatte, war von dem deutschen Freimaurer 1810 in St. Petersburg der Grad eines Meisters verliehen worden. Ausgestattet mit der neuen Würde durfte Rennenkampff auch der Aufnahme Speranskijs in die Freimaurergemeinschaft beiwohnen, wobei er sich als Dolmetscher ins Französische betätigte, da der russische Kandidat zu diesem Zeitpunkt die deutsche nicht Sprache beherrschte. Bei Speranskijs Einweihung waren auch andere deutsche und russische *Brüder* zugegen. Das bei dieser Gelegenheit veranstaltete Zeremoniell vertrug sich offensichtlich als charakteristische Erscheinung der Zeit durchaus mit dem sich ansonsten nüchtern gebenden Speranskij. So verstanden es zahlreiche Mitglieder von Logen und Geheimgesellschaften, ohne besondere Schwierigkeiten aufgeklärten Liberalismus, Freisinn, Religiosität und mystisches Ritual in sich zu vereinigen.

Was den Liberalen und Freimaurer Speranskij betrifft, so ist dieser in seiner philosophischen Weltanschauung[10] bislang nur ungenügend behandelt worden. Bei der Beurteilung seiner Schriften wird von den Forschern zum einen auf Speranskijs „Mystizismus“ und die Option auf ein „inneres Christentum“ hingewiesen, ebenso auf die in ihnen enthaltenen Begriffe wie „Antichrist“, „vollkommenes System des falschen Christentums“, geschaffen vom „Fürsten der Finsternis“, ohne „inneres Fasten“, ohne „geistliches Gebet“, ohne „Frieden des Geistes“, ohne das „lebendige Gotteswort“ und anderes mehr aufmerksam gemacht, während Speranskij in der ehemaligen sowjetischen Sozialphilosophie vor allem als „Vertreter des liberalen Adels“[11] galt. Das heißt in beiden Stellungnahmen blieb die Frage unbeantwortet, wie Speranskij religiösen Mystizismus und aufgeklärtpolitischen Liberalismus in sich zu vereinen vermochte. Wichtiger erscheint freilich festzustellen, dass im Denkgebäude des russischen Aufklärers, Liberalen und Freimaurers Michail Speranskij erstmalig die Idee der *Christianisierung des sozialen Lebens*[12] auftauchte.

Nach seiner Weihe zum Freimaurer hielt Speranskij engen Kontakt zu Feßler, Kollegienrat Johann Justus v. Riesenkampff und mehreren deutschen Professoren, die an den neuen Universitäten des Zarenreiches lehrten.[13] Riesenkampff, Glied der Großloge *Asträa* in St. Petersburg und Altmeister der nach altenglischer Regel arbeitenden Loge *Isis* in Reval, hatte sein Petersburger Haus zur Freimaurerzentrale des Russischen Reiches ausgebaut, in dem auch Feßler häufig anzutreffen war. Dieser arbeitete für Speranskij nicht nur einen Plan zur Vereinigung der verschiedenen Freimaurerlogen aus, sondern verfasste in Gemeinschaft mit Riesenkampff auch einen umfangreichen Bericht über die Petersburger Logen, in dem auch ein geschichtlicher Rückblick auf die Logengeschichte in Russland gegeben wurde. In dieser Übersicht erklärten die beiden Vertreter, es seien ihnen allein mindestens fünfzig Grade französischer Systeme bekannt geworden, die mehr oder weniger lediglich Modifikationen der neuenglischen Freimaurerei darstellten. Auch in Deutschland gebe es ebenso viele Beispiele freimaurerischer Unvernunft und Verwirrungen menschlichen Geistes. Um dies alles sichtbar zu machen, müsste man ganze Bände füllen. Es sei daher hoch an der Zeit, diese Missbräuche zu beseitigen.

Die Aufzeigung des Wesens der *wahren Freimaurerei* setzte sich Feßler in seinem sechsundvierzig Seiten umfassenden handschriftlichen Traktat *Das Freimaurerwesen der Loge Royal zur Freundschaft*[14] zum Ziel. Wie erwartet traten nach Bekanntwerden des Schriftstücks Feßlers freimaurerische Widersacher auf den Plan, angeführt von Böber, der sich an den Großmeister der Großen Loge von Deutschland in Berlin, den Professor für Mathematik Friedrich Castillon-Salvemini, um Unterstützung wandte. Ungeachtet des negativen Pauschalurteils und der Vorwürfe, die Castillon in seinem Antwortschreiben an Böber[15] erhob, und dessen Bemühungen, die russischen Logen unter seiner Leitung zu einer großen Provinzialloge zusammenzuschließen, scheiterte die gegen Feßler in Gang gesetzte Aktion. Die Großloge *Asträa*, die Feßler gewogen war, überflügelte bei weitem Böbers Große Provinzialloge. Feßler selbst scheint nicht Mitglied der *Asträa* gewesen zu sein. Vielleicht hat er sich nach den von Speranskij angeforderten Berichten nicht mehr aktiv in russischen Logen betätigt oder sich überhaupt nicht mehr mit der Freimaurerei befasst. Nur der Loge *Zu den drei Bergen* in Freiberg gehörte er noch bis 1822, das heißt bis zum Verbot der Freimaurerei in Russland, an.

Bereits vor dem Weggang von Berlin hatte Feßler alle möglichen Schritte unternommen, um eine neue Stelle zu finden. Dabei träumte er vor allem von einer Professur an einer süddeutschen Universität; zur Not wäre er freilich auch an die weniger begehrten Universitäten Chaŕkov und Kazań gegangen. Erst gegen Ende seiner Berliner Zeit, als bereits der Ruf aus St. Petersburg bekannt geworden war, zeigten sich Christoph Wilhelm Hufeland, Wilhelm v. Humboldt und selbst Königin Luise bemüht, Feßler in Preußen zu halten, von dessen Schülern bereits einige – Peter Dmitrievič Lodi, Ivan Semënovič Orlay und Kukolnik – im Zarenreich zu Amt und Würden gekommen waren. Doch Feßler verlangte nach wie vor eine ordentliche Professur in Berlin, Breslau oder Frankfurt an der Oder. Durch Übersteigerung seiner Forderungen zerschlugen sich schließlich alle seine Berliner Pläne.

In St. Petersburg angelangt, hatte er sich sogleich der umfangreichen Arbeiten angenommen, die ihm aufgetragen worden waren. Aber auch hier hielt er es nicht lange aus. Er zog es vielmehr vor, bereits nach einjähriger Tätigkeit Anfang Februar 1811 die russische Hauptstadt wieder zu verlassen und sich in den Randgebieten des weiträumigen Russischen Reiches mit ihren starken deutsch-evangelischen Bevölkerungsgruppen eine neue Existenz aufzubauen. Am Ende seiner Odyssee kehrte er nach St. Petersburg zurück, um dort sein Leben zu beschließen. Auf den letzten Seiten seiner autobiographischen *Rückblicke* hat der ehemalige Freimaurer Feßler von sich und seinem Leben bekannt: „Die Erfahrungen an mir selbst und an Anderen haben mir die Überzeugung aufgedrungen, daß die kräftigsten Mittel, auf Menschenleben zu wirken, größtenteils in dem Gebiete des Gefühls liegen, und daß in dem Menschen die Richtigkeit seines Verstandes, die Antriebe zur Tugend und der Reinheit, Wärme und Stärke seines religiösen Gefühls in dem genauesten Verhältnisse stehen, mithin durch die Anregung, Verstärkung und Begeisterung desselben unfehlbar auch alle übrigen Zwecke erreicht werden."[16]

Als Ignaz Aurelius Feßler sich von St. Petersburg aus an die Wolga zu den dortigen deutschen Kolonisten begab, stellte die russische Reichs- und Residenzstadt an der Neva bereits den Anziehungspunkt der Freimaurerei schlechthin dar. Von den etwa dreißig Logen der beiden Großlogen-Verbunde wirkten in den letzten Jahren der Regierung Alexanders I. die meisten Logen – zwölf in der Hauptstadt, zwei in Moskau, zwei in Reval, die übrigen in den Provinzstädten. Die von den russischen Historikern bereits vor der Revolution veröffentlichten zeitgenössischen gedruckten und handschriftlichen Dokumente und Materialien, Memoiren, freimaurerischen Werke und Logenverzeichnisse aus russischen Archiven, deren Zahl durch Erschließung weiterer einschlägiger Quellen in absehbarer Zeit hoffentlich vermehrt werden kann, machen es möglich, sich wenigstens in beschränktem Umfang auch über das Innenleben der Freimaurerei unter Alexander I. zu äußern. Von den Logen dieses Zeitraums arbeiteten in den letzten Jahren zehn in deutscher, drei in französischer, zwei in polnischer und elf in russischer Sprache. Daneben wirkten ebenso zweisprachige Logen, nämlich zwei französisch-russische, je eine deutsch-polnische und eine französisch-polnische Loge. Davon bestanden allein in St. Petersburg fünf russische, vier deutsche und zwei französische Logen sowie eine französisch-russische Loge.

Die erhaltenen Mitgliederverzeichnisse verdeutlichen die bunte Gesellschaft, die sich in den Logen zusammengefunden hatte. Außer der großen Anzahl von russischen Aristokraten, Militärs, Beamten, Angehörigen der *Intelligencija* und anderer Bevölkerungsschichten verkehrten auch ausländische Fürsten und Adlige anderer Ränge, Staatsmänner, Diplomaten und Vertreter verschiedener Berufsgattungen in den freimaurerischen Gesellschaften und Clubs. Ebenso fehlte es nicht an Fabrikbesitzern, Kaufleuten, Handwerkern und anderen Professionisten.

Anmerkungen

1 Die umfangreiche Schröder-Forschung kann hier nicht dokumentiert werden. Vgl. Thomas Richert, Friedrich Ludwig Schröder, ein freimaurerischer Reformer, in: Freimaurerische Wende vor 200 Jahren. 3. Internationale Tagung der Wissenschaftlichen Kommission zur Erforschung der Freimaurerei in Köln, hrsg. von Helmut Reinalter, Bayreuth 1998, S. 77-85; Wilhelm Hintze, Friedrich Ludwig Schröder. Der Schauspieler - Der Freimaurer, Hamburg 1974; Karl Fritz Heise, Friedrich Ludwig Schröder, in: Quatuor Coronati, Jahrbuch 1982, Nr. 19, S. 45-58; Carl Wiebe, Das Schrödersche Ritual und Herders Einfluß auf seine Gestaltung, Hamburg 1904. Vgl. jetzt auch Klaus Hammacher, Deutsche Freimaurerei um 1800, in: Zeitschrift für Internationale Freimaurerforschung 2(2000), Heft 3, S. 87-94.

2 Jena 1815.

3 Rudolstadt 1803.

4 Wiebe, Ritual (wie Anm. 1).

5 Hintze, Schröder (wie Anm. 1), S. 7.

6 Auch hier seien nur einige wichtige Arbeiten genannt, so das grundlegende Werk von Peter F. Barton: Ignatius Aurelius Feßler. Vom Barockkatholizismus zur Erweckungsbewegung, Wien, Köln, Graz 1969; derselbe, Feßler, in: Jahrbuch der Gesellschaft für die Geschichte des Protestantismus in Österreich 80 (1964), S. 3-46; 81 (1965), S. 13-120; derselbe, Feßler. Vom ungarischen Kapuziner zum Bischof der Wolgadeutschen, in: Kirche im Osten 7 (1964), S. 107-143; Alfred Trenton, Die Fesslersche Nomenklatur, in: Quatuor-Coronati-Hefte Nr. 11 (1974), S. 41-47; Florian Maurice, Freimaurerei um 1800. Ignaz Aurelius Feßler und die Reform der Großloge Royal York in Berlin, Tübingen 1997 (Kurzfassung, in: Freimaurerische Wende (wie Anm. 1), S. 67-75. Siehe auch: Dr. Fesslers Rückblicke über seine siebzigjährige Pilgerschaft, 2. Auflage, hrsg. von Friedrich Bülau, Leipzig 1851.

7 Feßler, Rückblicke (wie Anm. 6).

8 Marc Raeff, Michael Speransky. Statesman of Imperial Russia, 2. Auflage The Hague 1969; Peter Scheibert, Marginalien zu einer neuen Speranskij-Biographie, in: Jahrbücher für Geschichte Osteuropas 6 (1958), S. 449-467; Christian Meiske, Michael M. Speranskij, in: Erich Donnert (Hrsg.), Echo und Wirkungen der Französischen Revolution bei den slawischen Völkern und ihren Nachbarn, Frankfurt/Main u. a. 1996, S. 103-108; V. L. Poljakov, O neizvestnoj zapiske M. M. Speranskogo., in: Vestnik Leningradskogo Universiteta Nr. 2 (1982), S. 25-29; Peter Scheibert, Eine Denkschrift Speranskijs zur Reform des Russischen Reiches aus dem Jahre 1811, in: Forschungen zur osteuropäischen Geschichte 7 (1959), S. 26-28; Georg Sacke, M. M. Speranskij. Politische Ideologie und reformatorische Tätigkeit, in Jahrbücher für Geschichte Osteuropas 4 (1939), S. 331-350. Ansonsten: M. M. Speranskij, Projekty i zapiski, Moskau-Leningrad 1961. Jetzt: V.I. Morozov, Gosudarstvenno-pravovye vzgljady M.M. Speranskogo, St. Petersburg 1999, S. 158 ff. und passim.

9 Zitiert nach Pypin: Geistige Bewegungen, Bd. 1, S. 445.

10 Goerdt, Russische Philosophie, Bd. 1, S. 230 ff.

11 Ebenda, Bd. 2, S. 121-145, Bd. 1, S. 230-231.

12 Ebenda, Bd. 1, S. 232.

13 Darauf kann an dieser Stelle nicht näher eingegangen werden. Vgl. Robert Adolf Klostermann, Speranskijs Sturz in L. H. Jakobs „Denkwürdigkeiten“, in: Archiv für Kulturgeschichte 23 (1933), S. 217-233; Georg Sacke, L. H. V. Jakob und die russische Finanzkrise am Anfang des 19. Jahrhunderts, in: Jahrbücher für Geschichte Osteuropas 3 (1938), S. 601-619; Horst Röhling, Zu hallischen Rußlandbeziehungen in der Napoleonzeit, in: Wissenschaftliche Zeitschrift der Universität Leipzig. Gesellschafts- und Sprachwissen-schaftliche Reihe 6 (1956/57), S. 397-403.

14 Barton, Feßler und die Erweckungsbewegung (wie Anm. 6), S. 456. Vgl. auch Pypin, Quellen, S. 66 ff.

15 Pypin, Quellen, S. 69-73.

16 Feßler, Rückblicke (wie Anm. 6), S. 261 f.

Vielfalt der maurerischen Rituale und Wirksamkeit von Symeon Hamaleja, Ivan Lopuchin, Maksim Nevzorov und Grigorij Pochodjašin

Den deutschen Freimaurern Schröder, Feßler und anderen, die sich an die Spitze der freimaurerischen Reformbewegung in Europa stellten, ging es vorrangig um eine Modifizierung der Logenverfassung, des Rituals, um eine Anpassung der freimaurerischen Arbeit an die Strömungen der Zeit und einen zielbewussten Aktivismus, ohne freilich gewachsene Traditionen über Bord zu werfen. Wie aus den zur Verfügung stehenden Quellen hervorgeht, hatte sich in Russland im Gewirr der Auseinandersetzungen nun auch der Staatsrat und Freimaurer Dr. Johann David Georg v. Ellisen den von Schröder und Feßler vertretenen Systemen zugewandt und in einem ausführlichen Schreiben an den *Hochwürdigen Bruder Böber* vom 6. Juli 1814[1] um dessen Unterstützung gebeten. In dem Brief ging Ellisen mit der Praxis der Hochgrade streng ins Gericht, bezeichnete sie als „Märchen" und „Verirrungen" und vermeintliche Freimaurer wie Hund, Zinnendorf, Schröpfer, Starck, Wöllner und andere als Scharlatane.

Unter den Logen, die sich mit der Direktorialloge *Vladimir* vereinigt hatten, gab es auch solche, die nach dem französischen Ritual wirkten. Daraus wurde deutlich, dass die französischen Gemeinschaften der Zeit Alexanders I. ihre früheren Beziehungen, die sie im 18. Jahrhundert zum *Großen Orient Frankreichs* unterhalten hatten, wieder anknüpfen bzw. neu anbahnen konnten. Die im Gefolge des Einflusses, die Schröders Lehrart auf die russische Maurerei ausübte, entstandene Großloge *Asträa* erlangte in den Maurersystemen des Zarenreiches alsbald die Oberhand. Das von der Regierung gebilligte Statut der Großloge stützte sich auf folgende Grundregeln: Toleranz gegenüber allen anerkannten Systemen; völlige Gleichheit der Vorstände der einzelnen Logen in der Großloge; Berufung in Logenämter durch jährliche Wahlen und Nichteinmischung der Großloge in die Vergabe von Graden.

Unter der Leitung von Graf Musin-Puškin-Brjus breitete sich nach der Einführung des neuen Statuts der Einfluss der *Asträa* immer weiter aus. Bereits 1817 gehörten ihr zwölf Logen an, darunter eine im Hauptquartier des russischen Okkupationsgebiets, das in Frankreich stationiert war. Im Jahre 1820 wählten die Mitglieder der *Asträa* den alten Maurer General Evgenij Andreevič Kušelev zu ihrem Großmeister, der sowohl ein Gegner der neuen Richtungen als auch der Martinisten und Illuminaten war. Kušelev sah das Heil darin, die beiden rivalisierenden Großlogen wieder zu vereinen und nach christlichorthodoxen Maximen auszurichten. Jede andere Art von Maurerei führe nach seiner Meinung zum Atheismus. Um in seinem Vorhaben die Unterstützung des Kaisers zu erlangen, reichte er diesem mehrere Denkschriften ein, in denen er die Forderung erhob, die Logen auf biblischer Grundlage in einem Verbund zusammenzufassen. Falls sich dies als nicht möglich herausstellte, sollte man die Logen zu staatsgefährdenden Einrichtungen erklären und auflösen.

1820/21 zählte die *Asträa* 24 Logen, die in Kiev, St. Petersburg, Moskau, Poltava, Žitomir, Simbirsk, Tomsk und in anderen Städten des Russischen Reiches tätig waren. Über ihr Wirken in den darauf folgenden Jahren fehlen genauere Angaben. Fest steht, dass mehrere der genannten Logen nicht mehr existierten. Lediglich von der alten Direktorialloge (oder Provinzialloge) ist bekannt, dass im Jahre 1819 noch einzelne Logen in St. Petersburg, Odessa, Vologda und Moskau existierten, die zum Verbund der Mutter-Großloge gehörten. Ungeachtet der Dominanz der Großloge *Asträa* gab es außerhalb des Verbunds nicht wenige Anhänger der alten Ritterorden und Rosenkreuzer, wenn auch in veränderter Form. So befanden sich unter den Ehrenmitgliedern der Großloge selbst ehemalige Mitglieder von Maurergemeinschaften des ausgehenden 18. Jahrhunderts, Gesinnungsgenossen und Schüler Novikovs und andere.

Die Vertreter der alten Freimaurergeneration nahmen jetzt freilich weniger Einfluss auf das philanthropische und pädagogische Wirken der einzelnen Logen, sondern traten in der Regel als Literaten hervor, wobei sie ihre persönlichen Beziehungen zu einflussreichen Aristokraten nutzten, von denen sie Unterstützung erwarteten. Zu ihnen, die eifrig schrieben und übersetzten, gehörte der ukrainische Freimaurer und Freund Novikovs, Symeon Ivanovyč Hamaleja.[2] Sohn eines Geistlichen aus der Umgegend von Poltava, bezog Hamaleja nach dem Tod des Vaters 1755 die Kiever Akademie, an der er zehn Jahre studierte, wobei er sich vornehmlich der Philosophie und Theologie zuwandte. 1765 zählte ihn bereits die St. Petersburger Geistliche Akademie zu ihren Zöglingen. Als junger *Bursak* (Staatsstipendiat) aus dem niederen Volk war Hamaleja gehalten, in einem billigen Mietquartier zu leben und als solcher seinen Studien nachzugehen. Genaueres über Hamalejas Arbeiten an der genannten Akademie ist nicht bekannt. Offensichtlich hat er sich bereits in dieser Zeit mit Übersetzungen westlicher theologischer und philosophischer Schriften befasst und scheint zu jenem Kreis von Studierenden gehört zu haben, die gegen die an der Geistlichen Akademie herrschenden schlechten Studienbedingungen protestierten.

Fest steht, dass Hamaleja seinen Aufenthalt in St. Petersburg dazu nutzte, um seine philosophischen Kenntnisse und Ansichten zu vertiefen und sich dabei eingehender mit der Leibniz-Wolffschen Philosophie befasste, wie sie in den Lehrbüchern von Friedrich Christian Baumeister, die in Moskau auch in russischer Sprache erschienen, verbreitet wurden. Nach der Beendigung seiner Studien an den Geistlichen Akademien zu Kiev und St. Petersburg betätigte sich Hamaleja seit Ende der Sechzigerjahre am St. Petersburger Seekadettenkorps als Lehrkraft und trat gleichzeitig als Autor mehrerer freimaurerischer

Schriften hervor. Seine pädagogische Tätigkeit am Kadettenkorps sollte freilich nicht lange währen. Bereits um 1775 trat Hamaleja in den Dienst des Grafen Zachar Grigoŕevič Černyšëv, des Gouverneurs von Weißrussland, in dessen Kanzlei er wichtige Funktionen bekleidete. Als der Graf 1782 den Posten des Oberkommandierenden von Moskau übernahm, folgte ihm Hamaleja dorthin, um sich schließlich nach dessen Tod ganz der masonischen Sache zu widmen.

Als Freimaurer strahlte Hamaleja Herzensgüte aus, die mit tiefer Religiosität gepaart war, was er auch im Umgang mit seinen Leibeigenen in Weißrussland, die ihm für seine treuen Dienste geschenkt worden waren, zum Ausdruck brachte. In jungen Jahren in Moskau mit Novikov und Schwarz bekannt geworden, hatte Hamaleja mit ganzer Kraft das Wirken der von den beiden Rosenkreuzern ins Leben gerufenen Vereinigungen, so der *Gelehrten Freundesgesellschaft* und der *Typographischen Compagnie*, unterstützt und den Kauf von Häusern mitfinanziert, die den Freimaurern als Domizile dienten. Als Mitglied des Moskauer Rosenkreuzerordens befasste sich Hamaleja insbesondere mit der Übersetzung von Grundwerken der deutschen Mystik und der Einrichtung neuer Logen in den Provinzstädten des Russischen Reiches, so in Kazań, Mogilëv und Tula, wo er als Großmeister amtierte. Besondere Verdienste erwarb er sich auch als intimer Berater Novikovs und geheimer Verbindungsmann zum Kreis um den Thronfolger Paul. Im Zusammenhang mit der Aburteilung Novikovs und der Verfolgung der Moskauer Rosenkreuzer auf Geheiß Katharinas II. hatte Hamaleja Zuflucht in Novikovs Heimatdorf Tichvinskoe gefunden, wo er nahezu dreizehn Jahre verbrachte. In dieser Zeit fertigte er von fast allen Werken Jakob Böhmes handschriftliche Übersetzungen an, die zunächst als solche in Umlauf gebracht und ausgiebig benutzt wurden, später zum Teil auch im Druck erschienen. In seinen Tichvinskoer Jahren führte der verarmte Hamaleja das Leben eines Asketen und mystischen Suchers, wie auch aus seinen Briefen bekannt ist. Er starb als vereinsamter Mann im Jahre 1822.

Ein anderer Gefolgsmann und Freund Novikovs war der bereits genannte Ivan Vladimirovič Lopuchin[3], ein Sprössling der bekannten Aristokratenfamilie, der Peters des Großen erste Gemahlin Evdokija Fëdorovna Lopuchina (1670-1731) entstammte. Die berühmte Abkunft verschaffte dem jungen Lopuchin von vornherein die besten Aussichten auf eine rasche Karriere. Als Träger eines großen Namens amtete der Vater als Gouverneur von Kiev, und sein Sohn Ivan diente als Oberst bei der Garde. 1782 nach Moskau gekommen und Mitglied der dortigen Kriminalkammer geworden, lernte er den deutschen Gelehrten Johann Georg Schwarz kennen, der den russischen Aristokraten für die Mitarbeit an der von ihm und Novikov gegründeten *Gelehrten Freundesgesellschaft*, des *Übersetzerseminars* und der an der Moskauer Universität eingerichteten Druckerei gewann, die Novikov als Pächter zusammen mit seinen freimaurerischen Freunden betrieb, denen sich auch Lopuchin angeschlossen hatte. Mitglied des Moskauer Freimaurerdirektoriums geworden und in den Rang eines Staatsrats erhoben, nutzte Lopuchin seine Beziehungen, die er zum Moskauer Stadtkommandanten General Graf Jakov Alekseevič Brjus unterhielt, um der masonischen Bewegung weiteren Einfluss zu sichern. Um sich der Maurerei gänzlich widmen zu können, quittierte er bereits 1785 den Staatsdienst.

Ein besonderes Anliegen war ihm dabei, seine Unterstützung der verlegerischen und buchhändlerischen Tätigkeit Novikovs zu verstärken, die einigen Freimaurern, die aus vornehmen Familien stammten, anstößig erschien, wie aus Lopuchins Brief an seinen Freund Aleksej Michajlovič Kutuzov vom Jahre 1790 hervorging, der sich in dieser Zeit in Berlin im Kreise der dortigen Rosenkreuzer aufhielt. In ihm hieß es: "Einige [adlige] Brüder haben mir gesagt, es sei doch eine Schande, wenn ein Adliger mit Brüdern in der Apotheke Handel treibt! [...] Aber wie kann man ihm [Novikov – E. D.] das als Schande anrechnen, wenn man den Handel mit der Branntweinpacht und den Verkauf von Rekruten nicht als Schande betrachtet? Ich sagte, meiner Meinung nach gebe es keinen Handel, der ehrenhafter im strengsten Sinne des Wortes sei, als der mit Brüdern in der Apotheke."[4]

Hatte Lopuchin in jungen Jahren sichtlich dem Liberalismus gefrönt und sich für Voltaire, Rousseau und Holbach begeistert, so änderte er bald seine Einstellung. 1780 ließ er die polemische Schrift *Über den Missbrauch der Vernunft* erscheinen, in der er sich als kämpferischer Rosenkreuzer zu erkennen gab. Lopuchin wurde der große Erbauungsschriftsteller des Novikov-Kreises. Zu den wichtigsten Programmschriften der masonischen Gruppe, zu der er gehörte, zählten auch seine Werke *Die innere Kirche* und *Der geistliche Ritter*. In seinen Schriften und Briefen hielt Lopuchin nunmehr mit den *philosophes* scharfe Abrechnung. So stellte er in seinem erwähnten Schreiben an Kutuzov von 1790 fest, dass die Werke Voltaires und der anderen Freidenker das „jetzige irrsinnige Verhalten“ Frankreichs maßgeblich gefördert hätten, worauf ihm sein Gesinnungsfreund Kutuzov mit den Worten beipflichtete, dass die Monarchen sich an den Werken Voltaires und anderer gleich gesinnter Philosophen lediglich ergötzten und diesen ihre Gunst bezeugten, ohne zu wissen, damit eine Schlange an ihrem Busen genährt zu haben. Jetzt sähen die gekrönten Häupter die Folgen, könnten sie aber nicht mehr rückgängig machen.[5] Diese Kritik richtete sich auch gegen Katharina II.

Die auf Allerhöchstem Befehl angeordnete Auflösung der von Novikov und seinen Gesinnungsgenossen gegründeten freimaurerischen Organisationen und Einrichtungen brachten außer diesen selbst, Fürst Nikita Trubeckoj und Ivan Petrovič Turgenev nicht zuletzt auch den Moskauer Rosenkreuzer Lopuchin in arge Mitleidenschaft. Den genannten wurde zwar die Festung erspart, sie mussten sich jedoch auf ihre Dörfer zurückziehen. Besonders hart traf es Lopuchin, der seine Gelder in Novikovs *Typographische Compagnie* gesteckt hatte, die jetzt der Konfiskation verfiel. Jedoch hielt das von hohen Schulden gekennzeichnete Dasein Lopuchins nicht allzu lange an, ließ der neue Kaiser Paul doch 1796 die von Katharina II. verfolgten Novikov, Lopuchin und Turgenev, wie auch die Fürsten Kurakin, Trubeckoj und Repnin wieder in ihre Ämter einsetzen.

1796 nach Moskau zurückgekehrt, begann für den nunmehrigen Senator Lopuchin ein neuer Lebensabschnitt, der zwanzig Jahre andauern sollte. Als Senator revidierte er im

Auftrag des Herrschers die Gouvernements Kazań, Vjatka und Orenburg sowie danach unter Alexander I. auch die Sloboder Ukraine, die Krim sowie die Gouvernements Tula, Kaluga, Vladimir und Orël. Im russischen Freimaurerschrifttum des beginnenden 19. Jahrhunderts nahmen die Werke von Ivan Vladimirovič Lopuchin einen zentralen Platz ein. Zu ihnen gehörten auch seine Memoiren, die *Zapiski* (Aufzeichnungen), die in den Jahren 1808/09 entstanden. Sie haben vor allem Lopuchins beeindruckende Karriere als Richter und hoher Beamter zum Gegenstand.

Lopuchins freimaurerische Autobiographie[6] macht den Konflikt deutlich, der sich zwischen geforderter Innerlichkeitsdarstellung einerseits und tatsächlicher Beschränkung auf biographische Tatsachen andererseits ergab. Häufig kündigten die masonischen Autoren in der Einleitung zu ihren Autobiographien Selbstbeobachtung und Selbsterkenntnis an, verfielen dann aber bei der Beschreibung des eigenen Lebens in das Muster der Dienstbiographie. Obwohl damit der Versuch der Freimaurer, eine biographische Alternative zur petrinischen Rangtabelle einzuführen, letztlich an deren Servilität scheiterte, hat die masonische Bewegung in Russland eine enorme Wirkungskraft entfaltet. Allein schon die Tatsache, dass die offizielle Norm durch ein anderes Modell herausgefordert wurde, darf im Gesellschaftssystem des autokratischen Russlands nicht unterschätzt werden. Neben das von Gesellschaft und Institutionen anerkannte Lebensmuster trat eine neue biographische Variante, die, wenn auch wenig genutzte, erweiterte Diskussionsmöglichkeiten bot.

So kam auch in Lopuchins Autobiographie der freimaurerischen Introspektion ein recht marginaler Stellenwert zu. Der Autor nannte zwar die Ziele und die Ideologie der Freimaurer, seine Erzählungen freilich waren kaum mehr als ein lebloses Raisonnement. Um seiner Aufgabe als Maurer dennoch nachzukommen, beschloss Lopuchin nach der Einschaltung eines ganzen masonischen Katechismus seine Autobiographie mit der Vision einer glückseligen, in Gott vereinten Menschheit:

Frage: Wann wird alle Mühe und Arbeit enden?

Antwort: Wenn auf der Erde kein einziger Wille mehr existiert, der sich nicht vollkommen Gott anvertraut; wenn das Goldene Zeitalter, das Gott erst innerlich in seinem kleinen auserwählten Volk errichten will, sich überall verbreitet und auch äußerlich erscheint, und wenn das Reich der Natur sich von allem Fluch befreit und in den Mittelpunkt der Sonne zurückkehrt.[7]

Das Mittel zur Wiederherstellung des Paradieses liegt nach Lopuchin in der Erkenntnis Gottes, die mit der Selbsterkenntnis einsetzen muss. Die logische Voraussetzung der stufenweise aufsteigenden Erkenntnis besteht in der Konzeption des Menschen als Mikrokosmos. Der Mensch ist nichts anderes als ein Analogon des gesamten Weltenbaus, der seinerseits die Herrlichkeit Gottes offenbart. Wörtlich heißt es dazu in Lopuchins spirituellem Werk *Der Wahrheitssucher oder der Geistige Ritter* vom Jahre 1791:

Frage: Was ist der Mensch?

Antwort: Eine kleine Welt, denn er ist eine Ableitung, ein Extrakt aus allen Wesen: und deshalb ist er der Großen Welt ähnlich. Gott selbst ist er ähnlich durch seine vernünftige Seele, die göttlich mit dem lebendigen himmlischen Geist verschmolzen ist, der den aus den Elementen gebauten menschlichen Körper lenkt.[8]

Die Titelmetapher des *Geistigen Ritters* (*Duchovnyj Rycař*) bezeichnet präzise die freimaurerische Konzeption der Selbsterkenntnis. Das Ich muss sich zu einem Kreuzzug aufmachen und in die eigene unbekannte Innerlichkeit ziehen. Der heimatliche Held auf der Suche nach sich selbst ist das zentrale Thema freimaurerischer Selbsterkenntnis. Als Ziel steht den Freimaurern somit die vollständige Umgestaltung der eigenen Identität vor Augen. „In diesem Sinne ist ihre Ich-Konzeption zugleich eine Anti-Ich-Konzeption".[9] In Lopuchins Traktat *Einige Bemerkungen über die innere Kirche, den einzigen Weg der Wahrheit und über verschiedene Wege der Verirrung und des Verderbens* schilderte Lopuchin den asketischen Weg vom alten zum neuen Ich auf metaphernreiche Weise.[10] Ein hervorstechendes Merkmal von Lopuchins Selbstverständnis liegt in seiner an Servilität grenzenden loyalen Haltung gegenüber der zarischen Macht, die in Gestalt Katharinas II. nach der Französischen Revolution die Verfolgung der Freimaurerei in Russland einleitete, alle Logen schließen sowie Radiščev, Novikov und andere aburteilen ließ. Im Zuge der zahlreichen Verhöre wurde auch Lopuchin vernommen, jedoch straffrei entlassen.

Die russische Kaiserin selbst hat sich mehrmals über die masonische Bewegung in ihrem Reich beklagt und dabei festgestellt: „Die Freimaurerei ist eine der größten Verirrungen, der die Menschheit je erlegen ist. Ich hatte die Geduld, all ihren Unsinn, mit dem sie ihre Sache befördern, sowohl im Druck wie in Handschriften zu lesen, auch ich habe mit Widerwillen erkannt, dass sie sich weigern, weiser, aufgeklärter oder vorsichtiger zu werden, gleichviel wie sehr man sie verspottet. Die Freimaurerei ist reiner Humbug, und man wundert sich, weshalb ein empfindsamer Mensch, der von allen verlacht wird, immer noch an seinen Illusionen festhält. Wenn es nach mir ginge, so würde ich all diese Dummheiten dem Vergessen anheim geben. Ich kann nicht verstehen, wie Menschen einen solchen Unsinn aushalten können oder wie die Freimaurer das Lachen unterdrücken können, wenn sie sich treffen. Ich bin durch ihren dummen Unsinn gewatet, der mich mit reichem Material versorgt hat, mich hundert Mal am Tag über sie lustig zu machen."[11]

Auch Lopuchin ist einer Äußerung über die von der Zarin veranstalteten Freimaurerprozesse nicht ausgewichen, und er hat diese Vorkommnisse in der Rückschau in ein recht mildes Licht getaucht. So meinte er: „Wir waren natürlich unschuldig; aber die Zarin hielt uns im höchsten Maß für schuldig auf Grund ihrer allgemeinen Überzeugung, vor der sich kaum ein Sterblicher verstecken kann; und von welch undurchdringlichen Wänden auch immer die Wahrheit verborgen bleibt, dem Einzigen Allessehenden ist sie immer bekannt. Und wenn man in Betracht zieht, daß wir nach den Begriffen der Zarin Schwerverbrecher waren, so muß man gerechter Weise zugestehen, daß Katharinas Gericht über uns äußerst mild ausfiel; und ihre jahrelange Unentschlossenheit zu diesem Schritt zeugt von erstaunlicher Selbstbeherrschung und Sanftmut."[12]

Obwohl Staatstreue im Ehrenkotex der russischen Freimaurer festgeschrieben war, gab es einige Punkte, in denen sich das *masonstvo* mit der im Zarenreich bestehenden Ordnung als unvereinbar erwies. Der tiefgreifendste Konflikt entzündete sich an der Frage der *Gleichheit* der Menschen. Während die gesellschaftliche Hierarchie eine der Säulen des autokratisch gelenkten Staates darstellte, beruhte der freimaurerische Humanismus auf der Grundidee der *Brüderlichkeit.* Mit diesem Dilemma hatte sich auch der *mason* und Staatsmann Lopuchin auseinander zu setzen. Wie sich zeigte, bevorzugte dieser im Konfliktfall die Loyalität. Bei seiner unorthodoxen Lösung der Gleichheitsfrage kam ihm dabei die freimaurerische Kosmologie zu Hilfe, begriff Lopuchin doch die Gesellschaftshierarchie als getreues Abbild des ungleichen Weltenbaus. In diesem Sinne schrieb er am 14. Oktober 1790 aus Moskau an Aleksej Michajlovič Kutuzov: „Weißt du, Bruder, was kluge Köpfe sich neuestens über unsere Bücher und über unser System ausgedacht haben? Daß sie die égalité des conditions einführen. Was für ein Unsinn! Wo wird deutlicher und grundlegender über die Notwendigkeit einer Regierung, über die Unterwerfung, über die Unterordnung gesprochen als in der christlichen Lehre?“[13]

Es war somit die *gottgegebene Ungleichheit*, die nach Lopuchin auch die Freiheit ausschloss. So rechtfertigte er in seinen *Zapiski* im Namen des Gemeinwohls auch die in Russland bestehende Leibeigenschaft mit dem Bemerken: „Ich füge hinzu, da ich vermutlich als erster wünschte, daß es in Rußland keinen einzigen unfreien Menschen mehr gäbe, wenn dies nur ohne Schaden für Russland möglich wäre. Aber das Volk muß in seinem eigenen Interesse gezügelt werden.“[14] Dieselbe Argumentation findet sich an anderen Stellen von Lopuchins Schriften. Ein markantes Beispiel hierfür stellt Lopuchins Traktat *Duchovnyj Rycaŕ* dar, in dessen Einleitung es programmatisch heißt: „Unerschütterliche Treue zum Zaren und Unterordnung, mit einer besonderen Verpflichtung zur Erhaltung seines Throns, [...] Abwendung von allem ihm verborgen und offen Entgegenstehendem, vor allem in den jetzigen Zeiten des Höllischen Aufruhrs gegen die staatlichen Gewalten. [...] Vollständige Unterordnung unter die offiziellen Regierungsorgane und beispielhafte Befolgung der Staatsgesetze. [...] Abwehr des aufrührerischen und verderbenden Systems einer vermeintlichen Freiheit und Gleichheit durch jeden Einzelnen und [...] Bestreben, es mit allen erdenklichen Mitteln der Verstandestätigkeit und auf jegliche gute Weise auszurotten.“[15]

Den einzigen Grundwert der Französischen Revolution[16], den Lopuchin von seiner Verdammnis ausnahm, war die *Brüderlichkeit.* Jedoch zeigte er sich zugleich bemüht, die Freimaurer deutlich von den Jakobinern abzusetzen und sie als deren direkte Opponenten darzustellen: „All dies [die Verleumdungen der Freimaurerei – E. D.] verstärkte sich noch mit dem Ausbruch der Revolution in Paris im Jahr 1789. Dieses Ereignis wurde damals geheimen Gesellschaften und philosophischen Systemen zugeschrieben; der Fehler in diesem Schluß bestand darin, daß sowohl jene Gesellschaften als auch jene Systeme den unseren überhaupt nicht ähnlich waren. Das Ziel unserer Gesellschaft war die Tugend und das Bemühen, Vollkommenheit durch Selbstverbesserung zu erreichen [...] – und unser System war, daß Christus Anfang und Ende aller Glückseligkeit und Güte in diesem und dem künftigen Leben sei. Das System jener Philosophie hingegen bestand in der Ablehnung Christi, im Zweifel an der Unsterblichkeit der Seele, im schwankenden Glauben an Gott und in stolzer, aufgeblasener Selbstliebe. Das Ziel jener Gesellschaften stellte die aufrührerische Verschwörung dar, die von dummem Streben nach Zügellosigkeit und unnatürlicher Gleichheit diktiert war."[17]

Als Staatsmann streng konservativen Zuschnitts lehnte der Humanist, Philanthrop und Freimaurer Lopuchin, der in seiner Wirksamkeit das Grüblerische stets mit dem Tätigen zu verbinden suchte, nicht nur die Todesstrafe, sondern ebenso jedwede Form der Züchtigung von Menschen zeitlebens mit Entschiedenheit ab, wie auch aus seiner umfangreichen Korrespondenz hervorgeht. Er starb 1816 im Alter von sechzig Jahren.

Zur Gruppe der ehemaligen Moskauer Rosenkreuzer gehörten auch Nevzorov und Labzin. Maksim Ivanovič Nevzorov[18], Sohn eines Geistlichen, erhielt seine Grundbildung im Priesterseminar zu Rjazań, die er seit Ende 1779 durch Vermittlung der *Gelehrten Freundesgesellschaft* als einer der ersten Stipendiaten an der Universität Moskau vervollständigen konnte. Hier nahm er vor allem an juristischen und medizinischen Lehrveranstaltungen teil und absolvierte das Fach Rechtswissenschaft mit Auszeichnung. Wohl schon von Novikov zur Übersetzertätigkeit angeregt, machte sich Nevzorov bereits 1785 an die Übertragung eines französischen Werkes, das sich mit den Regeln christlicher Kindererziehung befasste. Während seiner Universitätsjahre stand Nevzorov spürbar unter dem Einfluss Lopuchins und der in seinem Wirkungskreis vorherrschenden masonischen Atmosphäre, von der zu dieser Zeit nahezu die gesamte Bildungsschicht Moskaus ergriffen war.

1788 wurde Nevzorov zusammen mit seinem Kommilitonen Vasilij Jakovlevič Kokol'nikov auf Kosten von Lopuchin zum Medizinstudium ins westliche Ausland geschickt, um dort die notwendigen akademischen Grade zu erwerben, da die Universität Moskau noch nicht das Recht besaß, solche zu vergeben. Dabei waren als Hohe Schulen vor allem die Universitäten Leipzig, Leiden, Paris und Göttingen vorgesehen, an denen sich die beiden jungen Russen immatrikulieren ließen. Am Ende ihres Auslandsaufenthalts trennten sie sich. Kokol'nikov ging von Paris aus nach Leiden und Nevzorov nach Göttingen, wo er sich vor allem zur Naturgeschichte von Professor Johann Friedrich Blumenbach hingezogen fühlte.

Im Februar 1792 traten die beiden Studenten den Heimweg an, der sie über Riga nach Russland führte. Im April desselben Jahres wurde Novikov arretiert und der Moskauer Freimaurerkreis aufgelöst. Im Zusammenhang damit ließ die Kaiserin auch Kokol'nikov und Nevzorov nach ihrer Ankunft in Russland in Gewahrsam nehmen, waren die beiden doch schon wegen ihres Studienaufenthalts in Paris revolutionärer Stimmungsmache und Propaganda verdächtig. So mussten sie sich den von der Herrscherin angeordneten Verhören unterziehen, in denen sie zahlreiche Fragen zu beantworten hatten, die man ihnen vorlegte. Während man mit den Auskünften, die Kokol'nikov gab, anscheinend zufrieden war, entsprachen die Aussagen Nevzorovs nicht den Wünschen der Überprüfungskommission, was dessen Überführung in die Peter-Pauls-Festung zur Folge hatte. Auf Drängen von Ivan Ivanovič Šuvalov, der dem aus Göttingen heimgekehrten Studenten helfen wollte und ihn für unzurechnungsfähig erklären ließ, wurde Nevzorov aus der Festungshaft befreit und in die Psychiatrische Abteilung der Obuchovoer Klinik eingeliefert, wo er sechs Jahre zubringen musste. Dort soll er vom neuen Kaiser Paul besucht worden sein. Nach 1796 aus der Anstalt entlassen, folgte erst zwei Jahre später der herrscherliche Ukas, durch den Nevzorov rehabilitiert wurde und seine volle Freiheit wieder erlangte.

In Lopuchins Haus aufgenommen, wurde Nevzorov Mitglied der dort versammelten Gemeinschaft, zu der neben Novikov Fürst Nikolaj Vasil'evič Repnin, Ivan Petrovič Turgenev, Michail Nikitič Muravëv, Grigorij Maksimovič Pochodjašin und andere Freimaurer gehörten. Diese Gruppe hoch gebildeter Persönlichkeiten übte auf die Geisteshaltung Nevzorovs spürbaren Einfluss aus und regte ihn zu literarischer Tätigkeit an, wie seine Gedichte verdeutlichten. Im Jahre 1800 begleitete Nevzorov Lopuchin auf dessen Visitationsreisen durch die Gouvernements Kazań, Vjatka und Orenburg, der er eine Beschreibung widmete, die 1803 im Druck erschien. Von Alexander Ivanovič Turgenev, der Göttinger Kommilitone von Nevzorov war, an den gemeinsamen Lehrer August Ludwig Schlözer geschickt, wurde das Reisebüchlein von diesem als „treffliches“ Werkchen gewürdigt.[19]

Im Januar 1801 wurde Nevzorov im Rahmen seiner Tätigkeit in der Kanzlei der Moskauer Universität zum Kollegienassessor ernannt. Befasst vor allem mit Zensurangelegenheiten und Schulrevisionen, übernahm er im Februar 1815 auch die Direktion der Universitätsdruckerei. Angeregt von Muravëv hatte Nevzorov im Jahre 1807 die Zeitschrift „Freund der Jugend“ (*Drug Junošestva*) erscheinen lassen, die zwar den Geist der Freimaurerei atmete, jedoch wenig Anklang fand. Der Grund hierfür lag darin, dass in dem Journal zu wenig die Probleme der jungen Generation, sondern eher die der älteren Menschen erörtert wurden und daher zahlreiche angesehene Freimaurer Nevzorov die Mitarbeit an seinem Organ versagten. So musste der *Freund der Jugend* im April 1815 sein Erscheinen einstellen. In seiner publizistischen Tätigkeit wenig erfolgreich, ist Maksim Ivanovič Nevzorov im September 1827 in großer Armut gestorben, nachdem er jegliche Unterstützungsangebote seiner alten Gesinnungsgenossen wie Ivan Petrovič Turgenev, Ivan Vladimirovič Lopuchin und Pochodjašin immer wieder ausgeschlagen hatte.

Grigorij Maksimovič Pochodjašin[20] war der Sohn eines reichen Industriellen aus Sibirien. Er diente seit 1760 im Preobraženskij-Garderegiment, das er 1796 als Premier-Major verließ. 1785 Freimaurer geworden und mit Novikov befreundet, dessen Spuren er folgte, griff er diesem vor allem mit umfangreichen Geldmitteln unter die Arme, die hauptsächlich zur Finanzierung der Druckarbeiten dienten. Unter Katharina II. in Ungnade gefallen, erhielt Pochodjašin nach dem Regierungsantritt Pauls seine ihm bei der Konfiskation seines Vermögens verlustig gegangenen Geldmittel zurück, mit denen er nun auch dem *Bruder* Nevzorov wieder auf die Beine zu helfen suchte. Als Angehöriger der alten Freimaurergarde wurzelten Nevzorovs Auffassungen noch stark in der Mystik. Befangen im Ideengut des *alten Masonstvo,* focht Nevzorov harte Kämpfe mit den Obrigkeiten der orthodoxen Kirche aus und verschloss sich ebenso weitgehend den Anliegen der neuen Regierung Alexanders I.

Anmerkungen

1 Pypin, Quellen, S. 77 ff.
2 S.I. [Hamaleja], Piśma, 3 Bücher in 2 Bänden, Moskau 1836, 1839. M. Dovnar-Zapol'skij, Semën Ivanovič Gamaleja, in: Masonstvo, Bd. 2, S. 27-37.
3 Lopuchin, Masonskie trudy; Lopuchin, Zapiski; M.N. Lopuchin, Zapiski moskovskogo martinista senatora I. V. Lopuchina, in: Russkij Archiv (1884), S. 1-154; A.G. Surovcev, Ivan Vladimirovič Lopuchin. Ego masonskaja i gosudarstvennaja dejatel'nost'. Biografičeskij očerk, St. Petersburg 1901; V.I. Lopuchin, in: Masonstvo, Bd. 1, S. 227-255.
4 Zitiert nach B. I. Krasnobaev, Die Bedeutung der Moskauer Universitätstypographie unter Novikov, in: Buch- und Verlagswesen im 18. und 19. Jahrhundert. Redaktion: Heinz Ischreyt, Berlin 1977, S. 226.
5 Barskov, Perepiska, S. 16-17.
6 Zu Lopuchin vgl. in der Folge Schmid, Ichentwürfe, S. 135-154.
7 Lopuchin, Zapiski, S. 37; Schmid, Ichentwürfe, S. 142.
8 Lopuchin, Masonskie trudy, S. 27; Schmid, Ichentwürfe, S. 143.
9 Schmid, Ichentwürfe, S. 144.
10 Lopuchin, Masonskie trudy, S. 55 f.
11 Zitiert nach Schmidt, Ichentwürfe, S. 145, Anm. 10.
12 Lopuchin, Zapiski, S. 70; Schmid, Ichentwürfe, S. 145, Anm. 145.
13 Barskov, Perepiska, S. 17. In der Folge schon Schmid, Ichentwürfe, S. 146 ff.
14 Lopuchin, Zapiski, S. 195, 171.
15 Ebenda, S. 3 f.
16 Vgl. Helmut Reinalter, Die Freimaurer, München 2000, S. 18 f.
17 Lopuchin, Zapiski, S. 27.
18 N. Kul'man, M. I. Nevzorov, in: Masonstvo, Bd. 2, S. 203-225; Wolfgang Busch, Berichte russischer Reisender, in: Deutsche und Deutschland, S. 364 ff.
19 Kul'man, Nevzorov (wie Anm. 18), S. 212.
20 E. I. Tarasov, Moskovskoe Obščestvo rozenkrejcerov, in: Masonstvo, Bd. 2, S. 3 ff.

Die russische Maurerei im Wirkungsbereich neuer Ideenbewegungen

Zu der unter Paul und Alexander I. wieder erstandenen Freimaurerei hatten sich auch die neuen Strömungen des *Aufgeklärten Liberalismus* und *Neuen Pietismus* gesellt, die spürbar auf die masonische Bewegung einwirkten und in ihr sichtbare Veränderungen hervorriefen.[1] Die das russische Geistesleben beeinflussende deutsche Romantik verstärkte zugleich die im Zarenreich vorhandene Anfälligkeit für die Mystik, und die Napoleonischen Kriege schließlich ließen die im Volk und selbst in großen Teilen der Gebildeten vorhandenen eschatologischen und apokalyptischen Stimmungen erneut wach werden. Von ihnen wurde auch Alexander I. persönlich angesteckt, wie seine Begegnungen mit der deutschbaltischen Baronin Juliane v. Krüdener und Johann Heinrich Jung-Stilling[2] deutlich machten. Als Sammelstelle dieser stark vom westlichen Ausland her gesteuerten, vielschichtigen mystischen Erweckungsbewegungen diente im Zarenreich die 1812 gegründete *Russische Bibelgesellschaft*[3], deren Tätigkeit 1826 eingestellt wurde.

Das Vorbild der Vereinigung stellte die 1804 entstandene englische Bibelgesellschaft dar, deren Einfluss sich über ganz Europa erstreckte. Die gleichnamige russische Vereinigung war auf Vorschlag von Fürst Alexander Nikolaevič Golicyn, eines Jugendfreundes des Kaisers, seit 1817 Minister für Volksaufklärung und Kultur, ins Leben gerufen worden. Die Mitglieder der Bibelgesellschaft, der Golicyn auch als Präsident vorstand, waren Angehörige verschiedener Nationalität und Konfessionen, unter ihnen Vertreter der orthodoxen Geistlichkeit und der russischen Freimaurerei. Angeführt von Alexander Labzin, gingen die der Gesellschaft angehörenden russischen *Brüder* daran, diese Vereinigung mit der masonischen Literatur im Zarenreich bekannt zu machen.

Alexander Fëdorovič Labzin[4], gebürtig aus Moskau, genoss eine gründliche Erziehung und studierte danach von 1780 bis 1786 an der Universität Moskau neben antiker Philosophie und altgriechischer Dramatik insbesondere neuere europäische Literatur. Durch Novikov auf die Schriften Rousseaus, Spinozas und Lamettries hingelenkt, befasste sich Labzin zugleich eingehend mit der europäischen Mystik. Dabei verfolgte er das Ziel, die Übersetzungs- und Herausgebertätigkeit Novikovs wieder aufzunehmen und neben schon bekannten mystischen Schriftstellern neue, wie Svedenborg, Eckartshausen, Jung-Stilling und andere, in Russland bekannt zu machen. So beteiligte er sich bereits als Student an der Übersetzung und Herausgabe von Texten alter und neuer Schriftsteller. Auf Grund seiner ausgezeichneten Sprachkenntnisse erhielt Labzin 1784 eine Übersetzerstelle an der Moskauer Gouvernementverwaltung, wurde 1787 Kollegienassessor und avancierte 1797 zum Staatsrat für Auswärtige Angelegenheiten. Als gleichzeitiger Konferenzsekretär war er Mitglied der Akademie der Künste zu St. Petersburg, deren Vizepräsident er 1818 wurde. Der Russischen Bibelgesellschaft, in der er den Posten eines Direktors bekleidete, gehörte er seit 1814 an.

In Fortführung von Novikovs Übersetzungsreihen übertrug Labzin Werke der französischen Mystikerin und asketischen Weltverneinerin Madame Jeanne Marie de Guyon, alchimistisch-mystische Schriften aus der Feder von Karl v. Eckartshausen und einen ganzen Zyklus von Veröffentlichungen aus der Feder von Jung-Stilling, den er erstmalig einem breiten Publikum in Russland bekannt machte. Labzin wurde in seiner Tätigkeit als Übersetzer, Freimaurer der St. Petersburger Loge *Zur sterbenden Sphinx* und Herausgeber des *Zionskij Vestnik* spürbar von seiner Frau Anna Evdokimovna Labzina[5] unterstützt. Sie begleitete ihren weit jüngeren Mann auch bei dessen Lesungen aus von ihm übersetzten Werken Jung-Stillings, und sie teilte schließlich ebenso das Schicksal Labzins, als dieser, der Vizepräsident der Akademie der Künste war, in Ungnade fiel und nach Sibirien verbannt wurde.

Die mystische Bewegung fiel in eine Zeit, in der viele Menschen auf Russland als Hort der geistig-religiösen Erlösung hofften und dabei den Blick auf Kaiser Alexander I. richteten. Unter diesen Vorzeichen verstärkten sich die Endzeitstimmungen. 1813 war der russische Herrscher in Sachsen mit Herrnhutern zusammengetroffen, und auch mit Quäkern hatte er Kontakt aufgenommen. Zugleich gab er sich mystischen Übungen hin und stellte Reflexionen über die „Innere Kirche" an. Am nachhaltigsten wirkte auf ihn Juliane v. Krüdener, eine nicht unbegabte Schriftstellerin, deren Bekanntschaft der Zar in Heidelberg gemacht hatte, als er an der Spitze seiner Truppen in Wien an den Neckar gekommen war.

Diese Frau suchte den geistesverwandten russischen Monarchen zu tiefster Bußfertigkeit zu führen. Alexander war dazu nicht nur bereit, sondern ließ sogar zu, dass die Dame ihm in sein Hauptquartier folgte. Dort erklärte sie dem Kaiser, es seien die Tage gekommen, da die Worte des Propheten Daniel sich erfüllten und der „Herrscher des Nordens" (Alexander) die „Gottgeißel des Südens" (Napoleon) endgültig besiegen werde. Er, der Zar, sei vom Herrn als Werkzeug ausersehen, die Welt nach den Heilsätzen der christlichen Lehre zu gestalten. Der Zar zeigte sich von solchen Verheißungen sichtlich beeindruckt, sehr zum Missvergnügen Metternichs, der sich in einem Schreiben vom Jahre 1817 bei seinem Kaiser (Franz) darüber beklagte, dass der russische Herrscher nach 1815 sich „auf den Mystizismus geworfen" habe und es schwer sei zu bestimmen, wohin „diese Verrücktheit noch führen mag", würden von ihm doch die „Rechte der Menschen" hintangesetzt und an deren Stelle den „Bibellosen" Platz gemacht."[6]

Wenn die Freundschaft Alexanders mit Frau v. Krüdener auch nicht allzu lange vorhielt, so war auf sie doch die Entstehung der *Heiligen Allianz* zurückzuführen, die die Bibel zu einem Instrument der höchsten Staatskunst in den Händen der Monarchen von Russland, Österreich und Preußen gemacht hatte. Anklang beim Zaren fand auch eine Auslegung der Apokalypse des Johannes (Kap. 12, 20), wie sie seit geraumer Zeit insbesondere von pietistischen Strömungen und nunmehr vornehmlich durch die Erweckungsbewegung um Jung-Stilling vorgenommen wurde. Johann Heinrich Jung-Stilling, pietistischer Schriftsteller und religiöser Sinnsucher, als Augenarzt einer der bekanntesten Staroperateure seiner Zeit, berühmt geworden auch durch seine Selbstbiographie, die den schweren Weg eines Mannes aus dem Volke zeigte, mit Goethe und Herder seit den Straßburger Studienjahren befreundet, 1778 in Kaiserslautern Professor für Kameral- und Staatswissenschaften, Hofrat und Autor von erbaulichen Abhandlungen und Romanen, war ein echter frühneuzeitlicher „allroundman".

Dass gerade der Anfang des 19. Jahrhunderts eine günstige Zeit für die ersten Übersetzungen Jung-Stillings ins Russische war, wird recht klar, wenn man sich die Entwicklung der Freimaurerei im Zarenreich während dieses Zeitabschnitts vergegenwärtigt. Bedingt durch die liberale und tolerante Haltung Alexanders I., das starke Interesse, das die Freimaurerei in Übereinstimmung mit ihren Grundideen an der sentimental-mystizistischen Literatur nahm, wurde durch masonische Bemühungen bereits von 1805 bis 1816 ein großer Teil von Jung-Stillings Schriften ins Russische übersetzt.[7] Hierbei handelte es sich um das *Taschenbuch für Freunde des Christentums*, die *Szenen aus dem Geisterreiche*, also um Fragen aus den Erscheinungen in der Geisterwelt, die den Freimaurern besonders wichtig waren; um den Roman *Das Heimweh*, die Zeitschrift *Der graue Mann*, die *Siegsgeschichte*, die Autobiographie *Das Leben Heinrich Stillings* und andere Schriften mehr. Die ersten russischen Leser Jung-Stillings kamen verständlicherweise aus den Reihen der Freimaurer.

Einen starken Impuls erhielten die Übersetzungsarbeiten und die Herausgabe von Werken Jung-Stillings durch die Aufgeschlossenheit, die Kaiser Alexander, den die Freimaurer, obwohl kein Logenmitglied, ob seiner Geisteshaltung zu den Ihrigen zählten, den Fragen des universellen Christentums entgegenbrachte. Dabei ließ er auch der Bibelgesellschaft seine Unterstützung angedeihen und betätigte sich selbst als Anreger jener sich im westlichen Europa ausbreitenden Frömmigkeit, von der mehr und mehr auch Teile der russischen Gesellschaft ergriffen wurden. Es war vor allem Jung-Stillings *Siegsgeschichte*, seine Auslegung der Apokalypse, die im Mittelpunkt des Interesses der russischen Leser stand, in der deutlich auf die religiöse, geistige und politische Lage der Gegenwart und der nahen Zukunft Bezug genommen wurde. Ähnliches galt für die späteren Teile von *Der graue Mann*, der wie die *Siegsgeschichte* in Freimaurerkreisen höchste Aufmerksamkeit erregte.

In der Bibelgesellschaft entstanden in den Jahren 1815 bis 1820 zwei sich feindlich gegenüberstehende Parteien, die eine geführt von Fürst Golicyn, die andere von konservativen Teilen der orthodoxen Geistlichkeit unter Archimandrit Fotij, der auch Nichtgeistliche wie Admiral Alexander Semënovič Šiškov sowie Alexander Skarlatovič Sturdza und seine Schwester Roksandra Skarlatovna Sturdza, zwei in russischen Diensten stehende Adlige rumänischer Abkunft, angehörten. Insgesamt machten die Auseinandersetzungen zwischen den beiden Richtungen deutlich, dass Jung-Stillings Schriften in einen Streit hineingezogen wurden, in dem es um die Selbstbehauptung der orthodoxen Kirche in Russland schlechthin ging.

Die konservative Politik in Mittel- und Osteuropa nach dem Wiener Kongress war eine deutsch-russische Gemeinschaftsleistung. Es waren deutschstämmige Würdenträger und religiöse Mystiker, die in bedeutendem Maße zum Nachkriegsklima in Russland beigetragen haben. Das Jahrzehnt nach Waterloo war keineswegs nur ein Zeitabschnitt übler Reaktion, wurde doch mit der Heiligen Allianz der Versuch unternommen, die Gesellschaft so umzuformen, dass die Grundzüge des *Ancien régime* erhalten blieben, dessen Denkweise und Verhaltensnormen jedoch einer radikalen Christianisierung unterworfen würden, wie sie von Krüdener, Jung-Stilling und anderen religiösen Erweckern gefordert wurde. Zu ihnen gehörten auch die Geschwister Sturdza. Es war insbesondere Roksandra Sturdza, als Hoffräulein der Kaiserin und Vertraute Alexanders I. das bedeutendste Bindeglied zwischen der deutschen Erweckungsbewegung und dem russischen Hof; aus dieser Verbindung entstanden die Ideen der Heiligen Allianz.

Alexander Sturdza war jener Denker, der sich am meisten bemühte, dieser eine theoretische Grundlage zu geben. Mit der von ihm entwickelten Konzeption der Heiligen Allianz verlangte er die systematische Liberalisierung von Gesellschaft und Politik unter Beibehaltung eines theoretisch-kirchlichen Machtmonopols in allen Fragen, die Religion und Moral betrafen. Dabei zeigte er sich ebenso bestrebt, die gesellschaftlichen Ansätze der westlichen Aufklärung mit den religiös-historisierenden und gemeinschaftsbezogenen Vorstellungen der deutschen Aufklärung und Romantik zu verbinden und mit dem Geist des Messianismus und der Erweckung zu erfüllen.

In seinen Bemühungen wurde Sturdza tatkräftig von seiner Schwester Roksandra Skarlatovna unterstützt. Nach ihren Bekanntschaften mit Frau v. Krüdener und Jung-Stilling war es sie, die den Kaiser mit Jung-Stilling und Juliane v. Krüdener zusammenführte. Insbesondere Jung-Stillings Schriften freilich sollten es sein, die immer mehr in den Streit hineingezogen wurden, der in der Bibelgesellschaft ausgebrochen war. Ungeachtet des Zuspruchs, den die russischen Ausgaben von Jung-Stillings Werken in der gebildeten Gesellschaft des Zarenreiches fanden, blieben freilich Angriffe gegen diese „schädlichen Bücher" nicht aus. Diese richteten sich vornehmlich gegen die Bibelgesellschaft und wurden in den meisten Fällen von konservativ-orthodoxen Geistlichen vorgetragen.

Der erste Vorstoß gegen das als extrem schädlich eingeschätzte Wirken der Gesellschaft erfolgte im August 1816 durch Stepan Smirnov, Gouvernementsekretär und Übersetzer an der Moskauer Medizinisch-Chirurgischen Akademie, in Form einer Eingabe an Kaiser Alexander I. Die damit in Gang gekommenen Auseinandersetzungen, in deren Verlauf Labzin als Verteidiger Jung-Stillings auftrat, endeten mit dem Sieg der orthodoxen Partei (*Pravoslavnaja Družina*) über die Bibelgesellschaft. Daran änderte auch nichts, dass die von der Kirchenleitung geschmähten Schriften Jung-Stillings von dem Mitglied des alten Novikov-Freimaurerkreises kämpferisch verteidigt und sein deutscher Verfasser von Labzin im Übereifer als ein „apokalyptischer Engel"[8] bezeichnet wurde, wodurch dessen kritische Stellungnahme zu den Angriffen der konservativen Kirchenvertreter gänzlich hinfällig wurde.

Der Einfluss des Mystizismus in Russland war vor allem in der geistigen Atmosphäre einer bestimmtem, von der Bewegung der Russischen Bibelgesellschaft erfassten Gesellschaftsschicht zum Ausdruck gekommen, die in den Jahren nach 1812 eine neue Beziehung zu Gott suchte. Sobald die konservativ-orthodoxe Geistlichkeit am Hofe wieder die Oberhand besaß, wandte sich auch jene von Jung-Stilling beeinflusste Schicht von Geistlichen vom Mystizismus ab. So blieben dessen Wirkungen in Russland weitgehend auf die Zeit von 1812 bis 1826 beschränkt.

Labzins Übersetzungen und Ausgaben von Werken Eckartshausens und Jung-Stillings hatten ungeachtet der Zurückweisung durch die einflussreichsten Repräsentanten der orthodoxen Kirche unter den Mitgliedern der Bibelgesellschaft großen Anklang gefunden. Zu den Lesern und Verehrern Jung-Stillings gehörten neben Kaiser Alexander und Fürst Golicyn auch andere hoch gestellte Persönlichkeiten, unter ihnen Metropolit Serafim, Erzbischof Michail und Archimandrit Filaret, der spätere Bischof und Metropolit von Moskau. Besondere Verbreitung fanden die Schriften Jung-Stillings in den Geistlichen Akademien und Seminaren Russlands. Auch Speranskij waren Jung-Stillings Werke bekannt. Unter den Subskribenten der Stillingschen Schriften befanden sich überhaupt zahlreiche Geistliche sowohl der höheren als auch der niederen Ränge, ebenso Professoren, Lehrer und andere Persönlichkeiten aus den Bildungsschichten und Freimaurerkreisen sowie Schüler und Kaufleute.

Die russischen Jung-Stilling-Ausgaben waren reich bebildert und mit Vorworten von Labzin versehen. Über seine Übersetzungen und Editionen hinaus konnte Labzin durch Herausgabe einer einschlägigen Zeitschrift unter dem Titel *Zionskij Vestnik* den russischen Leserkreis von Jung-Stillings Schriften bald beträchtlich vergrößern. Das genannte Journal, das erstmalig 1806 erschien und auch Teile von Jung-Stillings Lebensgeschichte enthielt, fand insgesamt eine positive Resonanz. Indes, es fehlte auch nicht an kritischen Stimmen. So sah sich Labzin gezwungen, die Herausgabe des Organs zeitweilig einzustellen, um dann freilich die Zeitschrift 1817 mit allerhöchster Bewilligung wieder erscheinen zu lassen.

Als Jung-Stilling-Übersetzer trat auch der Freimaurer Fëdor Petrovič Lubjanovskij[9] hervor, ein ukrainischer Adliger, der unter der besonderen Protektion seines Verwandten Zachaŕ Jakovlevič Karneev, des Kurators der Universität Chaŕkov, stand. Karneev, ein alter Freimaurer der Novikov-Generation, später eifriges Mitglied der Russischen Bibelgesellschaft und deren Vizepräsident, hatte Lubjanovskij in die Welt der Maurer eingeführt und diesen offensichtlich auch auf Jung-Stilling aufmerksam gemacht. Durch Karneevs Fürsprache wurde er Begleitmann und Adjutant des Feldmarschalls Fürst Alexander Borisovič Repnin, mit dessen Angehörigen er Reisen durch Italien und Deutschland unternahm. Die sich bei dieser Gelegenheit ergebende Freizeit nutzte Lubjanovskij zur Übersetzung von Schriften Jung-Stillings und Emanuel Svedenborgs, um später in den

Verwaltungsdienst von Innenminister Graf Viktor Pavlovič Kočubej zu treten, der seit 1813 auch Mitglied der Russischen Bibelgesellschaft war.

Jung-Stilling selbst hat an der Herausgabe seiner Werke in russischer Sprache tätigen Anteil genommen, wie aus seinem Briefwechsel, den er seit 1806 mit Labzin führte, hervorgeht. Alexander I. war auf seinem Siegeszug gegen Napoleon im Jahre 1814 in Bruchsal mit Jung-Stilling zusammengetroffen, der zu dieser Zeit Berater des Großherzogs von Baden war. „Ich habe nie mit Jemand gesprochen, der in allen Punkten vom kleinsten bis zum größten so einstimmig mit mir denkt als der Kayser Alexander; er ist ein wahrer Christ im strengsten Sinn [...] Dann schlossen wir einen Bund zusammen, dem Herrn treu zu seyn bis in den Tod. Er küßte mich und ich ihn. Dann schieden wir voneinander"[10], hat Jung-Stilling festgehalten. Ähnliche Bünde ging der Zar auch mit anderen Persönlichkeiten ein, so mit seinen Freunden Golicyn und dem Oberhofmeister Rodin Aleksandrovič Košelev. Noch mehr beeindruckt zeigte sich der Zar von einer neuen Begründung des Gottesgnadentums, wie sie von dem französischen Theosophen Louis Claude de Saint-Martin gegeben wurde: Wer als Herrscher die Kraft zu besonderer Tugend, Weisheit und Gerechtigkeit besitze, über dem leuchte Gottes Gnade, und er sei auserwählt, die Menschen im Zeitalter ihres Sündenfalls zu leiten, bis der Urzustand wieder hergestellt sei, in dem es keine Herrschaft von Menschen über Menschen gebe.[11]

Wie Jung-Stilling, den seine Gegner einen „Lügenprophet" nannten, wurde auch Frau v. Krüdener als Ketzerin und „Teufelstochter" verschrien, die, wie dieser, „gotteslästerliche", antichristliche Lehren verbreite, was von Fürst Golicyn geduldet und unterstützt würde. Der auch im Zusammenhang mit dem Aufstand der Griechen gegen die Türken 1821 in seinen Auffassungen erneut unsicher gewordene und unter Druck gesetzte Alexander I. musste schließlich seinen Freund, den Präsidenten der Bibelgesellschaft, Fürst Golicyn, im Mai 1824 des Amts entheben. Im selben Jahr reiste Juliane v. Krüdener, mit der der Zar 1815 gebrochen hatte und die wegen ihrer religiösen Überzeugungen verfolgt und aus der Schweiz und Württemberg ausgewiesen worden war, zusammen mit der Fürstin Golicyna nach Südrussland, um sich über die dortigen Gemeinschaften der *Erweckten* unterrichten zu lassen. Dabei ging sie davon aus, auch Kaiser Alexander I. wieder für sich zu gewinnen. Hier ist sie im Dezember 1824 gestorben. Der Zar, der sich zu diesem Zeitpunkt ebenfalls in diesem Teil seines Reiches aufhielt, hatte vor seinem Tod, der ihn am 19. November 1825 in Taganrog am Azovschen Meer ereilte, die Grabstätte von Frau v. Krüdener besucht und dort im Gebet verharrt. Von Jung-Stilling ist bekannt, dass er sich in freimaurerischer Umgebung auf Grund seiner Überzeugungen recht heimisch fühlte. Selbst einst Logenmitglied, hatte er nach eigenem Zeugnis „alle Winkel der Theosophie durchkrochen"[12], besaß er unter den Maurern der verschiedensten Richtungen zahlreiche Freunde, die gleichzeitig prominente Schriftsteller und Dichter waren, denen er sich zeitlebens zugetan fühlte.

Anmerkungen

1 Vgl. Lauer, Russische Literatur, S. 151 ff.; Waegemans, Russische Literatur, S. 77 ff.; Adelheid Rexheuser, Orthodoxe Frömmigkeit und westliche Bildung in Rußland im 18. Jahrhundert, in: Ostkirchliche Studien 37(1988), S. 23. 148-177; dieselbe, Aufklärung und orthodoxe Tradition, in: Festschrift für Fairy v. Lilienfeld, Erlangen 1982, S. 219-250; Z.P. Tinina, Samoderžavie i russkaja cerkov v pervoj četverti XIX veka, Volgograd 1999.

2 Auf eine nähere Behandlung der mit Frau v. Krüdener, Jung-Stilling und den Geschwistern Sturdza in Russland verbundenen Problematik muß hier verzichtet werden. Vgl. zum Forschungsstand und der nachfolgenden Darstellung vor allem: Michael Schippan, Zwei Romane Jung-Stillings in Rußland, Siegen 2000; Peter Wörster (Hrsg.), Zwischen Straßburg und Petersburg. Vorträge aus Anlaß des 250. Geburtstages von Johann Heinrich Jung-Stilling, Siegen 1992; Erich Mertens, Jung-Stilling-Studien, Siegen 1987; Tatjana Högy, Jung-Stilling in Rußland, Siegen 1984; Amely Bölte, Juliane von Krüdener und Kaiser Alexander I., 3 Teile, Berlin 1861. Auch Heiko Haumann, Geschichte Rußlands, München 1996, S. 309 ff. und Alexander M. Martin, Die Suche nach dem Juste Milieu: Der Gedanke der Heiligen Allianz bei den Geschwistern Sturdza in Russland und Deutschland im napoleonischen Zeitalter, in: Forschungen zur osteuropäischen Geschichte 54 (1998), S. 81-126.

3 A. N. Pypin, Rossijskoe Biblejskoe Občestvo, in: Pypin, Religioznye dviženija, S. 1-293.

4 B. Modzalevskij, K biografii Novikova. Piśma ego k Labzinu, „ebotarevu i dr. 1797-1815, St. Petersburg 1913.

5 A.E. Labzina, Vospominanija 1758-1828, St. Petersburg 1914. Dazu jetzt Schmidt, Ichentwürfe, S. 206 ff.

6 Zitiert nach Eugen Lennhoff, Politische Geheimbünde, Bd. 1, Zürich, Leipzig, Wien 1931, S. 201 f.

7 Schippan, Zwei Romane (wie Anm. 2), S. 70 ff., 51 ff.

8 Högy, Jung-Stilling (wie Anm. 2), S. 133.

9 Schippan, Zwei Romane (wie Anm. 2), S. 51 ff. Vgl. auch die Erinnerungen Lubjanovskijs: Fëdor Petrovič Lubjanovskij, Vospominanija, in: Russkij Archiv 1872, 1-4, 98-185, 449-533, und die Memoiren von Anna Evdokimovna Labzina (wie Anm. 5).

10 Zitiert nach Haumann, Geschichte Rußlands (wie Anm. 2), S. 313.

11 Ebenda, S. 312.

12 Wörster, Zwischen Straßburg und Petersburg (wie Anm. 2), S. 45 und ebenda Anm. 21.

Einführung von Lancasterschulen

Verdienste erwarben sich die Freimaurer auch bei der Verbreitung der aus England kommenden *Lancasterschulen* in Russland, die seit 1813 immer mehr Einfluss erlangten. Gefördert vom Ministerium des Inneren, taten sich bei der Einführung des neuen Schultyps insbesondere namhafte Vertreter der Bibelgesellschaft und Leiter von Freimaurerlogen, unterstützt von Angehörigen der liberal gesinnten jüngeren Generation, hervor. Um sich genügende Kenntnis von den neuen Schulen zu verschaffen, wurde im Jahre 1813 der nachmalige Petersburger Akademiker Joseph Hamel nach England entsandt. In London angelangt, lernte er dort den bekannten Chemiker William Allen kennen, der auch als Philanthrop und Quäker großes Ansehen genoss. Es war dies derselbe, der ein Jahr darauf dem in der Hauptstadt Großbritanniens weilenden Kaiser Alexander I. vorgestellt wurde, der ihn bei dem Treffen seiner Zuneigung versicherte.

Allen, der in England mehreren Wohltätigkeitsanstalten als aktives Mitglied angehörte, führte Hamel in eine Lancasterschule, an der mehrere Hundert Zöglinge lernten und die von einem Schüler geleitet wurde. Das Grundprinzip der neuen Anstalt beruhte auf der Methode des *gegenseitigen Unterrichts*. Hamel zeigte sich, wie er auch in seinem Bericht an Innenminister Osip Petrovič Koziodavlev zum Ausdruck brachte, von der Unterrichtsart sehr angetan und empfahl, den neuen Schultyp auch im Russischen Reich einzuführen. Hamels Empfehlung wurde im Organ des Innenministeriums *Nordische Post* (*Severnaja Počta*) veröffentlicht und dadurch auch in der ausländischen Presse bekannt gemacht. Hamel hat die in seinem Bericht geäußerten Gedanken nach einer weiteren Forschungsreise, auf der er nahezu alle hauptsächlichen Lancasterschulen Englands besuchen konnte, zu einer ausführlichen Beschreibung erweitert, die nach Überarbeitung mit Genehmigung der russischen Regierung 1818 als Buch in deutscher Sprache erschien.[1] Die russische Ausgabe kam zwei Jahre später in St. Petersburg heraus.

Zur selben Zeit, als Hamel mit der Erforschung des Lancastersystems befasst war, erhielt Graf Johannes Capo d'Istrias, 2. Staatssekretär für Auswärtige Angelegenheiten Russlands, den kaiserlichen Befehl, sich in der Schweiz mit den dortigen Schuleinrichtungen bekannt zu machen, die in Europa ebenfalls großes Ansehen erlangt hatten. Gemeint waren vor allem die Schulen Johann Heinrich Pestalozzis und Philipp Emanuel v. Fellenbergs. Zunächst jedoch zeigte sich die russische Regierung auf die Lancasteranstalten fixiert. So nahmen 1816 vier russische Pädagogikstudenten den Weg nach London. Sie waren beauftragt, die Untersuchung des neuen englischen Schulsystems zu vertiefen und auf die Anstalten Andry Bells auszudehnen. Die genannten Studierenden wandten sich vor allem den englischen Hauptschulen zu und begaben sich dann in die Schweiz, um sich dort eingehend mit den Anstalten Pestalozzis und Fellenbergs zu befassen.

In Russland selbst gingen bereits einzelne Aristokraten und vornehme Persönlichkeiten daran, mit Hilfe englischer Pädagogen auf ihren Gütern Lancasterschulen einzurichten. 1819 konstituierte sich in St. Petersburg die *Gesellschaft zur Errichtung von Schulen nach der Methode des gegenseitigen Unterrichts*. Verbunden damit war die Herausgabe eines Handbuchs für Elementarschulen, von Tafeln für den Unterricht im Lesen, Schreiben und Rechnen sowie die Veröffentlichung von Vorschriften für die Handhabung von Lehrmitteln etc.

Bald wurden nicht nur in St. Petersburg, sondern auch in Moskau und mehreren Provinzstädten Lancasterschulen eröffnet, deren Arbeiten eine Abteilung beim Ministerium für Volksaufklärung leitete. Zu dem Zeitpunkt sah man in dem in England besonders entwickelten Schulsystem ein geeignetes Mittel zur Bildung der breiten Massen des Volkes, insbesondere dessen Erziehung zu Gottesfurcht und Sittlichkeit. Um einen möglichst großen Kreis von Schülern auf der Grundlage des gegenseitigen Unterrichts zu erziehen und zu bilden, ließ man jetzt Lancasterschulen auch bei den Regimentern einrichten. Es waren dies „Soldatenschulen", die erstmalig in Einheiten der russischen Armeekorps eröffnet wurden, die ihren Standort in Frankreich hatten. Ebensolche Soldatenschulen entstanden in Russland selbst, auch sie waren den Regimentern als Unterrichts- und Erziehungsanstalten zugeordnet.

Bedeutung erlangte, dass die Methode des gegenseitigen Unterrichts dazu führte, dass die in den Einheiten zum Teil bis zur Grausamkeit gesteigerte militärische Disziplin beträchtlich abgemildert wurde, wofür sich der gebildete Teil der Regimentskommandeure und Offiziere mit Nachdruck eingesetzt hatte. Freilich gab es auch Gegenbewegungen, die mit Beginn der Zwanzigerjahre an Stärke zunahmen. Diese hingen mit den Verdächtigungen zusammen, die Lancaster-Bewegung diene als Werkzeug der Verbreitung von Freigeisterei und Erzeugung von Aufruhr. Die Anschuldigungen zielten letztlich darauf ab, den von Alexander I. gesteuerten freigeistigen liberal-politischen Kurs zum Scheitern zu bringen. Eine gleiche Bewegung gegen die Lancasterschulen vollzog sich zur selben Zeit auch in Frankreich, wo das englische Unterrichtssystem ebenfalls Fuß gefasst hatte.

Kaiser Alexander ließ freilich noch eine längere Zeit sein Interesse für die Lancasterschulen erkennen und führte darüber auch Unterhaltungen mit dem Quäker Jean Jaques Grellier, dessen Philanthropismus er noch sehr rühmte, als der gegenseitige Unterricht in Russland bereits heftig attackiert wurde. Doch im Hinblick auf das nunmehr von einflussreicher Seite geschmähte pädagogische System wurde auch er in seinem bisherigen Urteil unsicher und entzog schließlich auch den Vertretern des neuen Schulsystems seine Unterstützung.

Wie sich zeigte, setzten die Kommandeure, an deren Einheiten Lancasterschulen eingerichtet worden waren, der Schließung dieser Anstalten Widerstand entgegen. Zu den da und dort auftretenden Vorfällen gehörten auch die Vorkommnisse, die sich an der Lancasterschule von Kišinëv zutrugen. Die Anstalt an der dort stationierten Division unterstand dem Befehl des bekannten Freimaurers Michail Fëdorovič Orlov. Dieser hatte den

Major Vladimir Fedoseevič Raevskij mit der Leitung der Schule beauftragt, der als ein energischer, gebildeter und von der national-russischen Romantik angeregter Offizier galt. Ähnlich war das Profil von General Orlov selbst, der der neuen, liberal gesinnten Militärgeneration zugehörte. Von seinen Gegnern wurde er im Zusammenhang mit den zu Beginn der Zwanzigerjahre unter den Armeeführern zunehmenden Auseinandersetzungen bereits als liberaler Neurer verschrien, der die militärische Disziplin lockere und den Soldaten zu wenig auf die Finger sehe.

Selbst Zielscheibe verschiedenster Anfeindungen, erwies sich Orlov als nicht stark genug, mit den Denunziationen fertig zu werden, die gegen Major Raevskij vorgebracht wurden. Unter dem Anwurf, bei der an Orlovs Division bestehenden Lancasterschule handle es sich um eine „geheime Gesellschaft", die eine „Verschwörung" vorbereite, wurde Raevskij als Rädelsführer angeklagt, im Februar 1822 zu einer mehrjährigen Gefängnisstrafe verurteilt und schließlich nach Sibirien deportiert. Daran änderte auch nichts, dass Großfürst Konstantin Pavlovič, der Bruder des Kaisers, Raevskijs Unschuld bekräftigt hatte. Orlov selbst wurde 1822 seines Kommandos enthoben und im Dezember 1825 als Dekabrist abgeurteilt.

Bei denen, die sich für die Einführung und das Fortbestehen der Lancasterschulen in Russland einsetzten, handelte es sich in den meisten Fällen um angesehene Freimaurer, wie die Beispiele Orlov und Raevskij verdeutlichten. Hatten die aus der ersten Generation kommenden Freimaurer wie Hamaleja, Nevzorov und Labzin, die auch noch in der Alexander-Zeit von sich reden machten, sich noch stark der Mystik verpflichtet gewusst, so traten neben diesen bereits Freimaurer der jüngeren Generation auf, die sich durch andere Auffassungen auszeichneten.[2] Zu ihnen gehörten Staatsrat Dr. Ellisen und der Moskauer Professor Matej Jakovlevič Mudrov, ein origineller Kopf, die in den Logen bedeutenden Einfluss erlangten.

Es waren die neuen geistigen Strömungen, vor allem der im Staats- und Gesellschaftsleben Russlands allüberall hervortretende *politische Liberalismus*, der spürbar auf die Maurerbewegung einwirkte. Obwohl sich in den zeitgenössischen Quellen nur wenige Angaben über diesen Vorgang finden, besteht Klarheit darüber, dass das liberale Ideengut in den Freimaurerlogen einen starken Widerhall fand und sich zwischen ihnen und den neu entstandenen Geheimgesellschaften enge Berührungen ergaben. Während die sich als Bibelfreunde betätigenden Freimaurer das russische Leben von innen her zu erneuern suchten und den Logen nach wie vor die Aufgabe zuwiesen, für „Menschenwohl" und „Vervollkommnung der Sittlichkeit" zu wirken, waren andere Logenmitglieder bereits auf der Suche nach positiven, auf das soziale Leben anwendbaren Prinzipien, die über abstrakte Moralpredigten hinausgingen.

Anmerkungen

1 Joseph Hamel, Der gegenseitige Unterricht. Geschichte seiner Einführung und Ausbreitung durch Bell, Lancaster und andere, Paris 1818. Auf die nähere Erörterung der Lancaster-Schulbewegung kann hier nicht eingegangen werden. Vgl. in der Folge B. Hollingworth, Lancastrian Schools in Russia, in: The Durkam Research Review 5, Nr. 17 (1966), S. 59-74; Pypin, Geistige Bewegungen, S. 474 ff.

2 Pypin, Geistige Bewegungen, S. 456 ff.

Militärlogen

So tauchten in der Militärloge *Zu den drei gekrönten Schwertern*, die zum Verbund der Provinzialloge gehörte und unter der Leitung von Fürst Pavel Petrovič Lopuchin stand, Mitglieder auf, die sich später als revolutionäre Gardeoffiziere[1] einen Namen machten. Sie waren es, die den freimaurerischen Versammlungen einen spürbaren reformpolitischen Impuls vermittelten. Während der Feldzüge gegen Napoleon waren zahllose junge Russen, Angehörige der elitären Garderegimenter, ins westliche Europa gekommen, für die der dortige Aufenthalt zu einem Erlebnis ohnegleichen wurde. In ihrem Gepäck, das sie mit nach Hause brachten, befanden sich ganze Bibliotheken. Das europäische Geistesleben, die Wirkungen von Aufklärung, Revolution und Restauration sowie die nationalen Bewegungen in mehreren Ländern erweckten und verstärkten auch bei den Russen den Drang nach Freiheit. So blieb der große Zug von Alexanders Armeen durch Europa nicht ohne Rückwirkungen auf das Russische Reich, hatten doch die Lebensformen des Westens zahlreiche Offiziere aus den vornehmsten Familien Russlands auf das nachhaltigste beeindruckt. Viele von ihnen hatten in mehreren Ländern Europas gekämpft und den dortigen Völkern zur Freiheit von der napoleonischen Tyrannei verholfen. Die errungenen Freiheiten forderten die Heimgekehrten nun auch für ihr Vaterland.

Beeinflusst von den westlichen Gepflogenheiten, versammelten sich daher in verschiedenen Landeszentren Russlands Gardeoffiziere in neuen Geheimgesellschaften, die zum Teil noch stark von freimaurerischen Gedanken beherrscht waren. Zu den Vereinigungen gehörte die bereits 1814 von dem erwähnten jungen Generalmajor Michail Fëdorovič Orlov im Verein mit anderen Offizieren ins Leben gerufene *Gesellschaft Russischer Ritter*. Es war dies derselbe Orlov, der als kommandierender General die Kapitulation von Paris entgegengenommen hatte. Seine Organisation, die für eine aristokratische Verfassung eintrat, kultivierte noch besonders erkennbar masonische Gepflogenheiten. Als Vorbild der Gesellschaft hatte der deutsche *Tugendbund* gedient. Die *Gesellschaft Russischer Ritter* jedoch musste rasch den in der Folge neu entstehenden Vereinigungen, so dem *Bund der Rettung* (*Sojuz spasenija*) und dem *Bund der Wohlfahrt* (*Sojuz blagodenstvija*) Platz machen, die 1816 und 1818 von Gardeoffizieren gegründet wurden.

Die Ziele der beiden Vereinigungen wie auch anderer Gesellschaften, Klubs und literarischer Zirkel waren freilich nicht klar umrissen. So hatte man in den Garderegimentern Gemeinschaftsstuben eingerichtet, wo jüngere, mittellose Offiziere in Kommunen einen neuen Lebensstil entwickelten. An die Stelle der bisherigen außerdienstlichen Vergnügungen traten vielfach das Erlernen von Fremdsprachen sowie politische und weltanschauliche Studien und Streitgespräche. Dabei nutzten die Offiziere die Freiräume, die im Gefolge der Reformpolitik Alexanders I. auch in den Kasernen entstanden waren. Es blieb so nicht aus, dass sich unter dem Einfluss westlicher Freiheits- und Revolutionsparolen in Offizierskreisen kritische Stimmen ausbreiteten und ein neuer Geist Einzug hielt. Im Zusammenhang damit machten Begriffe wie „Bürger" und „Patriot" die Runde, was zur Verstärkung des russischen Nationalbewusstseins beitrug. Eine ähnliche Ausrichtung gab es auch in der Loge zu *Georg dem Siegreichen* bei dem russischen Armeekorps, das in Frankreich seinen Standort hatte. Es war der große russische Historiker Vasilij Osipovič Ključevskij, der diesen Vorgang mit feiner Ironie festgehalten hat, als er schrieb: „Die heitere kosmopolitische Sentimentalität der Väter hatte sich bei den Söhnen in patriotische Sorge verwandelt. Die Väter waren Russen, die leidenschaftliche Franzosen werden wollten; die Söhne waren Franzosen und wollten leidenschaftliche Russen werden."[2]

Die Mitgliederzahl sowohl des *Rettungsbunds* als auch des *Wohlfahrtsbunds* war gering und dürfte nicht mehr als zweihundert betragen haben. Ein engerer Kreis ihrer Angehörigen sah das Ziel der Vereinigungen in der Erringung der politischen Freiheit und im Kampf gegen das herrschende Staatsregime. Da man sich über das politische Programm – konstitutionelle Monarchie oder Republik – nicht einigen konnte, lösten sich die beiden Bünde rasch auf. Die Nachfolge traten im Jahr 1821 zwei Geheimgesellschaften an, und zwar eine „Nördliche" und eine „Südliche" Gesellschaft, die erstgenannte unter Führung von Nikita Michajlovič Muravёv, die zweite unter Pavel Ivanovič Pestel'. Andere führende Mitglieder in den Geheimgesellschaften waren Sergej Ivanovič Muravёv-Apostol, Michail Pavlovič Bestužev-Rjumin, Sergej Petrovič Trubeckoj und der Dichter Konstantin Fёdorovič Ryleev. Beide Vereinigungen erhielten Unterstützung von der *Gesellschaft der Vereinigten Slawen* in Kiev, die wohl bereits im März 1818 entstanden war und nochmals 1823 unter demselben Namen hervortrat. Unter ihren Mitgliedern wurden bereits erkennbar allslawische Verbrüderungsgedanken geäußert, die in enger Verbindung mit freimaurerischen Maximen und Formeln standen, wie sie in Logen üblich waren.[3] Auch im Norden bestand eine Gruppe von revolutionären Marineoffizieren, die von eigenen Häuptern geführt wurde.

Aus den zur Verfügung stehenden Unterlagen geht hervor, dass auch in den Geheimlogen das freimaurerische Element noch recht stark vertreten war. Obwohl diese mit Wissen und Duldung der Regierung existierten, hielten auch sie aus Gewohnheit an der Geheimhaltung ihrer Tätigkeit fest, was Kontakte und Kooperation zwischen beiden Formen von Geheimgesellschaften möglich machte. In den Freimaurerlogen selbst hatte sich in deren Spätzeit eine bunte Gesellschaft zusammengefunden, über deren führende Mitglieder recht unterschiedliche Werturteile abgegeben wurden – Mystiker, Pietisten, Nachfahren der Moskauer Rosenkreuzer, Vertreter der jungen liberalen Generation, die zur Philanthropie neigten und eher politische als masonische Interessen vertraten. Auch Wortsprecher des biblischen Pietismus fehlten nicht, die auf der Suche nach der „Inneren Kirche" waren und sich gegenüber der gewohnten kirchlichen Praxis als tolerant erwiesen.

Wenn die von Gardeoffizieren, den späteren *Dekabristen*, gebildeten neuen Geheimgesellschaften[4] noch immer freimaurerische Züge aufwiesen, so deshalb, weil die Logen für eine erprobte freie Organisation nach wie vor eine Vorbildfunktion abgaben. Als von der Regierung tolerierte Vereinigungen boten die masonischen Geheimgesellschaften zugleich den Gardeoffizieren einen gewissen Schutz vor lokal-administrativen Eingriffen. Als die Mitglieder des *Bundes der Rettung*, die sich als „wahre und treue Söhne des Vaterlandes" bezeichneten, dazu aufriefen, gleichzeitig in die Logen einzutreten, wurde dieser Losung daher in vielen Fällen Folge geleistet. Dabei verpflichteten sich diese auch zur Werbung von neuen Mitgliedern unter Übernahme auch freimaurerischer Ehrenämter.

Von den Geheimbünden in seinem Reich wusste Alexander I. seit langem, und es bedurfte nicht Metternichs Stichwort, dass es *Carbonari* auch in St. Petersburg gäbe. Doch der Kaiser schien die gegen ihn gerichteten Umsturzpläne seiner Gardeoffiziere nicht sonderlich ernst zu nehmen. Der Ausbruch der Revolution in Spanien und Neapel wurde ebenso wie die Meuterei des Semënovskij-Garderegiments im Jahre 1820 von den Angehörigen der streng konspirativen *Nördlichen* und *Südlichen Gesellschaft* stürmisch begrüßt. Von den Oberhäuptern der Geheimgesellschaften war der Leiter der südlichen Vereinigung, Pavel Pestel', 1812 in die französische Loge *Les Amis Réunis* eingetreten und 1816 in die russische Loge *Zu den drei Tugenden* übergewechselt. Seitdem trug er sich mit revolutionären Umsturzplänen, die durch die Niederschlagung der Offiziersrevolte, des Dekabristenaufstands von 1825[5], scheiterten.

Anmerkungen

1 Vgl. in der Folge besonders die gehaltvolle Studie von Johannes Rogalla von Bieberstein, Die Bedeutung der Freimaurerei für nationalemanzipatorische Gesellschaften in Polen und Russland 1815-1825, in: Quatuor Coronati, Jahrbuch 31/1994, S. 81-92 (zuzüglich, in: Zeitschrift für Ostforschung 29 (1980), S. 639-653).

2 V. O. Ključevskij, Sočinenija, Bd. 5, Moskau 1958, S. 249. Schon Astrid v. Borcke, Die Ursprünge des Bolschewismus. Die jakobinische Tradition der revolutionären Diktatur, München 1977, S. 86.

3 Pypin, Geistige Bewegungen, S. 463.

4 Borcke, Ursprünge (wie Anm. 2), S. 91 ff.

5 Dieser erste Versuch einer revolutionären Umgestaltung Rußlands kann hier nicht dargestellt werden. Aus der umfangreichen Forschung nenne ich lediglich: Die Dekabristen. Dichtungen und Dokumente, hrsg. von G. Dudek, Leipzig 19075, S. 211-218; Dviženie dekabristov. Bibliografija 1928-1959, Moskau-Leningrad 1960; Vosstanie dekabristov. Materialy. 11 Bde, Moskau-Leningrad 1925-1958; V. M. Nečkina, Dviženie dekabristov, 2 Bde, Moskau 1955; H. Lemberg, Die nationale Gedankenwelt der Dekabristen, Köln/Graz 1963: Miliza Netschkina, Die Dekabristen im welthistorischen Prozeß, in: Gesellschaftswissenschaften 4/1976, S. 112-127. Vgl. über Pavel Ivanovič Pestel' jetzt im Buch von S. Ekštut, Na službe rossijskomu Leviafanu, das dortige Kapitel: V schvatke s Leviafanom, ili Dekabrist: Polkovnik Pavel Pestel', Moskau 1998, S. 169-210.

Ausklang und Verbot der Freimaurerei

Dieses tragische Ereignis bildete zugleich das Nachspiel der Freimaurerei in Russland. Im Juni 1821 hatte der ein Jahr vorher zum Großmeister der *Asträa* gewählte General und Senator Evgenij Andreevič Kušelev[1] den Entschluss gefasst, in der Freimaurerei des Russischen Reiches die alten Regeln wieder herzustellen, wie sie in der Großloge *Vladimir zur Ordnung* gegeben waren. Kušelev sah in den „neuen Systemen" nicht nur eine Verletzung der „wahren Lehre" des Freimaurertums, sondern gleichzeitig die Gefahr des Eindringens von „Illuminatentum" und „Liberalismus". Scharfe Worte richtete er auch gegen die Aufteilung der Logenleitung in zwei maurerische Gewalten. Um sein Anliegen vor den Kaiser zu bringen, verfasste Kušelev nicht weniger als vier Denkschriften, in denen er Maßregeln empfahl, um die eingerissenen Zustände zu beseitigen. Ausgehend von „den gefährlichen Zeiten, wo aus den geheimen Sekten und Gesellschaften, besonders aber aus der Carbonaris, Freigeisterei, Revolutionen, Aufstände, Blutvergießen hervorgegangen" seien, erinnerte er daran, wie man bereits unter Katharina II. in Moskau „ein ganzes Nest von Illuminaten und Martinisten ausgeräumt" habe. Seine gegenwärtige „freimaurerische Würde" habe er, Kušelev, mit Billigung von Innenminister Kočubej einzig und allein nur deshalb angenommen, damit „dieses wichtige Amt nicht in die Hände eines räuberischen oder böswilligen Auswurfs falle".[2]

Bereits ein Blick auf den gegenwärtigen Zustand der russischen Freimaurerei, so fuhr Kušelev fort, zeige, dass die „neueren Systeme" in der *Asträa* und der *Provinzialloge* die „wahre Brüderlichkeit" zerstört hätten: „Äußerlich nehmen sich ihre Gesetze recht gut aus, aber in ihrem eigentlichen Wesen dienen sie zu nichts anderem, als nur zu einem schlüpfrigen Pfade und zu einer Veranlassung zu freier Wirksamkeit eigenwilliger Verständigungen, zu Verschwörungen, Intriguen und Chicanen unter ihnen, an Stelle der maurerischen Brüderlichkeit. Mit einem Wort: Sie sind nichts anderes als die Regeln vollständiger Anarchie".[3] In diesem Zusammenhang klagte er das Schrödersche System oder den so genannten „Historischen Bund" an: „Dieses System", sagte er, „wirkt in dem Wunsche, alle Nachrichten über das Freimaurertum zu besitzen, gegen alle Satzungen, insbesondere aber gegen die höheren Grade, worin häufiger der Name des Heilandes bekannt wird, indem es sich bestrebt, alle Wahrheiten des reinen Freimaurertums zu untergraben und sie in Fabeln zu verdrehen". So würde man, hieß es bei Kušelev weiter, bei Befolgung dieses „gefährlichen Systems", in „Deismus", „Materialismus" und schließlich in „Atheismus versinken". Im Unterschied dazu verwies er auf die wohltätige Einwirkung, die die Freimaurerei in Schweden auf das Aufblühen der christlichen Tugenden und die Sicherheit des Staates ausübe, wo an der Spitze des Ordens der König selbst stehe und *ein* System herrsche. Daraus werde deutlich, dass es eine „gefährliche Tendenz" sei, den Logen freie Hand zu lassen. Infolgedessen hätten sich in all den Ländern, wo die Freimaurerei nicht unter *einem* Oberhaupt stehe, die Logen „in Klubs, Herde der Zwietracht, des Eigensinns, des Mutwillens, besser gesagt, in einen schäumenden reißenden Strom höllischen Auswurfs“ verwandelt, der „ganz Europa mit schrecklichen, gottlosen und dem menschlichen Geschlecht verderblichen Grundsätzen“ überschwemme. So sei das Freimaurertum ein zweischneidiges Schwert; es könne wohltätig sein, wenn es von einem *wahren Maurer* geleitet werde, es sei jedoch „voller Schädlichkeit für den christlichen Glauben, den Monarchen und den gesamten Staat“, wenn es vom richtigen Weg abweiche.[4]

Auf Grund seiner Überlegungen kam Kuševev zu dem Schluss: entweder die Logen bestehen lassen und sie nach den vorgeschlagenen Empfehlungen reformieren, oder sie „nach und nach“, das heißt „nicht auf einmal“, zu schließen, um nicht auch die „gesegneten Früchte, welche auch die christliche Kirche schmücken“, untergehen zu lassen. Es ist nicht bekannt, ob und wie Kuševevs Vorschläge von Kaiser Alexander angenommen wurden. Jedoch ist anzunehmen, dass nach den Aussagen der Regierungsrevisoren, die die Logen im Jahre 1810 überprüft und dabei festgestellt hatten, dass diese kein bestimmtes Ziel verfolgten und ebenso über keine maurerischen Geheimnisse verfügten, Kuševevs Denkschrift ohne direkte Wirkung geblieben ist. Freilich häuften sich um 1821, als Kuševev dem Zaren seine Eingaben zuleitete, die Meldungen, in denen von üblen Machenschaften „der Carbonari, Hetäristen und Illuminaten“ die Rede war, die Revolution und Aufstände inszenierten. Jedenfalls zeigte sich der zaudernde und hart bedrängte Alexander I. ein Jahr später bereit, die Freimaurerei in Russland zu verbieten. Am 1. August 1822 erteilte der Kaiser seinem Innenminister Kočubej die Weisung, die Freimaurerlogen und alle Geheimgesellschaften zu schließen. Eine Rolle bei der Einwilligung Alexanders, auch in seinem Reiche die Wirksamkeit der Freimaurerei zu unterbinden, dürften die Verfolgungen der Freimaurer und der Geheimgesellschaften in mehreren Ländern Europas gespielt haben.

Bereits wenige Tage nach dem Erlass des Verbots, am 16. (oder 17.) August 1822, berichtete Sergej Stepanovič Lanskoj an Kočubej über die Schließung der Freimaurerlogen im Russischen Reich und die dabei eingeleiteten Maßnahmen.[5] Dabei unterließ Lanskoj nicht, auf die Diszipliniertheit hinzuweisen, in der sich der Prozess der Logenschließung vollzog. Wörtlich hieß es: „Zugleich halte ich es für meine Pflicht, Ew. Erlaucht zu unterbreiten, daß die Mitglieder der unter Leitung der Großen Provinzialloge stehenden Logen, durchdrungen von den treuuntertänigsten Gefühlen zu ihrem Herrn und Kaiser, stets bemüht waren, solche durch die Tat zu beweisen; dem Sinne derjenigen Gesetze nach, welche der Großen Provinzialloge zur Richtschnur dienen, wurden in ihren Versammlungen keinerlei politische Diskussionen zugelassen, vielmehr wurden den Brüdern stets im Boden des Christentums wurzelnde Grundsätze eingeflößt, welche die Erfüllung der bürgerlichen Pflichten – wie solche auch unserer Verwaltung eigen ist – bedingten. Beziehungen zu anderen geheimen Gesellschaften dagegen haben bei uns nie bestanden und es war verboten, solche zu unterhalten.“ Nachdem nun den Mitgliedern der kaiserliche

Wille zur Kenntnis gebracht worden sei, hätten diese, „in ihrer Bereitwilligung, sich demselben in jedem Falle ohne Widerspruch zu unterwerfen, den allerhöchsten Befehl gern erfüllt." Diese Bereitwilligkeit „zur Allerhöchsten Kenntnis seiner Majestät des Kaisers bringen zu wollen", schloss Lanskoj, „nehme ich mir die Freiheit, Ew. Erlaucht ganz ergebenst zu bitten."[6]

Alexanders Befehl von 1822, die Logen zu schließen, wurde von seinem Nachfolger, Kaiser Nikolaus I. (1825-1855), am 21. April 1826 wiederholt und bestätigt. Es war derselbe Lanskoj, der zu Händen seines Namensvetters, Geheimrat Vasilij Sergeevič Lanskoj, des neuen Innenministers, in Sachen des Logenverbots folgende persönliche Erklärungen nachreichte: „Nachdem ich solche bindende Versprechen gegeben habe, habe ich in Übereinstimmung mit dem Allerhöchsten Willen meines seligen Herrn und Kaisers keine Logen mehr besucht, noch welche eröffnet." In diesem Zusammenhang wollte Sergej Lanskoj seinen bereits „unterzeichneten Reversen noch hinzufügen: daß der Zweck, sowohl der Freimaurergesellschaft, zu welcher ich gehörte, als auch der Logen, welche ich leitete, der war, nach der reinsten Erkenntnis Gottes, des Menschen und der Natur zu streben. Als Mittel zur Erreichung dieses Zieles diente aber nichts Anderes als Erfüllung der von geistlicher und weltlicher Obrigkeit verordneten Gesetzen, nicht aus Furcht vor Strafe, noch aus selbstständiger Absicht in Erwartung von Belohnungen, sondern aus herzlichem und demütigem Streben nach dem Guten. Dahin arbeiteten die Übungen aller zur Provinzialsynode und zu den ihr unterstellten Logen gehörigen Freimaurer; hierüber wurde auch der Regierung – zur Zeit, wo jene Versammlungen von ihr noch nicht verboten waren – allmonatlich Bericht erstattet. Alle, die an diesen Versammlungen im aufrichtigen Wunsch teilnahmen, die seitens dieser Gesellschaft auferlegten und auf Lehren des Christentums fußenden Pflichten, welche Kaiser- und Vaterlandstreue zur Voraussetzung haben, pünktlich zu erfüllen, sind diesen heiligen Pflichten, von deren Erfüllung das zeitliche Wohlergehen und das ewige Heil eines jeden Menschen abhängt, natürlich nicht untreu geworden, auch werden sie ihnen nicht untreu werden. Andere geheime Gesellschaften aber habe ich weder gekannt, noch kenne ich heute solche."[7]

Mit der Schließung der Logen im Jahre 1822 versiegen die Nachrichten über die Freimaurerei in Russland. Nur da und dort findet sich ein Schriftstück aus späterer Zeit, aus dem Anhaltspunkte über Masonisches gewonnen werden können. Hierzu gehört ein selbstkritischer Bericht, der eine Art Vermächtnis der Freimaurergeneration unter Alexander I. darstellt. Datiert mit dem 10. September 1827 wird in ihm eine kurz gefasste Übersicht der Freimaurerei im Russischen Reich von den Tagen Novikovs und Schwarz' bis zum Verbot von 1822 gegeben und dabei als Ergebnis : „Aus Obengesagtem lässt sich der Schluss ziehen, dass die ungeordneten Zustände der Freimaurerei in Russland, von ihrer Erleuchtung durch das Licht der Weisheit, durch das Nichtvorhandensein einer richtigen Anleitung und den Mangel an Mitteln zur Aufklärung hervorgerufen wurden. Auch heute werden sie durch Überfluss an Materialien geursacht." Und die freimaurerischen Berichterstatter stehen nicht an zuzugeben: „Gestehen wir es uns offen ein: wir sind jetzt sichtbarer Leiter und ihrer Belehrung von Mund zu Mund beraubt, eine Richtschnur fehlt uns aber nicht. Wir finden sie in den wahren Graden, in den korrekten Akten, wie wir sie in unserer Muttersprache und in fremden Sprachen von unseren Ordensvätern übernommen haben. Außerdem lebt die reine Lehre dieser Oberen in unserem Gedächtnis fort. Viele von uns hören sie aus ihrem eigenen Mund oder von solchen, die das Glück hatten, sie von jenen edelwirkenden Männern zu empfangen. So wollen wir denn gemeinsam diese Materialien ausnutzen. Wollen wir mit vereinten Kräften fortfahren, die Mauern jenes Gebäudes aufzuführen, dessen Grundstein so vorzüglich und so fest von unseren Vorfahren gelegt worden ist. Jedem Einzelnen von uns steht die Aufgabe bevor, seinen eigenen rohen Stein zu behauen, uns allen zusammen aber die, auch andere zu diesem Bau tauglichen Steine vorzubereiten."[8]

Anmerkungen

1 Pypin, Geistige Bewegungen, S. 464 ff.
2 Ebenda, S. 465.
3 Ebenda, S. 466.
4 Ebenda, S. 467.
5 Ebenda, S. 144 ff.
6 Ebenda, S. 147-148.
7 Ebenda, S. 147-148.
8 Ebenda, S. 170-171.

Exkurs

Weg und Abkehr: Nikolaj Karamzin und die Freimaurerei

Im Moskauer Rosenkreuzerorden

Nikolaj Michajlovič Karamzin[1] wurde am 1. (12.) Dezember 1866 im südrussischen Simbirsk als Sohn des Gutsbesitzers und Kapitans Michail Egorovič Karamzin geboren. Das Geschlecht der Karamzins leitete seinen Ursprung von der tatarischen Fürstenfamilie der Karamurza her. Michail Karamzins Mutter, die geborene Ekaterina Petrovna Pazuchina, starb, als er drei Jahre alt war. Von ihr hatte er wohl seinen Hang zur Melancholie geerbt. Der Vater heiratete ein zweites Mal, und Nikolaj erhielt eine Dmitrieva zur Stiefmutter, die eine Tante von Nikolajs Kinderfreund Ivan Ivanovič Dmitriev war.

Seine ersten Jahre verlebte Nikolaj auf dem Familienerbgut Karamzinka unweit von Simbirsk. Bei dem Dorfdiakon der Familie lernte er das Schreiben und Lesen. Als aufgeweckter und vielseitig interessierter Knabe las er bald alles, was ihm in die Hände kam. Es war eine Gräfin Puškina, Herrin eines Nachbaranwesens, die ihn mit Lesestoff versorgte und von der er auch in die Anfangsgründe der französischen Sprache eingeführt wurde. Zu seiner Anfangslektüre gehörten vor allem Äsop und Gellert. In Simbirsk besuchte Karamzin zunächst das Pensionat eines offenbar aus Frankreich oder der Schweiz stammenden Herrn Fauvel, bevor er, wohl als Vierzehnjähriger, nach Moskau in das in der Ausländervorstadt (*Nemeckaja sloboda*) gelegene Pensionat des deutschen Professors für Praktische Philologie und Philosophie, Johann Matthias Schaden, zugleich „Rektor des zweifachen Gymnasii" (eines adligen und eines bürgerlichen), kam. Hier brachte er etwa vier Jahre zu. Schaden, seit 1772 an der Universität Moskau, an der er lange Jahre lehrte und bedeutende Persönlichkeiten Russlands ausbildete, galt bis zu seinem Tod 1797 als einer der geschätzten Wissenschaftler der Hohen Schule. Bei ihm trieb Karamzin insbesondere neuere Sprachen, vor allem Deutsch und Französisch, auch Englisch, das ihm aber weniger lag. Gegen Ende seines dortigen Aufenthalts ermöglichten ihm Schaden und Professor Christian Friedrich Matthäi[2], der 1777 die erste deutsche Freimaurerloge *Zur Freundschaft* gründete, auch den Besuch von Vorlesungen und Übungen an der Universität Moskau.

1781 siedelte Nikolaj Karamzin nach St. Petersburg über, trat dort als Unterfähnrich in das Preobraženskеr Leibgarderegiment ein, wo er zusammen mit Ivan Dmitriev und dessen Bruder Alexander diente. Bereits 1783/Anfang 1784 musste Karamzin im Zusammenhang mit dem Tod des Vaters im Range eines Oberleutnants seinen Abschied nehmen und nach Simbirsk zurückkehren. Dort führte er nach eigenem Zeugnis ein regelrechtes Lotterleben, an das er sich nur mit Bitternis erinnerte. Bekannt geworden mit dem reichen Gutsbesitzer und Freimaurer Ivan Petrovič Turgenev, dem späteren Kurator der Universität Moskau, trat er hier 1784 in die Loge *Zur goldenen Krone* ein, die dieser ins Leben gerufen hatte. Turgenev riss Karamzin aus der Provinz los und nahm ihn im selben Jahr mit nach Moskau, wo dieser in den dortigen Rosenkreuzerkreis eintrat. Hier sollte sich Karamzin mit der Aufklärung (*prosveščenie*) und den Arbeiten der Freimaurer (*masony*) befassen sowie mit der Gedankenwelt der Rosenkreuzer vertraut machen.

Das Rosenkreuzertum, ein sowohl philanthropisch als auch mystisch orientierter Zweig der Freimaurerei, stellte zu dieser Zeit in Russland eine noch junge Erscheinung dar. Es war von Johann Georg Schwarz eingeführt worden, den die Berliner Rosenkreuzer während seiner Deutschlandreise 1781/82 in ihren Mythos eingeweiht hatten. Die Rosenkreuzerei galt bald als höhere Form der Freimaurerei. Bereits die ersten Arbeiten, die Karamzin im von Professor Schwarz an der Universität Moskau gegründeten Übersetzerseminar durchführte, erwiesen ihn als einen begabten jungen Mann. Als solcher war er schon im Pensionat von Professor Schaden aufgefallen, der ihn in jeder Hinsicht zu fördern gesucht hatte. Dieser hätte es gern gesehen, wenn Karamzin im Anschluss an seine Ausbildung bei ihm noch die Universität Leipzig hätte beziehen können, wie dies in anderen Fällen üblich war. Jedoch dazu ist es nicht gekommen. In die Moskauer Freimaurerwelt hineingestellt, verdiente sich der junge Karamzin als Übersetzer und Dichter die ersten Sporen. Sein Aufenthalt sollte von 1785 bis 1789 dauern. Es war dies eine für Karamzins Entwicklung äußerst bedeutsame Zeit.

In seiner neuen Umgebung traf Karamzin auch Ivan Dmitriev[3] wieder, der sich als Literat insbesondere von der französischen Poesie und Voltaire inspiriert erwies. Von ihm wurde Karamzin jetzt im Moskauer Freimaurerkreis zu ersten literarischen und Übersetzungsversuchen angeregt. Jedoch sollten Dmitrievs Einwirkungen auf ihn nicht allzu lange anhalten, hatte Karamzin doch bereits in Simbirsk begonnen, sich dessen Einflüssen zu entziehen. Zu den einnehmenden Gestalten, die im Moskauer Maurerkreis in Erscheinung traten, gehörte Aleksej Andreevič Petrov[4], ein Schüler des Moskauer Professors Johann Georg Schwarz. Hoch gebildet, philosophisch bewandert und mit einer breiten Kenntnis der europäischen Sprachen und Literatur ausgestattet, von seinem Charakter, etwas eigenbrötlerisch, verschlossen und spöttisch, wie Karamzin festgehalten hat, blieb Petrovs Liaison mit ihm nicht ohne Wirkungen. Ihr freundschaftliches Verhältnis war wohl bereits in der Studienzeit bei Schaden angebahnt worden. Zwischen beiden entwickelte sich ein gegenseitiges Geben und Nehmen, wobei *Agathon*, wie Karamzin seinen Freund nannte, wohl der Reifere war. Petrov war es auch, der in breitem Maße die philosophischen Auffassungen des Freimaurers und Mystikers Schwarz, der sich in seinen Vorlesungen wiederholt gern auf Böhme und Lavater berufen hatte, an Karamzin weitergegeben hat. Es scheint daher nicht ausgeschlossen, dass der Anfang der Sechzigerjahre geborene Petrov zu jenen maurerischen Freunden gehörte, die Karamzin auch zu seiner großen Europareise inspirierten. Die beiden Freunde, die ein Zimmer miteinander teilten, in dem sich die Büste des 1784 verstorbenen Johann Georg Schwarz befand, hielten sich bis zum Tod Petrovs im Jahre 1793 die Treue.

Karamzin hat den wenig älteren Petrov offensichtlich auch als seinen frühen geistigen Führer anerkannt. Dieser hatte bereits durch die Übersetzung des anonymen *Chrysomander*, des *Pastyrskoe Poslanie (Hirtenbrief)*, und des mystischen Werkes *Über alte Mys-*

terien oder Geheimnisse auf sich aufmerksam gemacht. In seiner kleinen Schrift *Ein Blümchen auf dem Grab meines Agathon* hatte Karamzin seinen Schmerz über den Dahingegangenen ausgedrückt. Eine zentrale Rolle im Moskauer Rosenkreuzerorden nahm Ivan Petrovič Turgenev, ein enger Vertrauter Novikovs, ein. Wie Karamzin entstammte er einer Simbirsker Adelsfamilie und hatte in jungen Jahren längere Zeit in Petersburger und Moskauer Garderegimentern gedient. 1776 war er Mitglied einer Freimaurerloge geworden und alsbald zu den Moskauer Rosenkreuzern übergetreten, wo er sich als Übersetzer und Schriftsteller einen Namen machte. Er übertrug John Masons *Self Knowledge* und Johannes Arndts *Vier Bücher vom wahren Christentum* ins Russische, Werke, die zur Pflichtlektüre der Mitglieder des Rosenkreuzerordens gehörten. Als „Philosoph" der 4. Stufe der neungliedrigen rosenkreuzerischen Hierarchie übte er großen Einfluss auf den Orden aus. Turgenevs Reden galten als streng zu beachtende Unterweisungen, lagen ihnen doch Bibelzitate und Anrufungen Jesu zu Grunde, die auf die Erkenntnis Gottes abzielten, auf dessen Schöpfung sowie auf die Selbsterkenntnis des Menschen.

Der Dritte, mit dem sich Karamzin befreundete, Aleksej Michajlovič Kutuzov[5], war der Leipziger Studiengenosse und Freund Radiščevs. Er hatte einen anderen Weg als dieser eingeschlagen. Kutuzov diente ebenfalls beim Militär, bevor er 1785 seinen Abschied nahm und sich in Moskau im Kreis der Rosenkreuzer niederließ. Er war bereits 1772 in St. Petersburg der freimaurerischen Bewegung beigetreten und hatte dort gemeinsam mit Novikov und Turgenev eine Loge gegründet. In Moskau gehörte Kutuzov zu den Stiftern der *Gelehrten Freundesgesellschaft* und der *Typographischen Companie.* Auch er zählte zu den einflussreichsten und klügsten Köpfen des Rosenkreuzerordens, an dessen literarischen Arbeiten er sich aktiv beteiligte. Kutuzov übersetzte Edward Youngs *Night Thoughts*, die ersten beiden Gesänge von Klopstocks *Messias* sowie einige Schriften Gellerts. Trotz des großen Altersunterschieds von siebzehn Jahren waren Kutuzov und Karamzin gute Freunde.

Im Moskauer Freimaurerkreis hatte auch der kranke, unglückliche deutsche Dichter Jakob Michael Reinhold Lenz[6], Sohn eines livländischen Pfarrers und Jugendfreund Goethes, ein Betätigungsfeld und Obdach gefunden und sich – wenn auch lose – in die dortige Gemeinschaft eingefügt. Auf ihn ging wohl hauptsächlich die Shakespeare-Begeisterung zurück, die im dortigen Literatenkreis vorherrschte. Auch mit dem seit 1785 hier lebenden, um fünf Jahre jüngeren Lenz verband Karamzin bald eine enge Freundschaft, die bis zu dessen Tod im Jahre 1792 anhielt. Mit Novikov dürfte Karamzin wohl kaum oder nur wenig in persönliche Berührung gekommen sein, eher schon mit Peter Vladimirovič Lopuchin, Symeon Ivánovyč Hamaleja und den Eheleuten Sergej Ivanovič Pleščeev und Anastaśja Ivanovna Pleščeeva, bei denen Karamzin zeitweilig sogar wohnte.

In den vier Jahren engen Zusammenlebens mit den Moskauer Rosenkreuzern entfaltete Karamzin eine rege literarische Wirksamkeit. Unter seinen Arbeiten befanden sich Übersetzungen, Dichtungen und theologisch-philosophische Traktate. Viel verdankte er seiner Mitarbeit in der *Gelehrten Freundesgesellschaft,* wo er in Alexander Petrov einen

Gesinnungsgenossen besaß, dessen Geist und Charakter er hoch schätzte und dessen Autorität er mehrmals ausdrücklich anerkannte. Die Korrespondenz der beiden vermittelt einen bezeichnenden Einblick in die Geisteswelt des Moskauer Rosenkreuzerkreises, wo sich der nicht selten in Erscheinung tretende sektenhaft-halsstarrige Mystizismus der alten Freimaurergarde mit den eifrigen Bemühungen um die Verbreitung von Bildung und Geschmack an der Literatur traf, wie sie bei den jüngeren *masony* zu erkennen waren. In diesem Prozess der Zusammenfindung und Gemeinsamkeit zeigte sich deutlich, um welche heterogene Gesellschaft es sich da handelte, waren doch die Angehörigen der neuen masonischen Generation wie Karamzin und Petrov bereits durch eine andere Schule gegangen als ihre Vorgänger. Jedoch blieb der im Umgang vorherrschende brüderliche Tonfall der Moskauer Rosenkreuzer nicht nur erhalten, sondern gab sich eher tiefergehender und echter, wie aus der Korrespondenz der Angehörigen der *Freundesgesellschaft* hervorging.

Was die Briefe Petrovs betraf, so wurde daraus deutlich, dass die geistige Potenz des Moskauer Rosenkreuzerordens unvergleichlich größer war als bei der älteren masonischen Generation. So handelte es sich bei einem Mann wie Kutuzov keineswegs um einen beschränkten Mystiker, sondern um einen theologisch, philosophisch und philologisch hoch gebildeten Schriftsteller. Das gleiche Zeugnis ist dem deutschen Dichter Lenz auszustellen, den das Schicksal nach Moskau verschlagen hatte. Er bemühte sich ungeachtet seiner unheilbaren Krankheit, seinen russischen Freunden den Zugang zur Literatur des westlichen Europa zu erleichtern. Die *Gelehrte Freundesgesellschaft* hat die Neuerscheinungen der deutschen zeitgenössischen Literatur schon deshalb aufmerksam verfolgt, dienten sie ihr doch gleichsam als Nahrung für ihre Veröffentlichungen und masonischen Bestrebungen.

Die frühe Bekanntschaft Karamzins mit der literarischen Bewegung in Deutschland stammte sicherlich zu einem nicht geringen Teil aus diesen Quellen, die die Moskauer *masony* erschlossen hatten. So hatte Karamzin eine Vorstellung von der Berliner Aufklärung, er wusste von Nicolais Polemik gegen Jesuitismus und Krypto-Katholizismus, kannte den von ihm geschätzten Starck, hatte Kenntnis von Karl Philipp Moritz und dessen *Anton Reiser* und schätzte, wie er in seinem *Reisebrief* vom 6. Juli 1789 aus Berlin schrieb, ebenso die Werke von Johann Heinrich Jung-Stilling. Auch von dem freimaurerischen Scharlatan Johann Georg Schrepfer hatte er gehört und selbstredend war Johann Kaspar Lavater, den er verehrte, für ihn ein Begriff. Von all denen wusste Karamzin und wusste man in Moskau.

Dass die dortigen Rosenkreuzer über die deutsche Literatur so gut informiert waren, hing wohl auch mit der Vorarbeit zusammen, die der Begründer der russischen Rosenkreuzerei, der Moskauer deutsche Universitätsprofessor Johann Georg Schwarz, geleistet hatte. Karamzin vermochte sich auch auf Grund der von Schwarz in dessen Vorlesungen erhaltenen Anregungen zum Studium der wichtigsten literarischen Neuerscheinungen in Europa, hauptsächlich der deutschen, aber auch der französischen und englischen Literatur, bekannt gemacht zu haben, sicherlich ohne große Anstrengungen, wie angenommen werden kann. In der Moskauer masonischen Gemeinschaft war es dem jungen Karamzin möglich, sich auch mit den europäischen Literaturgrößen bekannt zu machen sowie sich breite Kenntnisse und eine umfassende Bildung anzueignen. Es handelte sich für ihn um ein unermüdliches Sammeln, Sichten, Nehmen, Aneignen, Speichern und kritisches Durchdenken des erworbenen Wissens, wobei zunächst die eigenen Leistungen noch zurückblieben. Jedoch wurde Karamzin alsbald zu einem der besten russischen Kenner der europäischen Literatur.

Karamzin begann bereits sehr früh mit seiner literarischen Wirksamkeit und sollte bald eine angesehene Stellung im literarischen Schaffen Russlands einnehmen. Die ältesten bekannten Verse Karamzins sind elf kurze Strophen an seinen ehemaligen Simbirsker Gespielen Ivan Ivanovič Dmitriev, der ihm geklagt hatte, mit seinem Schicksal nicht zurechtzukommen. Bereits echter Rosenkreuzer, suchte Karamzin ihn mit den Worten zu trösten, dass das, was von den Menschen selbst nicht abhänge, diese auch nicht bedrücken solle. Und in einem beigefügten Gedicht Karamzins hieß es: „Oft fließen hier, im sorgenvollen dunklen Leben, Tränen aus den Augen, oft leidet der Mensch und wird geplagt, und er erduldet viel. Oft wühlen hier schreckliche Stürme den Ozean des Lebens auf; unsere Harmonie wird durch wütende Wogen oft zertrümmert. Wenn wir genießen, verzagen wir; wenn wir uns freuen, vergießen wir Tränen." Und am Ende seines Gedichts riet er seinem Freund aus alten Zeiten, sich zu trösten und überhaupt nicht so sehr am Irdischen zu hängen, denn: „du bist ein Pilger, nicht ein Hausherr: du mußt alles zurücklassen. Sei überzeugt, dass hier nicht das Glück unter den Menschen wohnt; was man hier Glück nennt, das ist ein einziger Schatten des Glücks"[7]. In seinen weiteren Briefen an Dmitriev mit beigefügten Gedichten meditierte Karamzin über menschliches Leben und Glück, das auf Erden, freilich allenfalls als wahre Freundschaft, vorhanden sei, die jedoch ein Geschenk des Himmels darstelle. Den Gedanken, dass das wahre Glück im Himmel und nicht auf Erden wohne, griff er immer wieder auf. In all seinen Gedichten, die er Dmitriev widmete, klagte Karamzin über die Vergänglichkeit des Irdischen und sprach von seiner Sehnsucht nach der wahren Glückseligkeit in der himmlischen Heimat.

Karamzin und Dmitriev pflegten einen empfindsamen Freundschaftskult. So enthielten Karamzins Briefe an Dmitriev aus den Neunzigerjahren[8] überschwängliche Liebesbeteuerungen, dargeboten in einer unglaublich erotischen Rhetorik, wie die Sätze bezeugen: „Ich habe dich geliebt, liebe dich und werde dich immer immer lieben". „Ich liebe dich von ganzem Herzen, mein lieber Ivan Ivanovič, und diese Liebe wird nie vergehen." „Schreib für mich alle Freundschaftsbeteuerungen auf – ich unterschreibe, und werde von meiner Unterschrift nicht abweichen, solange du mich liebst."[9] Dmitrievs Briefe an Karamzin sind nicht erhalten. Jedoch wissen wir von einem Gedicht Dmitrievs an Karamzin, in dem ebenfalls die sentimentale Saite angeschlagen wird.[10] Im vorgerückten Alter bezog Dmitriev in Carskoe Selo ein Haus neben Karamzin, jedoch vermochte die Nachbarschaft die frühere Vertrautheit zwischen den beiden nicht mehr herzustellen. Das von

Karamzin und Dmitriev behandelte Thema der Liebe und des Glücks war zugleich eine Frage, mit der sich die Moskauer Rosenkreuzer immer wieder befassten. Dasselbe schrieb Kutuzov im Jahre 1792 aus Berlin auch an seinen in sibirischer Verbannung befindlichen Freund Radiščev: „[...] alles hier ist Einbildung und Traum [...] das wahre Glück befindet sich innerhalb von uns und hängt von uns selber ab; es besteht darin, daß man sich selber über alles Zufällige stellt“[11]. Gleiches übermittelte er Anastasja Ivanovna Pleščeeva.

Als Angehöriger des Moskauer Literatenkreises übersetzte Karamzin mehrere philosophisch-theologische und literarische Werke und wartete ebenso mit eigenen Schriften auf. Zu den Übertragungen, die er im Auftrag der Rosenkreuzer durchführte, gehörte das damals bekannte Erbauungsbuch des Hamburger Pastors Christoph Christian Sturm *Unterhaltungen mit Gott in den Morgenstunden*, die er in einer Teilausgabe herausbrachte. Bei seiner Beschäftigung mit der deutschsprachigen Literatur in westlichen Ländern hatte Karamzin offensichtlich bereits früh von der Schweiz[12] als einem besonders schönen und idyllischen Land gehört. So schrieb er über Albrecht v. Haller, dass alles, was er über das dortige Leben gehört habe, ihn in Begeisterung versetzte. Der Berner Arzt, Naturforscher und Staatsmann Haller galt zu seiner Zeit als einer der größten Universalgelehrten im deutschen Sprachraum. Mit seinen drei großen Lehrgedichten *Vernunft, Aberglaube und Unglaube*, *Vom Ursprung des Übels*, *Die Ewigkeit* und seinen *Briefen über die wichtigsten Wahrheiten der Offenbarung* kämpfte er gegen Voltaire und die französische Aufklärungsphilosophie. So stellte er in seinen Lehrgeschichten fest, dass das Gute in der Schöpfung weit größer und mächtiger sei als das Böse. Er rechnete damit, dass sich alles Böse einst zum Guten wenden würde und tröstete seine Leser damit, dass der Mensch im ewigen Leben den verborgenen Sinn des Übels endgültig verstehen und die Güte, Gnade und Gerechtigkeit Gottes vollends erkennen werde. Es war vor allem Hallers 1734 erschienenes und von Karamzin 1786 ins Russische übertragene Gedicht *Vom Ursprung des Übels*, das sich mit den Intentionen der Moskauer Freimaurer deckte und von Karamzin mit zustimmenden Anmerkungen versehen wurde. Daraus ging hervor, dass sich der junge Übersetzer und Dichter Karamzin ganz auf der Linie seiner Moskauer Lehrmeister befand. Der Glaube an Gott, den Schöpfer der Welt und des Menschen, die Lehre vom Sündenfall, nach Selbstvervollkommnung auf Grund des freien Willens und der Suche nach dem wahren Glück gehörten zu den Grundpfeilern der rosenkreuzerischen Anthropologie und Ethik.[13]

Geradezu mit Begeisterung betrieben die Moskauer Freimaurer auch die Arbeiten an der Übersetzung von Werken Shakespeares und Lessings. Dabei darf freilich nicht vergessen werden, dass Lessings *Literaturbriefe* bereits zu einem Zeitpunkt veröffentlicht wurden, als Karamzin noch gar nicht auf der Welt war, und die *Hamburger Dramaturgie*, worin die Ansichten Lessings über Shakespeare enthalten waren, herauskam, als er zwei Jahre zählte. Karamzins Übersetzung von Shakespeares Tragödie *Julius Caesar* erschien 1786, seine russische Ausgabe von Lessings *Emilia Galotti* 1788. Die Würdigung Shakespeares durch den russischen Übersetzer und Dichter Nikolaj Karamzin war so lediglich ein Echo Lessings. Auch an der Übersetzung der Erzählungen der französischen empfindsamen Madame Genlis und von Bonnets *Contemplations de la Nature* beteiligte sich Karamzin. Von seinen eigenen Gedichten und Liedern waren einige an Ivan Dmitriev gerichtet und nicht für die Öffentlichkeit bestimmt. Die übrigen erschienen 1789 in Novikovs *Detskoe Čtenie (Kinderlektüre)* und 1791 in Karamzins *Moskovskij Žurnal.* In den Gedichten an Dmitriev offenbarte Karamzin seine Gedanken über das wahre Glück des Menschen und die Freundschaft, die in einer Apotheose des russischen *Bruders* gipfelten. Gleichzeitig klagte Karamzin in den Gedichten über die Vergänglichkeit des Irdischen und sprach von seiner Sehnsucht nach der wahren Glückseligkeit in der himmlischen Heimat.

Bei diesem Thema handelte es sich um den gleichen Stoff, der beständig im Mittelpunkt der Erörterungen der Moskauer Rosenkreuzer stand. Diese verlangten in ihren Schriften und Briefen die Bändigung und Zügelung der Leidenschaften, die Abtötung des Fleisches und das Streben nach einem geruhsamen, innerlichen geistigen Lebens. Neben Karamzin war es vor allem Kutuzov, der die Menschen aufforderte, die irdischen Fesseln abzuwerfen und Unabhängigkeit und Freiheit zu erstreben, die ewige Harmonie der Welten wahrzunehmen, Gott zu loben sowie den Schöpfer, die Natur und sich selber zu erkennen.[14]

Das bedeutendste und umfangreichste Werk Karamzins, das in diesen Zusammenhang gehört, war das 1787 geschriebene sentimentalistische Lehrgedicht *Poėzija*, das zwanzig Strophen von ungleicher Länge und ungleichem Inhalt umfasste. Ausführlich erörtert wurden in ihm die Erschaffung der Welt und des Menschen sowie die biblische Erzählung vom Sündenfall, Themen, die allesamt die Aufmerksamkeit der rosenkreuzerischen Schriftsteller fanden. Schon Schwarz hatte in seinen Moskauer Vorlesungen der Heilsgeschichte einen zentralen Platz eingeräumt. Auffallend dabei war, dass Karamzin als Dichter in seiner *Poėzija* bereits eine Abwendung von seinen Moskauer Lehrmeistern zu erkennen gab. Während in deren Gedichten meist Gott im Mittelpunkt stand, war Karamzins Hauptthema die Dichtkunst, wie schon der Titel *Poėzija* anzeigte. Daraus wurde deutlich, dass der junge Dichter Poetik und Ästhetik größte Aufmerksamkeit zuwandte, die bei den Rosenkreuzern nur wenig Beachtung fanden, und in seinem literarischen Schaffen bereits weit offenere Wege einschlug, die ihn schließlich von seinen Moskauer *Freunden und Führern* abführen sollten: „Man wird also in der ‚*Poėzija*' den Übergang von freimaurerisch-religiösen zu weltlich-literarischen Gedanken zu sehen haben."[15] Karamzins *Poėzija,* die wohl als sein bedeutendstes Poem gelten kann, stellt gleichzeitig ein Bekenntnis des Verfassers zur englischen Dichtung dar, wiewohl sich auch Ähnlichkeiten mit Lenzens Schrift *Über die deutsche Dichtkunst* finden lassen.

Bei den Beiträgen, die Karamzin für die von Novikov herausgegebene Zeitschrift *Detskoe Čtenie* schrieb, handelte es sich um seine ersten Erzählungen *Progulka (Spaziergang)* und *Evgenij i Julija (Eugen und Julia)*, erschienen 1789. Während eines Abendspaziergangs im Frühling begann der Verfasser beim Betrachten der Sterne Gott und dessen wundersame Schöpfung zu bestaunen, über sie nachzudenken und zu träumen. Die vorgeführten Gedankengänge erinnern stark an die mystischen Anschauungen der Moskauer Rosenkreuzer sowie an die Naturphilosophie Bonnets und Rousseaus, an die Verwandtschaft des Menschen mit himmlischen Geistern und an die Vielzahl der bewohnten Welten im All. Dem schloss der Dichter ein Gebet an, in dem der Icherzähler die Größe Gottes pries. Ähnlich wie in der *Poėzija* figurierte in dem Gebet Gott als beständig gegenwärtiger Schöpfer der Natur und des Menschen. Die vollständige und endgültige Gotteserkenntnis werde aber erst – so der Erzähler in den letzten Strophen der *Poėzija* – nach dem Tode, im ewigen Leben, in der Stille und in „süßem Entzücken"[16] zu erreichen sein. *Evgenij i Julija* handelt von der Liebe und Verlobung zweier junger Menschen und dem plötzlichen Tod des Bräutigams, der nach der Beerdigung, aufgenommen in die Ewigkeit, in ungezähmten Freuden auf seine Geliebte wartet, um sich dort mit ihr in einem ewigen Bund zu vereinen.

Durch die Gründung von Freimaurerlogen war in den philosophisch-literarischen Zirkeln Russlands eine neue geistige Atmosphäre entstanden, die eine veränderte Haltung auch zur Aufklärungsbewegung zur Folge hatte. Diese Wandlung war auch von Karamzin bereits zu Beginn seiner Ausbildung, insbesondere im Umfeld des Moskauer Rosenkreuzerkreises, wahrgenommen worden. Seine damit aufgetauchten inneren Zweifel kamen in einer mystischen Empfindsamkeit und Melancholie zum Ausdruck. Es war dies ein Grundzug, der an ihm bereits als Kind bemerkt wurde. Von ihm selbst als „melancholische Anfälle" beklagt, wurden diese mit der Zeit aus akuten zu chronischen „Anfällen", die Karamzins Ideengang den Stempel aufprägten. Es war eine Art moralischen Quietismus, der Karamzins Auffassungen kennzeichnete. So blieb er in seinen literarischen Erzeugnissen häufig bei einem unfruchtbaren Sentimentalismus stehen. Demgemäß wirkte Karamzin weniger auf das ein, worin sich der direkte literarische und politische Streit äußerte, wo positive Fragen der Philosophie gestellt und die Kontroversen durch das wirkliche Leben gelöst wurden.

Aus dem Kreis seiner Moskauer Freunde musste sich Karamzin schon immer vorhalten lassen, dass er kein echtes Verhältnis zur Natur habe, verstehe er in seinen Arbeiten über die *geniale Natur* Shakespeares doch lediglich die Art von dessen Erkenntnisfähigkeit. Auf Grund dessen sei dieser den Erkenntnisbedingungen der gewöhnlichen Menschen nicht unterworfen gewesen und habe außerhalb der Natur gestanden, weil er selbst die Natur war. Es war Alexander Petrov, der Karamzins Aussage kannte, dass die Natur ein Genie sei. Doch er glaubte nicht, dass Menschen, auch Genies, unabhängig von der Organisation ihres Erkenntnisvermögens, geistig tätig sein könnten. Petrov, der in diesem Zusammenhang gelegentlich Karamzin selbst scherzhaft ein *Genie* nannte, ließ freilich auch durchblicken, dass dieser bei seinen Erörterungen über das *Genie Shakespeare* im Grunde sich selbst meinte. Es war dies die Zeit, als Karamzin selbst sich Shakespeare zur Seite stellte und sich in seinem mit drei Sternen signierten Programmgedicht *Poėzija* als den großen Dichter der Zukunft ausgab, der, *Prometheus* gleich, die Welt aufklären würde. Karamzins Beschäftigung mit Shakespeare im Jahre 1786/87 war dessen erster Versuch, sich seiner selbst als Dichter bewusst zu werden. Zum Glück ergab sich daraus eine fruchtbare Diskussion, in der es generell um das Verhältnis von Genie und Natur ging.[17]

Aus dem, was Karamzin bereits vor seiner Bildungsreise kritisch über seine Erfahrungen im Moskauer Freimaurerkreis äußerte, wurde deutlich, dass er mit einigen dort vertretenen Ansichten und gängigen Gepflogenheiten nicht übereinstimmte. Daraus zu schließen, dass er schon zu diesem Zeitpunkt einen von seinen Freunden unabhängigen Weg einzuschlagen bereit war, ist aber wohl nicht anzunehmen. Dennoch konnte er auf die tatkräftige Unterstützung der meisten freimaurerischen Freunde rechnen, die an Karamzins Plänen, eine Studienreise durch Europa zu unternehmen, nichts Anstößiges sahen und mit denen Karamzin sich ungezwungen darüber unterhalten konnte.[18] Neben seinem Zimmergenossen Petrov dürfte er dabei auch auf die Unterstützung durch den zeitweiligen deutschen Mitbewohner im Hause Novikovs, den bereits mehrmals genannten Jakob Michael Reinhold Lenz, gerechnet haben, der ihn vor allem auf die aufstrebende Dichtung und Philosophie im deutschen Sprachraum aufmerksam machte. Lenz war wohl, trotz seiner Krankheit und zeitweiligen Umnachtung, einer von Karamzins anregendsten Gesprächspartnern. So hatte er in einem Brief an seinen Bruder Johann Christian Lenz in Riga vom April 1789 vorsorglich die Bitte geäußert: „Wenn Herr von Karamzin [auf seiner vorgesehenen Europareise – E. D.] durchgeht, so erzeige mir die Freundschaft, mein Trauter! ihm wo möglich den Aufenthalt recht angenehm zu machen."[19] Ob Karamzin bei seinem Aufenthalt in Riga die Dienste Johann Christian Lenzens in Anspruch genommen hat, ist aus den Briefen der Brüder nicht bekannt.

Wichtiger erscheinen jedoch die eigene, selbstständige Entwicklung Karamzins und die Veränderungen, die in dessen freimaurerischen Anschauungen vor sich gingen, die ihm im Moskauer Rosenkreuzerkreis anerzogen worden waren, bzw. die er dort in sich aufgenommen hatte. Über die Frage, wie weit der Einfluss der Freimaurer auf den jungen Karamzin ging, ist viel spekuliert worden, ohne freilich eine einheitliche Meinung zu erzielen. In Moskau war Karamzin bei aller intellektuellen Fortbildung auf einem bestimmten Niveau stehen geblieben, das die dortige Rosenkreuzerei bot. Ungeachtet dessen, dass es gelang, untragbare alchimistische Hüllen abzuwerfen, blieben in Karamzins Auffassungen nicht wenige welke Stellen haften, mit deren Ausmerzung er nicht fertig wurde. Seine Zweifel und Vorbehalte konnten sich nicht zu einer erfrischenden Analyse auswachsen, und die von ihm erzielten humanen Ideen verblieben auf der Stufe einer gewissen entkräfteten Sentimentalität, die in Worten bis zur Widerwärtigkeit ging, in Wirklichkeit jedoch gefühllos und hart war.

Karamzin hat bereits frühzeitig versucht, seine Fähigkeiten und Fertigkeiten in der deutschen Sprachbeherrschung durch Abfassung von Arbeiten in Deutsch unter Beweis zu stellen, und dabei den Spott seines Freundes Petrov hervorgerufen. So war ihm von diesem mit Schreiben vom 11. Juni 1785 attestiert worden: „[...] wenn Salomon Deutsch gekonnt hätte, dann hätte er bei weitem besser gesprochen als Du schreibst. Da Du ein großes Genie bist, hast Du Dich derartig über Kleinigkeiten erhoben, daß Du in drei Zeilen fünf Fehler gegen die deutsche Sprache gemacht hast".[20] Karamzin, der von der Ironie seines Gesinnungsgenossen nicht unbeeindruckt blieb, verfasste in der Folge seine literarischen Werke nur noch in Russisch, bemühte sich jedoch weiterhin um Verbesserung seines Deutsch, und zwar nicht ohne Erfolg, wie sein 1786 begonnener Briefwechsel mit Johann Kaspar Lavater bezeugte. Wenige Jahre später, im April 1789, schrieb Lenz in dem erwähnten Brief an seinen Bruder Johann Christian über Karamzin: „Er liebt die deutsche Sprache vorzüglich, spricht und schreibt sie wie ein geborener Deutscher."[21]

In der Tat verdankte Karamzin seine wesentlich verbesserten Sprachkenntnisse und die Bekanntheit mit der zeitgenössischen Weltliteratur dem geistvollen Umgang, der in der Moskauer *Gelehrten Freundesgesellschaft* herrschte. Karamzin selbst hat über seinen frühen Werdegang bereits, wenn auch kurz, im ersten Brief an Lavater vom 6. August 1786 Auskunft erteilt, und zwar im Zusammenhang mit seinem Austritt aus dem „Kriegsstand". Dabei hieß es, er habe sich nach der Abmusterung in sein Vaterhaus nach Simbirsk zurückbegeben, um sich nur noch „mit Büchern zu beschäftigen". Zugleich erlaubte er sich, so schrieb er weiter, „die Lustbarkeiten der großen Welt zu genießen [...]. Die gütige Vorsehung wollte aber nicht, mich gänzlich ins Verderben zu stürzen; bald hat mir ein gewisser würdiger Mann die Augen aufgetan, und ich wurde gewahr, daß ich – in solchem Zustande unglücklich war. Die Szene hat sich verändert. Alles auf einmal wurde mir neu. Ich fing an, wieder Bücher zu lesen und empfand eine süße Stille in meiner Seele."[22] Diese Briefstelle, aus der bereits zitiert wurde und die sich in nahezu allen Arbeiten über Karamzin findet, enthält die wesentlichsten Punkte seines freimaurerischen Erlebnisses, seine Hinwendung zu Gott und die Absage an alles, was ihn von diesem trennen könnte.

Bei dieser Gelegenheit hat Karamzin Lavater auch von seiner besonderen Vorliebe für die deutsche Sprache erzählt und wissen lassen, dass ihm damit eine bestimmte Richtung in seiner geistigen Entwicklung vorgegeben worden sei. Sein Freund Ivan Dmitriev, aus dessen Feder zusätzliche Angaben über den jungen Karamzin bekannt sind, hat in der gleichen Angelegenheit vermerkt: „In seiner Jugend wurde Karamzin in der deutschen Sprache unterrichtet durch den dortigen [in Simbirsk] 50 Jahre alten Arzt aus Deutschland, dessen Namen ich vergessen habe; aber ich erinnere mich sehr gut an seine trotz des Buckels am Rücken anziehende Physiognomie. Er sprach leise; in seinen Augen und um seinen Mund prägten sich Zurückhaltung und Menschenliebe aus".[23] In weiteren kleinen Zügen baute Dmitriev das anziehende Bild dieses seltenen Menschenfreundes weiter aus, dem es beschieden war, auf den Knaben Karamzin tief einzuwirken.

Karamzins deutscher Briefwechsel mit Lavater erstreckte sich über die Jahre 1786 bis 1790.[24] Als Physiognomiker hatte der Züricher Pfarrer, der auch bei den Moskauern einen Namen und unter diesen zahlreiche Verehrer besaß, zu denen auch Karamzin gehörte. Zur Korrespondenz mit ihm wurde er wahrscheinlich von Lenz angeregt. Erhalten sind elf Briefe, die der junge Karamzin an Lavater schrieb, der in sechs kurzen Schreiben darauf antwortete. Bei Karamzins philosophischen Fragen an den Schweizer Gelehrten ging es freilich um dieselben, die im Kreise der Moskauer Freunde debattiert wurden. Bei den dabei erörterten Sachverhalten handelte es sich nicht einfach um Anfragen und Mitteilungen, sondern vor allem um Übungen im Sinne einer Selbstdarstellung Karamzins. Das dabei behandelte Problem waren die menschliche Vernunft sowie deren Möglichkeit und Art ihrer Wirksamkeit. Seinen ersten Brief vom 14. August 1786, in dem er seinen frühen Werdegang skizziert hatte, war von Karamzin mit dem Satz beschlossen worden, dass er in Moskau angekommen, nunmehr „im Schooße meiner wahren Freunde und Führer"[25] sein weiteres Leben gestalte. Im nächstfolgenden Schreiben vom 20. April 1787 stellte Karamzin an Lavater die Frage: „Wie wird unsere Seele mit unserm Körper verknüpfet, da jene von einem ganz andern Stoffe als dieser ist? Ist dieses Verknüpfungsband nicht eine dritte Substanz, eine abgesonderte Wesenheit, die weder Seele noch Körper ist? Oder sind sie, d. i. Seele und Körper, durch gegenseitige Schattierungen vereinigt?" Oder anders formuliert: „Auf was für eine Weise wirket die Seele auf den Körper, mittelbar oder unmittelbar?"[26]

Diese Fragen, die Karamzin weiter ausführte, stammten nicht von ihm selbst, sondern aus dem Katalog der Moskauer Freimaurer. Dass Karamzin sich mit seinen Wünschen an Lavater wandte, hing auch damit zusammen, dass dieser eine Kontroverse mit Moses Mendelssohn hatte und 1769 den zweiten Band von Bonnets *La Palingénésie philosophique* herausgegeben hatte, und zwar unter dem Titel: *Philosophische Untersuchung der Beweise für das Christentum*, womit er seine eigene Absicht deutlich machen wollte. Der Streit zwischen Lavater und Mendelssohn im Zusammenhang mit dessen 1767 erschienener Schrift *Phaidon, oder über die Unsterblichkeit der Seele*, die auch in Moskau bekannt geworden war, hatte auch die philosophischen Begründungen der verschiedenen Standpunkte, die es in den diskutierten Fragen gab, nochmals deutlich werden lassen. Dabei hatte sich erwiesen, dass Mendelssohn die Zweisubstanzlehre, Charles Bonnet, der Begründer der Fibernpsychologie, die Dreisubstanzlehre vertrat. Lavater selbst, dem es darum ging, das Christentum als beste Religion der Welt darzustellen, war sich dabei in der Frage des Verhältnisses von Seele und Körper nicht ganz sicher und ließ Karamzin mit Schreiben vom 16. Juni 1787 wissen: „[...] wie aber Seele auf Körper wirke [...] – davon versteh' ich nichts"[27], und er wolle auch darüber nicht weiter grübeln. Wie deutlich wurde, betrachteten nicht nur Lavater, sondern auch Mendelssohn und die Moskauer Freimaurer die Frage als unbeantwortbar.

Insgesamt zeigte sich Karamzin freilich von Lavaters Antworten auf seine Fragen recht enttäuscht: „Ich bin", so schrieb er am 25. Juli 1787, „und mein Ich ist für mich ein Räthsel, das ich nicht auflösen kann [...]. Jetzt gehen viele Zweifel in meiner Seele auf. Ich bin mit einem Streben nach Erkenntnis geboren; ich sehe, und sogleich will ich wissen, was in meinen Augennerven eine Erschütterung hervorgebracht hat: daher schließe ich, daß das Wissen für meine Seele nothwendig ist, fast ebenso nothwendig als die Nahrung für meinen Körper, darnach ich mich umsah, sobald ich in die Welt geboren war". Für Karamzin stellten die Mitteilungen Lavaters eine traurige Nachricht dar, insbesondere für den, der „unglücklich ist, wenn er umsonst die Nahrung suchet".[28] Dies galt auch für die Moskauer Rosenkreuzer, deren Lehre von der Erkenntnis Gottes in der Natur und der Natur im Menschen Karamzin äußerst problematisch erschien.

Nach der rosenkreuzerischen Auffassung war der Mensch eine kleine Welt, ein Mikrokosmos, in dem sich der Makrokosmos, die Natur, widerspiegelte, die selbst das Abbild Gottes darstellte. Wie kann man also, so Karamzin, Gott verehren und die Natur erkennen, wenn einem die Einsicht in das Wesen des Menschen versagt war? Ehe darüber keine Klarheit herrsche, könne es auch keine richtige Erkenntnis geben. Wahrscheinlich hat auch hier Karamzin den richtigen Standpunkt nicht selbstständig, sondern über die Philosophie Kants gefunden, über die Professor Schwarz an der Universität Moskau Vorlesungen gehalten hatte. Es war wohl der Kanthörer Lenz, der den Rosenkreuzer Karamzin mit Kants Schrift *Träume eines Geistersehers* vom Jahre 1766 bekannt machte. In ihr hatte der Königsberger Philosoph den Standpunkt vertreten, dass der Mensch mit Sicherheit nur Erfahrungsurteile gewinnen könne, und geschrieben: „Alle solche Urteile, wie diejenige von der Art, *wie meine Seele den Körper bewegt* oder mit anderen Wesen ihrer Art jetzt oder künftig in Verhältnis steht, können niemals etwas mehr als Erdichtungen sein".[29]

Diesen Standpunkt des reinen Empirismus führte nun Karamzin als „Lehrling" gegen seinen „Lehrer" Lavater und den Metaphysiker Bonnet in seinem Moskauer Schreiben vom 10. Juni 1788 ins Feld. Er teilte mit, dass er sich bemühe, „fleißig Bonnets Schriften", „dieses großen Philosophen unserer Zeit", zu studieren, gleichwohl weit davon entfernt sei, mit dessen „Hypothesen vollkommen zufrieden zu seyn." So stimme es zwar: „[...] Das ist alles sehr *philosophisch*, tiefsinnig, läßt sich gut zusammenreimen", aber er, Karamzin, glaube nicht, „daß Gottes Weisheit die Weisheit aller unserer Philosophen weit übertrifft, und folglich andere, bequemere, als die von unseren *Leibnitzen* und *Bonneten* ihr zugeschriebenen Mittel, ihre Geschöpfe hervorzuheben und zu erhalten, finden kann. Es wäre doch besser, glaube ich", so fuhr er fort, „das große Weltgebäude, so wie es vor unseren Augen da ist, zu betrachten, und zu sehen – so weit unsere Blicke reichen könnten – wie da alles *zugehet*, als nachzudenken, wie alles zugehen *könnte*; und das Letzte ist doch oft der Fall bey unsern Philosophen, die zuweilen keine Schuld haben, weiter zu betrachten, sondern gleich zu ihrem Schreibtische eilen, das wenige in Augenschein genommene unter der Last ihrer zahlreichen Vermuthungen seufzen lassen."[30]

Mit diesen Worten distanzierte sich Karamzin nicht nur deutlich von Bonnet, sondern von der gesamten rosenkreuzerischen Naturphilosophie und Anthropologie. Aus ihnen wurde zugleich deutlich, dass es sich bei Karamzins Erörterungen um die Selbstdarstellung eines Mannes handelte, der mit den zur Diskussion stehenden Fragen befasst war. Dessen Schlussfolgerung lautete: es gibt keine unmittelbare Einwirkung der Seele auf den Körper beziehungsweise der Natur auf den Menschen. Dass zu diesem Zeitpunkt Karamzin bereits ein klar sehender und modern denkender Philosoph war, geht aus seinen „oberflächlich wirkenden Briefen"[31] an Lavater freilich nicht hervor.

Selbst eine eigene schlüssige philosophische These zu entwickeln, zeigte sich Karamzin nicht in der Lage. Seine *wahren Freunde und Führer* in Moskau verfolgten argwöhnisch die Auslassungen ihres Zöglings. In welcher Richtung steuerte dieser am Kreuzweg von *Voltairianismus und Religion*, von dem Novikov gesprochen hatte? Von einer bevorstehenden Bildungsreise Karamzins durch Europa war in Rosenkreuzerkreisen schon seit längerer Zeit die Rede, jedoch herrschte über deren Ziele keine Einmütigkeit. Übereinstimmung gab es in der Frage, dass man auch in diesem Fall, wie bei anderen von den Freimaurern angeregten und finanzierten ausländischen Studienaufenthalten, die Schirmherrschaft darüber ausüben wollte. So gesehen konnte Karamzin auch bei seinem Vorhaben mit der Unterstützung der Moskauer *Gelehrten Freundesgesellschaft* rechnen. Er selbst hat wohl auch daran gedacht, sich von seinen Brüdern sein Erbteil an Land auszahlen zu lassen und den Erlös zur Finanzierung seiner Reise zu verwenden.

Was die Hemmnisse anlangte, die der Ausführung des Unternehmens im Wege standen, so wurde der Name des einflussreichen *Bruders* Hamaleja[32] genannt, der in dieser Hinsicht Schwierigkeiten machte. Die Vorbehalte könnten aber auch damit in Zusammenhang gestanden haben, dass Karamzin bei den Absprachen über sein Reisevorhaben zuvörderst Ratschläge und Empfehlungen von Lenz eingeholt hatte, was ihm von verschiedenen Seiten Missbilligung einbrachte. Offensichtlich konnte man sich in dieser Frage nicht bis zuletzt einigen, sodass Karamzin, versehen mit einem Zuschuss der *Freundschaftsgesellschaft* und eigenen Mitteln, die Reise antrat, in seinen Plänen und Absichten jedoch so gut wie frei war. Dass es zu keinem vollständigen Bruch zwischen den konträren Parteien kam, dürfte dabei nicht allein auf das Konto Novikovs, sondern vor allem auf Karamzins eigene Vorsichtswaltung zurückzuführen gewesen sein.

Karamzin hatte sich am Vorabend seiner Europareise bereits von verschiedenen Exzentrizitäten der Moskauer Rosenkreuzerschule losgesagt, war ihm doch eine frischere Ausbildung als den älteren *Brüdern* zuteil und ihm ein gesunder Sinn anerzogen worden. Dieser äußerte sich in Misstrauen und Ablehnung gegenüber allen apokryphen Mysterien sowie alchimistischen Kostümen und okkulten Handlungen. Aus diesem Verhalten Karamzins wurde deutlich, dass er lediglich eine verhältnismäßig kurze Zeit im *Moskauer Rosenkreuzerorden* zugebracht hatte und nur ungenügend mit den von ihm abgelehnten esoterischen und arkanischen Zeremonien verwachsen war. Daraus hatte sich für ihn freilich eine Lage ergeben, die von Sorgen und Angstanflügen gekennzeichnet war, die er in seinen Briefen freilich nur in äußerst dunklen Andeutungen zum Ausdruck brachte. Dabei konnte es sich bereits um Bangen um die gesamte Moskauer Bruderschaft gehandelt haben, auf die sich der prüfende Blick der Herrscherin gerichtet hatte. Ungeachtet aller wirklichen Abneigung gegen alchimistische Zauberkünste und arkanische Handlungen im Kultgehabe und ähnlicher Gepflogenheiten des Ordens wurde in Karamzins Auffassungen nach wie vor ein mystischer Einschlag, wenn auch in veränderten Formen, deutlich.

Anmerkungen

1 Die umfangreiche Karamzin-Forschung kann hier nicht angeführt werden, geht es in der vorstehenden Studie doch hauptsächlich um den jungen Karamzin (1766-1803) und sein Verhältnis zur russischen Freimaurerei. Daher werden nur Quellenmaterialien und Forschungsarbeiten dokumentiert, die sich auf das angeführte Thema beziehen und vorrangig benutzt wurden. Viel verdankt der Verfasser den Büchern und Studien des Bonner Slavisten Hans Rothe und des Zürcher Kirchenhistorikers Erich Bryner, den im deutschen Sprachraum vorzüglichsten Kennern der Gedankenwelt Karamzins. An dieser Stelle seien vor allem die mehrfach herangezogenen Arbeiten genannt, so Rothe, Karamzins Reise; derselbe, Karamzinforschung; derselbe, Karamzin-Studien; derselbe, Einflüsse; Bryner, Karamzin; derselbe, Moskauer Freimaurer; Mitter, Karamzin; Bächtold, Karamzin; Bartel/Lindemann, Karamzin; Harder, Karamzin; Bittner, Karamzin; J. L. Black (Hrsg.), Essays on Karamzin, Russian Man-of-Letters, Political, Thinker, Historian, 1766-1826, Den Haag, Paris 1975; M. Pogodin, Nikolaj Michajlovič Karamzin, 2 Bände, Moskau 1866. Jetzt: Gabriela Lehmann-Carli, Aufklärungs-Rezeption und Kulturkonzepte in Russland. Studien zu N.M. Karamzin und zu seinem geistigen Umfeld. 2 Bände, Phil. Habilitationsschrift, Potsdam 1996 (im Augenblick nicht zugänglich). Zum Gesamtzusammenhang auch Lauer, Russische Literatur; Waegemans, Russische Literatur; Kasack, Russische Literatur; Stender-Petersen, Russische Literatur. Zum Gedenken an Karamzin: Venok Karamzina, Moskau 1992. Jetzt auch: D.V. Ermašov/A.A. Širinjanc, U istokov rossijskogo konservatizma: N.M. Karamzin, Moskau 1999; Lehmann-Carli, N.M. Karamzin und kulturelles Verhalten eines russischen Adligen an der Wende vom 18. zum 19. Jahrhundert, in: Dieselbe u.a. (Hrsg.), Russische Aufklärungskonzeption, S. 485-501.

2 Burkhard Malich, Von Gröst bei Merseburg nach Moskau. Christian Friedrich Matthaei, in: Donnert (Hrsg.), Europa in der Frühen Neuzeit, Bd. 3, S. 199-218.

3 Ivan Ivanovič Dmitriev, Vzgljad na moju žizń, St. Petersburg 1895.

4 Petrov, Piśma k Karamzinu; Bryner, Karamzin, S. 58 ff.

5 Brang, Kutuzov, S. 44-57.

6 Mechthild Keller, Verfehlte Wahlheimat: Lenz in Rußland, in: Russen und Rußland, S. 516-535; Curt Hohoff, Jakob Michael Reinhold Lenz in Selbstzeugnissen und Bilddokumenten, Reinbek 1977; M. N. Rosanow, Jakob M. R. Lenz, der Dichter der Sturm- und Drangperiode, Leipzig 1909; Briefe von und an J. M. R. Lenz, 2 Bände, Leipzig 1918.

7 Karamzin, Piśma k Dmitrievu, S. 2 f.; Karamzin, Polnoe sobranie stichotvorenij, S. 55 f. Bryner, Karamzin, S. 65. Auch in der Folge deutsch zitiert nach Bryner, Karamzin, S. 65 ff.

8 Vgl. dazu Schmidt, Ichentwürfe, S. 187-198.

9 Karamzin, Piśma k Dmitrievu, S. 47, 80, 83.

10 Schmidt, Ichentwürfe, S. 196.

11 Barskov, Perepiska, S. 195; Vernadskij, Masonstvo, S. 146; Bryner, Karamzin, S. 67.

12 Erich Bryner, Karamzin und die Schweiz, in: Schweizerische Monatshefte 52 (1972), S. 593.

13 Bryner, Karamzin, S. 60 ff.

14 Ebenda, S. 67.

15 Ebenda, S. 72.

16 Ebenda, S. 76.

17 Rothe, Karamzins Reise, S. 64 f.

18 Bartel/Lindemann, Karamzin, S. 488 ff.

19 Briefe von und an Lenz (wie Anm. 6), Bd. 2, S. 232; Bartel/Lindemann Karamzin, S. 489.

20 Zitiert nach Bartel/Lindemann, Karamzin, S. 487.

21 Briefe von und an Lenz, Bd. 2 (wie Anm. 6), S. 232.

22 Karamzin, Perepiska s Lafaterom, S. 5-7; Bryner, Karamzin, S. 55; derselbe, Karamzin und Lavater, in: Theologische Zeitschrift 23 (1967), S. 197-205; Rothe, Karamzins Reise, S. 66; Bittner, Karamzin, S. 81 f. Vgl. auch Gabriele Lehmann-Carli, Karamzins Lavater-Rezeption, in: ZfSl 36(1991), Heft 4, S. 505-517.

23 Bittner, Karamzin, S. 81-94, Zitat S. 82.

24 Grundlegend Rothe, Karamzinstudien II, S. 272-306. Auch derselbe, Karamzins Reise, S. 65 ff.; Bryner, Karamzin, S. 77 ff.

25 Karamzin, Perepiska s Lafaterom, S. 7.

26 Ebenda, S. 17.

27 Ebenda, S. 25.

28 Ebenda, S. 27, 29.

29 Immanuel Kant, Träume eines Geistersehers, Berlin 1954, S. 74 f. Schon Rothe, Karamzinstudien II, S. 297 ff.; derselbe, Karamzins Reise, S. 70.

30 Karamzin, Perepiska s Lafaterom, S. 39-41; Rothe, Karamzins Reise, S. 70-73; Bryner, Karamzin, S. 80 f.

31 So Rothe, Karamzins Reise, S. 81; Bryner, Karamzin, S. 81.

32 Rothe, Karamzins Reise, S. 72 f.

Bildungsreise durch Europa und Abweg von der Freimaurerei

I

Philosophie und Literatur in Russland zeigten sich am Ende des 18. und zu Beginn des 19. Jahrhunderts insofern unselbstständig, als sie bewusst westlichen Vorbildern folgten und von deren Einfluss abhängig blieben.[1] Wie überall schwankten damals auch die in Russland gängigen Kulturvorstellungen zwischen Kulturoptimismus und Kulturpessimismus, von denen auch die Gedankenwelt der einheimischen Freimaurer erfüllt war. Es war daher verständlich, dass auch die russischen Maurer im Zarenreich sich an der europaweiten Diskussion über den sittenfördernden oder sittenverderbenden Charakter der Kultur beteiligten. In beiden Fällen ging es um einen Endzustand, den die einen ersehnten, die anderen befürchteten. Die Vertreter der pessimistischen Richtung setzten dabei voraus, dass ein Naturzustand nur ohne die Güter der Kultur und Zivilisation die Sittlichkeit erreichbar mache. Im Rahmen der heftig geführten Auseinandersetzungen spielten die Lehre vom doppelten *Urzustand* und der Mythos vom *Goldenen Zeitalter* eine vorrangige Rolle.

In der russischen Literatur existierte bereits seit 1760 die Vorstellung von einem glücklichen Endzustand der Menschheitsgeschichte, eben dem Goldenen Zeitalter. Als Medium, den erstrebten Zustand zu erreichen, sollten die Vernunft und deren kulturbringendes Wirken dienen. Die Erwartung der Goldenen Zeit und die magische Wirkung der Vernunft wurden in Russland an die kulturfördernde Eigenschaft der autokratischen Monarchie geknüpft, an eine Hoffnung, die sich freilich als eine nicht zu erfüllende politische Bedingung erweisen sollte. Als Karamzin zu seiner Europareise aufbrach, war der junge russische Adlige mit seinen zweiundzwanzig Jahren ein in der literarischen Welt unbekannter Mann. Nur in Zirkeln von Gebildeten in Moskau kannte man ihn. Dort galt er, der dies bereits von sich wusste, als ein begabter und einfallsreicher angehender Schriftsteller, der sich den Moskauer Rosenkreuzern zugesellt hatte. Mit scharfem Verstand ausgestattet, jedoch unstet, in Charakter und Denken nicht ohne Widersprüche, mochten sich seine Freunde, die ihn gern hatten, über das von ihm zu Erwartende keine rechte Vorstellung zu machen. Dasselbe dürfte dieser wohl auch von sich selbst gedacht haben. Auch wenn er nicht wusste, was ihn in Europa erwartete, so verfolgte er selbst, wie er später gestand, ehrgeizige Pläne.

Jedenfalls hat sich Karamzin auf seine Reise gut vorbereitet. Seine Belesenheit eröffnete ihm die Möglichkeit, alles Bessere aufzunehmen, was das europäische Denken hervorgebracht hat. So zeigte er sich bestrebt, den Berühmtheiten der deutschen Literatur zu begegnen und mit zahlreichen anderen Persönlichkeiten zusammenzutreffen. In der von Johann Georg Schwarz eingerichteten Moskauer Loge *Zur Eintracht* waren bereits vor Jahren die auswärtigen Hauptverbindungswege des Rosenkreuzerordens nach Europa vorgezeichnet worden. Sie liefen über die norddeutschen Stationen Riga, Mitau, Königsberg, Braunschweig und Berlin und von da weiter in westlicher Richtung. Karamzin folgte nicht ganz dieser Route. Seine Absicht bestand darin, der russischen Kultur, Wissenschaft und Bildung die Wege nach Königsberg, Weimar und Zürich zu bahnen und sein Heimatland in die Gliedkette der europäischen Völker und Staaten seiner Zeit einzureihen.

Anfang Mai 1789 trat der russische Edelmann seine Europareise in Richtung Ostpreußen an. Sie führte ihn erstmalig über Riga in das deutsch-preußische Gebiet, bevor er in Königsberg, der Handels- und Universitätsstadt im Schnittpunkt wirtschaftlicher und kultureller Interessen des nord- und westeuropäischen Raumes, Englands, Polens, der baltischen Provinzen und Russlands, Station machte. Es war die Hohe Schule zu Königsberg, die sich zu einem wichtigen Ein- und Ausgangspunkt der norddeutschen Aufklärung entwickelt hatte. Es war daher so unverständlich nicht, dass ein Mann wie Immanuel Kant es in dieser Ecke ein Leben lang aushielt. Als Karamzin diesem seine Aufwartung machte, den er in seinen Reisebriefen als einen „kleinen hageren Greis von außerordentlicher Zartheit und Blässe" beschrieben hat, der „geschwind, sehr leise und unverständlich" sprach, und einen „scharfsinnigen und feinen Metaphysiker" nannte, der beim verstorbenen Mendelssohn als der „alles zermalmende Kant" gegolten hätte, überreichte der Königsberger Gelehrte seinem russischen Gast nach einem dreistündigen Gespräch, in dem es hauptsächlich um die moralische Natur des Menschen ging, einen Zettel, auf dem er die Titel seiner Schriften *Kritik der praktischen Vernunft* und *Metaphysik der Sitten*, die Karamzin noch nicht kannte, vermerkt hatte.[2]

Karamzin hatte von der Kant'schen Philosophie bereits gewusst, bevor er mit dem Königsberger Gelehrten zusammentraf. Seine weitere Entwicklung ist von der Begegnung mit ihm offensichtlich beflügelt worden. Wenn der russische Edelmann Kants *Träume eines Geistersehers* gekannt hat, so lag nichts näher, als dass er sich dessen Skeptizismus zu eigen machte.[3] Es kann angenommen werden, dass Karamzin mehr von der Kant'schen Philosophie begriff, als bisweilen angenommen wird. Überhaupt gilt es zu beachten, dass der aus der Schule der Moskauer Rosenkreuzer kommende Karamzin keineswegs nur ein naiver freimaurerischer Schwärmer und typischer Vertreter des Sentimentalismus war. Sein Streben nach Originalität und Extravaganz hatte ihn in der russischen Literatur bereits gegen Ende der Achtzigerjahre in eine Sonderstellung gebracht. Er gehörte nicht zu den masonischen Eiferern, sondern eher zur Gruppe reformfreudiger, frommer Freimaurer um Novikov, deren philosophisches Unvermögen er freilich frühzeitig verspürte.

Es war der junge Karamzin, der das Hauptproblem der russischen Gesellschaftsphilosophie seiner Zeit erkannte: die Aufklärung. Dabei galt in der empfindsamen Literatur Russlands als traditionell, von der Unmittelbarkeit eines echten direkten Gefühls eine gleichsam magische Wirkung der Läuterung zu erwarten. So sollte bereits beim Lesen

Schönes und Tugendhaftes veredelnd auf das gerührte Herz wirken und Aufklärung erreicht werden. Das Vorbild stellte dabei der *Mythos vom Goldenen Zeitalter* dar. Der in diesem Zusammenhang auftauchende Konflikt zwischen Gefühl und Vernunft war es auch, der den Briefwechsel und die bevorstehenden persönlichen Gespräche zwischen Karamzin und Lavater beherrschte. Die Durchbrechung des Tabus, wonach das menschliche Herz nur durch das Schöne und Tugendhafte gerüstet wird, war daher das Thema Karamzins in all seinen Werken, die nach der Europareise entstanden. Dabei stellte der Briefwechsel mit Lavater mit seinen Inhalten für Karamzin bereits die Vorankündigung seiner Loslösung von der Gefühlsmoral der Moskauer Rosenkreuzer dar.

Nach seinem Halt in Königsberg reiste Karamzin durch Westpreußen und Pommern und über Marienburg, Danzig, Stolp und Stargard weiter nach Berlin, das er Anfang Juli erreichte.[4] Der Stern des dortigen prominenten Aufklärers Friedrich Nicolai war mit Hamanns[5] und Herders[6] Kritik der Aufklärung bereits im Sinken. In seinem Kampf gegen Schwärmerei und Aberglauben hatte Nicolai das übliche Maß mehr als überschritten, als er sich gegen die beiden sowie gegen Kant und Goethe wandte. Insbesondere hatte sich Nicolai in einen Streit mit Johann August Starck eingelassen. Dieser war zwar der „Beichtvater" Hamanns, jedoch standen beide in einem vielschichtigen Verhältnis zueinander. Karamzin war die Auseinandersetzung Nicolais mit Starck bekannt, für den er deutlich Position bezogen hatte. In Berlin angekommen, suchte Karamzin sogleich seinen Moskauer Freund und *Bruder* Kutuzov zu erreichen, der jedoch nach Frankfurt/Main gereist war. Anfang Juli traf er mit Nicolai und Karl Philipp Moritz zusammen. In der Diskussion mit Nicolai nahm Karamzin auch den von diesem angegriffenen Lavater in Schutz, wobei er im Sinne von Hamann darauf hinwies, dass die Wahrheit allein im Geiste der Liebe vertreten werden könne. Im Sinne der Königsberger Hamann und Herder waren auch Karamzins Werturteile gehalten, die er über Franz Alexander v. Kleist und Karl Wilhelm Ramler abgab. In den Unterhaltungen des russischen Besuchers mit den Berlinern ging es auch um Lessing, Christian Felix Weiße, Theokrit und Horaz.

Zu denen, die Karamzin als Gesprächspartner noch vermisste, gehörten Wieland, Klopstock und Goethe, und nicht zu vergessen Herder, Lavater und die anderen in der Schweiz, Frankreich und England beheimateten Gelehrten. Zunächst aber führte der Weg den russischen Reisenden nach Leipzig. In seinen frühen Moskauer Jahren hatte Karamzin daran gedacht, hier auch zu studieren. Daraus war jedoch nichts geworden. Mit dem Namen Christian Fürchtegott Gellert waren seine ersten deutschen Lektüren verbunden, standen doch dessen Werke bei den russischen Freimaurern in hohen Ehren. Daneben waren es der alte Weiße und Ernst Platner, die in Leipzig lehrten und deren Schriften Karamzin ebenfalls kannte.

Von Leipzig abgereist, erreichte er am 20. Juli endlich Weimar, ohne freilich sogleich, wie erwartet, mit Wieland, Herder und Goethe zusammenzutreffen. Nach Karamzins Äußerungen gehörte Wieland zu jenen Weimarianern, die er tief verehrte und auf dessen persönliche Bekanntschaft sich der russische Besucher ganz besonders freute. So hatte

Karamzin in den Briefen an seinen Freund Petrov diesem den Namen *Agathon* aus Wielands Dichtung verliehen. Seiner Hochschätzung Wielands blieb Karamzin auch nach dessen Tod treu. Doch die erste Begegnung mit ihm verlief für den russischen Edelmann recht enttäuschend, gab sich Wieland doch recht mürrisch und zugeknöpft. Es bedurfte daher eines weiteren Gesprächs, in dem sich die beiden Partner etwas näher kamen und Karamzin in dem großen Weimarer Dichter einen interessierten Zuhörer fand. Was Goethe betraf, so konnte er ihn nur am Fenster stehend sehen, war dieser doch im Begriff, sich nach Jena zu begeben, das Karamzin nicht mit seinem Besuch beehrte.

So blieb der geistige Mittelpunkt für den russischen Besucher in Weimar Johann Gottfried Herder, der für Karamzin und seine Moskauer Freunde längst ein Begriff war. Freilich hatten die russischen Freimaurer Schwierigkeiten beim Verständnis von Herders theologisch-philosophischen Schriften. Hierbei handelte es sich insbesondere um dessen Gottesbegriff. Darauf machte Karamzin seinen Gastgeber auch in den mit ihm geführten Gesprächen aufmerksam. Unverständlich blieb in diesem Zusammenhang, weshalb bei der Begegnung mit Herder nicht dessen Hauptwerk *Ideen zur Philosophie der Geschichte der Menschheit*, von dem der erste und zweite Teil 1784 und 1785 und der dritte Teil 1787 in Riga bei Hartknoch erschienen waren, zur Sprache kam. Dass Karamzin die genannten Ausgaben nicht gekannt haben soll, dürfte schwerlich anzunehmen sein. Vielleicht waren es Meinungsverschiedenheiten zwischen Herder und Karamzin, die dazu geführt haben, dass man dieses große Werk mit Schweigen überging.

Wie dem auch gewesen sein mag: Für den russischen Edelmann war Weimar eine eigene Welt, zu der dieser jedenfalls Zugang nicht über Wieland und Goethe, sondern über Herder erhielt. Ihm machte sein ausländischer Besucher das Kompliment und drückte seine Freude darüber aus, nun auch den großen Gelehrten persönlich kennen gelernt zu haben; denn „Ihren Geist", sagte Karamzin bei seinem Abschied an Herder gewandt, „kannte ich aus Ihren Schriften; aber ich wünschte auch Ihr Bild in meiner Seele zu haben, und deswegen bin ich zu Ihnen gekommen. Jetzt habe ich Sie gesehen und bin zufrieden."[7]

Von Weimar aus strebte Karamzin über Erfurt nach Frankfurt, Darmstadt, Straßburg und Basel nach Zürich. Bereits am Tage seiner dortigen Ankunft, dem 9. August, suchte Karamzin Johann Kaspar Lavater auf, der ihn in seinem Physiognomischen Kabinett empfing und dann einer Verssammlung von Zürcher Gelehrten im Hause von Johann Jakob Breitinger vorstellte. Für Karamzin war der Schweizer Lavater, sein erster Gesprächspartner, wie er schon in seinem Brief an ihn vom 14. August 1786[8] geschrieben hatte, ein großer Mann und wahrer Christ, ein Gegner der aufklärerischen Freigeister und Anhänger der christlichen Deutschen. Es war wohl das Chaos von Republikanismus, Mystizismus und Sentimentalität bei diesem, das den russischen Reisenden geradezu begeisterte, herrschte doch in seinen eigenen Ideen und Empfindungen ein ähnlicher Wirrwarr vor.

Was den russischen Gesprächspartner Lavaters beeindruckte war die Suche des Zürcher Gelehrten nach Gott in tätiger und unbekümmerter praktischer Nächstenliebe, der sich auch die Moskauer Freimaurer mit ganzer Hingabe befleißigten. Eine nennenswerte Erweiterung zu dem bereits bei den russischen *Brüdern* erlangten Denksystem war für Karamzin freilich kaum zu erkennen. Auch von Lavaters Predigten, denen er beiwohnte, zeigte sich Karamzin enttäuscht. So verfestigte sich bei dem russischen Besucher der Eindruck, dass das literarische Zentrum im deutschsprachigen Raum sich bereits klar erkennbar in Weimar herausgebildet hatte, in dem Lavater letztmalig 1786 zu Gast weilte. Gegenüber den dortigen, weit ausgreifenden Werken und Schriften eines Herder und Goethe erwies sich Lavaters literarisches Schaffen bereits als beträchtlich zurückgeblieben, gepaart mit geistiger und auch äußerlicher persönlicher Trennung. Freilich hat Karamzin auch die Anstöße von der Zürcher Literatur, insbesondere durch Lavater, und nochmals belebend durch die bereits verstorbenen Johann Jakob Bodmer und Salomon Geßner erfahren und diese mitsamt ihren Werken während und nach seiner europäischen Bildungsreise mit Gewinn in die russische Literaturentwicklung einbringen können.

Von Kant war Karamzin in Königsberg anhand von Aussprüchen, Zettelchen und Manuskripten über die *neue kritische Philosophie* belehrt worden. Davon angeregt, war es ein Bedürfnis des russischen Reisenden, sich im weiteren Verlauf seiner Visite in ausgiebigen Gesprächen auch mit Lavater dessen Offenbarungen und Erklärungen der Natur kennen zu lernen. Dieses war nun erfolgt. Mit seinem Besuch in Zürich hatte der russische Edelmann den deutschsprachigen literarischen Raum durchmessen. Ähnlich geschlossene Literaten- und Gelehrtenkreise in westlichen Ländern Europas lernte er nicht mehr kennen. Jedoch schloss er noch einzelne Bekanntschaften, die auf Zürcher Anregungen zurückgingen. Dazu gehörten die Gespräche mit dem Schweizer Franzosen, dem Naturforscher und Philosophen Charles Bonnet in Genthod, ferner mit Friedrich v. Matthisson in Lyon und Wilhelm v. Wolzogen in Paris, durch den er auch in nähere Berührungen mit dem Schaffen Schillers kam, dem er ebenfalls nicht persönlich begegnet war. Wie bei Lavater stieß Karamzin auch bei Bonnet auf Auffassungen, die seinen eigenen Ansichten nahe kamen und von ihm mit einem seiner Lieblingsausdrücke als „süße Empfindsamkeit“ bezeichnet wurden. Da der russische Besucher noch nicht genügend die Philosophie Kants von der Lavaters und Bonnets zu unterscheiden vermochte, überraschte es auch nicht, dass er gleichermaßen nicht den gegen die bestehende Ordnung gerichteten Stachel verspürte, der sich in den Werken Rousseaus verbarg, den er hoch verehrte.

Freilich waren die im Verlaufe seiner Reise sich in den freimaurerischen Gedanken Karamzins vollziehenden Veränderungen nicht zu übersehen. Diese dürften auch den Nachwirkungen geschuldet gewesen sein, die die Schriften Johann Georg Hamanns auf ihn ausübten. So hatte sich der Begriff der *Seele* für Hamann als fundamentale Erkenntnis gegenüber dem Schlagwort *Vernunft* erwiesen. Gerade der Begriff der Seele, der für Kant leer blieb, sollte bereits in den Anschauungen des jungen Freimaurers und Schriftstellers Karamzin eine beträchtliche Rolle spielen. Auch Kants Hörer Lenz hatte sich in diesem Punkt den Anschauungen Hamanns angenähert. Das waren die geistigen Impulse, die von Königsberg nach Moskau ausschlugen und im Kreis um Schwarz, Novikov und Ivan Turgenev heimisch wurden und sich zu Auffassungen formten.

Hamann hatte noch vor seinem Tode im Jahre 1788 über den Verleger Johann Friedrich Hartknoch in nähere Beziehungen zu Lenz zu treten gesucht, auch mit dem Dichter-Vater, dem General-Superintendent von Livland Christian David Lenz, hatte er korrespondiert. Als sich die Krankheit von Jakob Michael Reinhold Lenz zu verschlimmern schien, nutzte Hamann seine Verbindungen, um in Moskau Aufschluss über den Zustand des Dichters zu erlangen[9] und Kontakte zu dessen Freund Karamzin herzustellen. Freilich, als dieser im Mai 1789 zu seiner Reise gen Westen aufbrach, war Hamann nicht mehr am Leben, und auch Hartknoch hatte im April 1789 das Zeitliche gesegnet.

Was blieb war, dass Karamzin während seiner europäischen Bildungsreise, den verschiedensten Einwirkungen und Einflüssen ausgesetzt, erste zaghafte und sich vortastende Versuche zu erkennen gab, sich von Leibniz, Lavater, Bonnet und den Moskauer Freimaurern zu lösen. Weitgehend aus freien Stücken entzog sich der fähige junge Mann der Beeinflussung durch seine russischen *Brüder* und wohlwollenden Freunde, zu denen zuvorderst Alexander Petrov[10] gehörte, der der masonischen Gedankenwelt fester verhaftet blieb. Karamzin hatte auf seiner Reise[11] bedeutende Geister in berühmten Städten besucht. Goethe und Schiller waren jedoch nicht erreichbar. Er wandelte auf den Spuren Geßners, Voltaires und Rousseaus und erlebte das Paris des Jahres 1790. Hier sah er Marmontel und La Harpe. Danach reiste er nach London, das er als das gesunde Gegenstück zu dem prächtigen, aber verkommenen Paris schilderte. Im Ausbruch der Französischen Revolution sah er die Ankündigung eines neuen, des von den Freimaurern erwarteten *Goldenen Zeitalters*. Freilich sollte er wenige Jahre später, 1793/94, nach dem Jakobinerterror, seine Zustimmung zu den französischen Ereignissen zurücknehmen.

Nach seiner Abfahrt aus Paris im Juni 1790 hat Karamzin in seinen Reiseaufzeichnungen auch Friedrich Schillers[12] gedacht. Gelegentlich seines dortigen Beisammenseins mit Wilhelm Freiherrn v. Wolzogen, Schillers Mitzögling auf der Stuttgarter Karlsschule, hatte er angenehme Abende verbracht, wo beide Schillers Gedichte lasen und miteinander philosophierten.[13] Es war Karamzin, durch dessen *Reisebriefe* ein breiter Leserkreis in Russland erstmalig vom literarischen Schaffen Schillers Kenntnis erhielt. Wolzogen, ein begeisterter Verehrer Schillers, und Karamzin haben ihre Freundschaft einige Jahre später brieflich erneuert. So ist bekannt, dass Wolzogen den russischen Dichter – wahrscheinlich 1801 – in Moskau besuchte und dort erneut über Schiller gesprochen wurde. Was die Frage der Einwirkung des deutschen Dichters auf Karamzins literarische Werke anbetrifft, so zeigte sich diese vor allem am Beispiel von Schillers Lied *An die Freude* (1785), dessen Spuren in Karamzins *Friedenslied (Pesń mira)* (1792) ganz deutlich. Es waren bereits die ersten zwölf Verse des Liedes (*Freude, schöner Götterfunken; alle Menschen werden Brüder; seit umschlungen Milionen! u. a.*), die sich in Karamzins *Friedenslied* wiederfanden. Schillers Lied *An die Freude* ist erstmals 1840 in russischer Übersetzung erschienen.

Karamzin war nicht als Stürmer und Dränger gereist, aber er suchte und fand den richtigen Weg in die Ausgangspunkte des philosophischen und literarischen Schaffens in Europa.[14] Als Leipzig und das in der Bedeutung nachrangige Berlin zu seichter Aufklärung und populärer Moral verflachten, regten sich in Königsberg der Kritizismus Kants und die Kritik Hamanns an der bisherigen Aufklärung, in deren Gefolge dieser insbesondere seine Ansichten vom Christentum und sein Verhältnis zu Sprache und Schrift, Vernunft und Offenbarung revidierte. Den Ausgangspunkt der *veränderten Aufklärung* in Königsberg bildete jedoch Kant. Seine *Kritik der reinen Vernunft* von 1781 hatte zu einer neuen Philosophie von bis dahin unerreichter Tiefe und Klarheit geführt. Hamann und später Herder waren Hörer Kants. Auch Lenz hatte dem Königsberger Philosophen zu Füßen gesessen und dessen Lehren in sich aufgenommen. Hamanns neues Verhältnis zur Philosophie der Aufklärung lag also noch vor dem kritischen Kant. Den Angelpunkt von Hamanns Gedanken bildete der „geheimnisvolle Spiegel von Wort, Sprache und Schrift", ein Verständnis von Geschichte, über das Kant nicht verfügte.

Es spricht alles dafür, dass Karamzin, als er im Juni 1790 von Paris aus zur Rückkehr in die Heimat aufbrach, sich sowohl der russischen als auch der westlichen geistichen Situation bewusst geworden war. Keine volle Klarheit freilich besaß er über den Wechsel der mit der Französischen Revolution eingetreten war, obwohl er in seinen *Reisebriefen* die damit zusammenhängenden Ereignisse beschrieben hat. Hinzu kam, dass sich bei ihm noch immer aufklärerische Gedanken mit sentimentalen Gedanken und Meditationen verbanden, wie aus seinen *Reisebriefen* deutlich hervorgeht. Eine eingehende Beschäftigung Karamzins mit den großen Persönlichkeiten des Westens wird daraus nicht sichtbar. Der junge Reisende war offensichtlich mehr von einem allseitigen Drang nach Bekanntschaft mit der europäischen Kultur erfüllt als von dem ernsthaften Streben, sich über Wert und Rang der einzelnen Geister und ihrer Werke eine Vorstellung zu bilden.

II

Gleichzeitig mit seinen Versuchen einer Loslösung von der Freimaurerei war Karamzin durch die verstärkte Lektüre englischer Literatur unter den Einfluss des Sentimentalismus geraten. Mit der damit verbundenen Hinwendung zum Kult der „schönen Seele" wurde sein masonischer Mystizismus gleichsam säkularisiert. Ungeachtet seiner Korrespondenz mit Lavater und intensiverer Beschäftigung mit den Werken von Herder und Bonnet drang Karamzin jedoch kaum tiefer in die philosophische Lektüre ein. Die Metaphysik war und blieb ihm wohl auch zeitlebens im Grunde fremd. Seine Philosophie war ein auf die Moral reduziertes Gedankengebäude. Karamzins europäische Bildungsreise hatte von Mai 1789 bis September 1790 gedauert. Da der russische Wallfahrer, wie deutlich geworden war, sich während seiner Auslandsvisite von den befreundeten Moskauer Freimaurern entfernte, bleibt unklar, ob Karamzin sein Unternehmen überhaupt nach deren Instruktionen durchgeführt hatte. Nach einem späteren Zeugnis von ihm sei ihm bei der Befolgung seiner Ziele freie Hand gegeben worden. Nicht in Frage steht, dass er bei seinen Deutschlandstationen den Empfehlungen gefolgt war, die ihm Jakob Michael Reinhold Lenz mit auf den Weg gegeben hatte. Jedoch machten auch Karamzins Zwischenaufenthalte in Berlin, Dresden und Leipzig den Einfluss Kutuzovs deutlich, der in Leipzig studiert hatte.

Zuhause angelangt, machte Karamzin sich auf der Grundlage seiner Tagebuchnotizen und Briefe, die er während der Fahrt geschrieben hatte, sogleich an die Abfassung seiner *Piśma russkogo putešestvennika (Briefe eines russischen Reisenden)*, die er in drei Ausgaben 1791/92, 1793/97 und 1797/1801 herausbrachte. Die *Reisebriefe*[15], durch die Karamzin als Schriftsteller berühmt wurde, erregten großes Aufsehen und gehören zu den wichtigsten Erscheinungen der russischen Literatur am Ende des 18. und Anfang des 19. Jahrhunderts. Mit seinem Reisewerk verfolgte der Verfasser das Ziel, sich selbst im Spiegel geistiger Begegnungen als Vermittler der westlichen aufgeklärten Zivilisation zu profilieren und die eigene Person im Glanze großer Namen vorzuführen. Stilgeschichtlich stellten Karamzins *Briefe eines russischen Reisenden* gleichsam das ausländische Pendant zu Alexander Radiščevs *Reise von Petersburg nach Moskau* vom Jahre 1790 dar.[16] Bei den Briefen handelte es sich um fingierte Schreiben[17], die erst nachträglich verfasst und in späteren Teilen (den Londoner und meisten Pariser Briefen) erst 1801 gedruckt wurden. Die letzteren Briefe lassen weder eine genaue Datierung noch eine thematische Anordnung erkennen und sind nach Inhalt und Geist erst für den späteren Druck verfasst worden. Dies gilt vor allem für die Passagen über die englische Literatur und die Französische Revolution.

Aus den *Reisebriefen* wird die Sichtweise des Verfassers, die er sich bei seiner Berührung mit der Gesellschaft und Kultur des westlichen Europa erwarb, ganz deutlich. Das Interesse Karamzins für diese für ihn neue Welt geriet bereits während der Reise mit seinem bisherigen Verständnis von Gott, Natur und Weltall in Widerspruch. Dabei lockerte sich seine frühere religiöse Verwurzelung unter dem Einfluss der westlichen Philosophie besonders erkennbar, was ihn auch zu einer veränderten Einstellung gegenüber den Trieb- und Wirkungskräften der *Aufklärung* führte. So sah er jetzt als Betätigungsbereich für die aktive Menschennatur vor allem die Wirtschaft und den Verkehr, und zwar eingedenk dessen, dass beständige Einsamkeit zu Nichts führe. Freies gegenseitiges Sich-unter-einander-Bewegen der Menschen verschiedener Völker, Staaten, Bevölkerungsgruppen wurde jetzt zum Gesellschaftsideal des jungen Nikolaj Karamzin. Seine neue Lebensanschauung, die er in den *Reisebriefen* offenbarte und die die russischen Leserinnen und Leser als etwas Neues ansprachen, enthielten Elemente sämtlicher in Europa gängiger Philosophien. Dies erlaubte es Karamzin, in seinem Reisewerk auch eine Fülle von Aphorismen auszustreuen. Damit entstand das Bild eines Schriftstellers, der mit der Zeit Schritt zu halten schien und sich auf die gesamte europäische Kultur berufen konnte. Ja, man kann sagen, dass die Erzeugung dieses Bildes das eigentliche Anliegen von Karamzins *Reisebriefen* überhaupt war.

So sehr dieser als junger Schriftsteller, der in Moskau eine deutsche und eine russische Ausbildung erhalten hatte, ansonsten die Natur als höchsten Zustand der Glückseligkeit pries, so sehr dachte er nun im Grunde nur an seinen Umgang mit Menschen. Sein sentimentaler Hedonismus, das heißt das Streben nach Sinneslust und Genuss, das lediglich die angenehme Empfindung als Wert gelten ließ, war Ausdruck einer Lebensphilosophie, die nicht nur die Geselligkeit voraussetzte, sondern auch dem Genuss materieller Dinge einen Schein von Berechtigung verlieh, wenn er angenehm und gesellig war. Die Fähigkeit, wenigstens in der Phantasie, die Freuden einer unwiderruflich entschwundenen Primitivität zu erleben, breitete einen versöhnlichen Schimmer über die Freude an den materiellen Vorteilen der Aufklärung. Hinter all diesen ungleichartigen, jedoch charakteristischen Gedankensplittern verbarg sich das sorgfältig gestaltete Bild eines Schriftstellers, dessen wesentlichste Züge seelisches Gleichgewicht, philosophische Harmonie, mildes Wohlwollen und humane Gesittung waren, beherrscht von einem selbstgefälligen Hedonismus.[18]

Als Ankömmling im Moskauer Rosenkreuzerkreis hatte Karamzin vor Jahren die dort herrschende produktive Arbeitsatmosphäre bereitwillig angenommen. Es war dies für ihn eine aktiv-optimistische Stimmung mit einem lebens- und schaffensfrohen Blick auf die Welt, der dem Bewusstsein der Macht und der Güte Gottes entsprang, wie er den Freimaurern eigen war. Die *martinistische Weltflucht* fand allerdings bei Karamzin von vornherein keinen echten Propagandisten, wie er vor Antritt seiner Reise klar zu erkennen gegeben hatte. Seine folgenreichste Entwicklung während der Europareise war die Transponierung des maurerischen Seelen- und Naturbegriffs ins Künstlerische. Die übergeordnete Macht, die die Verbundenheit von Mensch und Natur garantierte, war bei ihm nun nicht mehr ausschließlich Gott, sondern das, was man *Genius* nannte, der bald als ein Wesen für sich, bald als etwas im Menschen oder in der Natur Verkörpertes erscheint. Gefühlsmäßig war die geistige Welt, wie sie Karamzin empfand, viel stärker auf das eigene Ich ausgerichtet als auf den Menschen oder auf Gott.

Karamzin reihte sich nach seiner Heimkehr von der europäischen Wallfahrt, die ihn in die großen und kleinen Heimstätten der westlichen Kultur und Zivilisation geführt hatte, wieder der Moskauer Freimaurergemeinschaft ein und bezog zeitweilig Quartier im Haus des ihm befreundeten Ehepaars Pleščeev. Die dort in philosophisch-theologischen Fragen vertretenen Ansichten steckten freilich noch immer tief in der Mystik. Karamzin, der sich Kutuzov und Petrov enger zugesellte, bildete zusammen mit diesen zeitweilig eine regelrechte Zelle literarischer Anglophilie. Hier wurden nach wie vor eifrig Young- und Shakespeare-Übersetzungen veranstaltet und Ossian-Lesungen durchgeführt. Während Karamzins Europaaufenthalt hatten im Moskauer Freimaurerkreis nun auch Gestalten wie James Thomson, Laurence Sterne, Oliver Goldsmith, Christian Fürchtegott Gellert, Johann Kaspar Lavater, Karl Philipp Moritz, Johann Heinrich Jung-Stilling, Ewald v. Kleist, Herder, Wieland, Schiller, Goethe und andere einen höheren Stellenwert erhalten.

Der im Ausland weilende russische Edelmann war dort durch das Betonen des poetischen statt des religiösen Empfindens allmählich, aber immer entschiedener von seinen

Moskauer Freunden abgerückt. Sein Ideal wurde jetzt der moderne Aufklärer, der mit einer weltfreudigen und gesellschaftlichen Gesinnung hervortrat. Nach der Rückkehr von seiner Reise hatte Karamzin zudem mit Lavater wegen der ihm in Zürich angebotenen ausgewählten russischen Werkausgabe, die man in Moskau veranstalten wollte, erneut briefliche Verbindung aufgenommen, die sich zu Kontakten auch anderer Zürcher Gelehrter mit Moskauer Freimaurern, so mit Ivan Petrovič Turgenev und Ivan Vladimirovič Lopuchin, auswuchsen. Angeregt von Karamzin, ging man nun in russischen Maurerzirkeln daran, sich verstärkt der Weimarer Literatur zuzuwenden und sich dabei insbesondere mit den Werken Goethes, Schillers und der deutschen Frühromantiker zu befassen.

Mit seinen Besuchen in Weimar und Zürich hatten sich in Karamzins Gedankenwelt sichtbare Veränderungen vollzogen. Zwar huldigte dieser noch verschiedenen Auffassungen, die auch im Moskauer Rosenkreuzerkreis gängig waren, stimmte jedoch in Grundsatzfragen mit seinen dortigen Freunden nicht mehr überein. Der damit einsetzende Prozess seiner Loslösung von den Moskauer Maximen blieb freilich von deren Vertretern nicht unbemerkt. Sie entfalteten vielmehr sogleich in Briefen, die sie miteinander austauschten, eine heftige und prinzipielle Kampagne[19], die sich gegen Karamzins antimaurerische Auffassungen richtete. Dabei stellten sie fest, dass dieser das maurerische Misstrauen gegen sich selbst und gegen den modernen weltlichen Wissenschafts- und Literaturbetrieb aufgegeben hätte.

Zu denen, die insgeheim gegen Karamzin auftraten, gehörten nicht nur Autoritäten wie Novikov und Kutuzov, sondern auch zahlreiche andere masonische Größen. So schrieb die mit Karamzin befreundete Anastaśja Ivanovna Pleščeeva am 7. Juli 1790 an ihn: „Du mußt Dich umblicken und darüber nachdenken, was Du in Moskau warst, was Du für ein Herz hattest und wie Du dachtest; die verfluchten fremden Länder haben etwas ganz anderes aus Dir gemacht".[20] Und am 22. Juli des gleichen Monats teilte sie auch Kutuzov mit: „Gebe Gott, daß er, wenn er hierher kommt, uns sage, daß die Menschen überall Menschen sind, und daß seine gelehrten Männer ihn nicht auf eine Minute glücklicher als früher gemacht haben".[21] Am 10. November wünschte sich Frau Pleščeeva in einem erneuten Schreiben an Kutuzov „so viel Vernunft zu haben, um mir meinen früheren Freund zurückzugewinnen, denselben Ramsey [Karamzins Freimaurername], der von uns weggefahren ist; aber nein, meine Augen sind nicht verschlossen für seine Veränderung; ich glaube, ich sehe klar darüber, daß er ein völlig anderer ist, und was noch schlimmer ist, daß er selbst meint, er sei jetzt besser als er war [...] In ihm ist nicht mehr diese Zartheit, die man als die Seele der Freundschaft ansehen kann [...] Seine Veränderung besteht darin, dass er zuversichtlicher im Hinblick auf sich selbst geworden ist".[22]

Nahezu sämtliche freimaurerischen Freunde Karamzins zeigten sich geradezu entsetzt von dem Wandel, der sich in dessen Anschauungen und Wesensart vollzogen hatte. Es seien die von ihm aufgesuchten Länder und Persönlichkeiten gewesen, die einen völlig anderen Menschen aus ihm gemacht hätten. Karamzin gebe sich nunmehr selbstsicherer, aufgeblasen und stolz und habe nichts mehr von einem Rosenkreuzer an sich. In die Briefdiskussion über den abtrünnigen jungen Karamzin, die bis Mai 1791 anhielt, griffen nun auch andere hoch geschätzte *Brüder* ein, zu denen insbesondere Fürst Nikolaj Nikitič Trubeckoj und Ivan Vladimirovič Lopuchin gehörten. Zunächst ließ Kutuzov von Berlin aus am 17./28. Dezember 1790 Frau Pleščeeva nochmals wissen, dass er sich mehr als wundere über die „Veränderung unseres Freundes" und dessen „plötzliche Schriftstellerei", die ihn schmerzlich berühre, habe er doch kein Verständnis für „glänzendes und schönrednerisches Geschwätz": „Wenn in unserer Gesellschaft" so schrieb er weiter, „hundert Zeitschriften herausgegeben werden wie die Berliner oder die von Wieland, so wird kein einziger Russe durch sie besser werden. Im Gegenteil: ich fürchte, daß tausend solcher Zeitschriften Millionen neuer Hindernisse zur Erreichung der Tugend und zur Selbsterkenntnis und Erkenntnis Gottes abgeben werden." Kutuzov war deshalb in Sorge, dass Karamzin „der Erfolg seiner Arbeit mit Eigenliebe und Eitelkeit durchtränken werde", und je mehr Nahrung seine Leidenschaften erhielten, „desto mehr würden sie ihn blenden und zu ihrem Sklaven machen".[23] Und im Schreiben vom 31. Dezember fragte derselbe Kutuzov auch Trubeckoj: „Bitte sagen Sie mir, was bedeutet das, daß der junge Mensch die Zügel gelöst und die Absicht hat, auf dem Feld des leeren Ruhms zu rennen? Das tut mir weh".[24]

Lopuchin schließlich nahm in seinem Schreiben vom 3. Februar 1791 erneut zu der für Karamzin angeblich „sinnlosen und für ihn verlustbringenden Reise" Stellung, wobei er bemerkte, dass dieser sich in den Kopf gesetzt hätte, Schriftsteller zu werden, und wie „Fürst Prozorovskij unbedingt die *Martinisten* vertilgen" möchte, aber: „ich denke, beide werden gleichen Erfolg haben, beide, vermute ich, werden Fehlschlag zu beklagen haben".[25] Und auch in Trubeckojs Brief an Kutuzov vom 20. Februar 1791 hieß es streng: „Was unseren gemeinsamen Freund Karamzin betrifft, so scheint mir, daß er nach einem Schmetterling hascht, und daß die fremden Länder ihn aufgeblasen gemacht haben vor Stolz, sodaß er zu nichts mehr taugt." Und der Fürst konnte sich nicht enthalten, seinem Groll, den er gegen Karamzins Aktivitäten hegte, vollends freien Lauf zu lassen: „Mit einem Wort, er hat durch seine Zeitschrift [*Moskovskij Žurnal*] sich in den Augen des Publikums als frech und, unter uns gesagt, als Dummkopf erwiesen". Der zweiundzwanzig Jahre ältere Trubeckoj nannte Karamzin deshalb „frech", „weil er", wie er erläuterte, „obwohl fast noch ein Kind, sich erdreistet, seine Werke dem Publikum vorzulegen, und in den Kopf gesetzt hat, daß er bereits Autor sei und in die Zahl der großen Schriftsteller in unserem Vaterlande gehöre." Aber was sein Werk angehe, „so sei darin keine Frechheit, dagegen viel Dummheit und Langeweile für den Leser".[26]

In die gleiche Richtung zielten die zwischen März und Mai 1791 in Berlin verfassten Briefe Kutuzovs an Lopuchin vom 4. März an Aleksej Pleščeev, vom gleichen Tag an Anastasja Pleščeeva, an Fürst Trubeckoj vom 22. März und an Anastasja Pleščeeva vom 7. Mai 1791. So stellte Kutuzov im Hinblick auf die Veränderungen, die sich in Karamzin vollzogen haben, an Pleščeeva erneut die Frage: „Vielleicht ist auch in ihm eine Französische Revolution vorgegangen."[27] Was Karamzins Zeitschrift *Moskovskij Žurnal* betraf, die er noch nicht erhalten hatte, vermutete er, dass darin „unser Vaterland nicht in sehr vorteilhafter Weise dargestellt" sein dürfte: „Aber desto angenehmer sind [sicherlich] die anderen Staaten beschrieben [...] Das ist die Eigenschaft aller unserer jungen Schriftsteller: lobend hoch zu erheben, was sie nicht kennen, und zu verschmähen, was kennen zu lernen sie sich keine Mühe geben." An Trubeckoj gewandt hieß es: „Um Karamzin tut es mir wirklich von Herzen leid, und ich sehe auf ihn nicht anders als auf einen Menschen, der vom Fieber befallen ist."[28] Und Frau Pleščeeva gab Kutuzov in seinem Schreiben nicht ohne Häme zu bedenken, dass Karamzin mit Leib und Seele ein berühmter Schriftsteller werden möchte: „Ich glaube, er übt sich nicht selten sogar im Schlaf im Schriftstellern. Ein zweiter Grund scheint mir das Folgende: er hatte nie Achtung vor seinem Vaterland; seine Reise, Gesehenes und Gehörtes, die Freiheit, die mit dem Stand eines Reisenden verknüpft ist – all das zusammen hat seine geringe Achtung in Verachtung verwandelt, die er vielleicht selbst nicht einmal merkt."[29]

Diese scharfe, einseitige Verurteilung von Karamzins geistesgeschichtlicher Stellung um 1790/91 machte die beiden Lager deutlich, die nach der Europareise des jungen russischen Dichters entstanden waren, der sich erdreistet hatte, den ihn bedrückenden Ballast seiner Moskauer Freimaurerzeit abzuwerfen. Sie zeigte aber auch die geistige Erschütterung Karamzins und die Krise[30] an, in die Nikolaj Karamzin Anfang der Neunzigerjahre geraten sollte. Aber noch ließ sich bei ihm kein Zurückweichen bemerken. Vielmehr begann er just zu diesem Zeitpunkt, als ihm seine ehemaligen Freimaurerfreunde in den schärfsten Formen attackierten, mit der Veröffentlichung seiner *Briefe eines russischen Reisenden* in der von ihm 1791/92 herausgegebenen Zeitschrift *Moskovskij Žurnal.*

Das nur wenige Monate erscheinende *Moskauer Journal* war Teil eines großzügig konzipierten Aufklärungsprogramms, durch das Karamzin bei seinen Landsleuten mittels Vorbild und Ermahnung Herzensbildung, europäischen Geisteshorizont und literarisches Leben erzeugen wollte. Mitarbeiter waren ihm die Dichter Michail Matveevič Cheraskov, Ivan Ivanovič Dmitriev, Jurij Aleksandovič Neledinskij-Meleckij und Gavrila Romanovič Deržavin. Humanität und Philanthropie waren nach Karamzin wesentliche Bestandteile des aufklärerischen Weltbilds und der Aufklärungsphilosophie. Nach der in ihnen vorherrschenden Meinung besaß der Mensch ein natürliches Gefühl für das Gute und Edle. Die gleiche Auffassung wurde auch in den Gedichten und Oden Sumarokovs, Cheraskovs und Karamzins vertreten. In der Zeit des *Moskauer Journals* (1791/92) trugen die dort veröffentlichten sentimentalen Beiträge einen erkennbar naiv-schwärmerischen Einschlag, so wenn Karamzin davon träumte, vor ihm, dem Prediger auf einem Berg, werde sich die gesamte Menschheit versammeln und alle Völker in einer universalen Bruderschaft vereinen.

Karamzins *Moskauer Journal* zeitigte große Wirkungen und rief nicht zuletzt heftige Proteste seitens der Freimaurer hervor.[31] Diese erregten sich darüber, dass Karamzin in der Öffentlichkeit noch immer für einen zu ihnen gehörigen jungen Schriftsteller gehalten wurde. Sie nannten seine Zeitschrift ein langweiliges Organ und ihren Herausgeber einen Mann, der damit sein Vermögen verschleudere. Auch von anderer Seite wurde Karamzin verspottet, wie in der Zeitschrift *Der Betrachter* (*Zvistel'*) zu lesen war, die von Ivan Andreevič Krylov, Peter Alekseevič Plavil'ščikov und Alexander Ivanovič Klušin herausgegeben wurde.

Freilich gab es auch andere Ereignisse, die die Betrübnis Karamzins verstärkten. Bereits im Sommer 1790 war Alexander Radiščev eingekerkert und anschließend nach Sibirien verbannt worden. Ende desselben Jahres hatte man auch den Dramatiker und Übersetzer Jakov Borisovič Knjažnin in die Peter-Pauls-Festung eingeliefert, wo er im Januar 1791 an den Folterungen gestorben sein soll. Im Frühjahr des gleichen Jahres siedelte Karamzins Freund Alexander Andreevič Petrov nach St. Petersburg über. Im April 1792 wurde schließlich auch der schwer kranke Nikolaj Novikov inhaftiert und der Moskauer Maurerkreis zerschlagen. Karamzins Hilfsintervention erwies sich als vergeblich und brachte ihn selbst in Gefahr. Im Mai 1792 starb der todkranke Jakob Michael Reinhold Lenz, dem Karamzin viel verdankte. In Frankreich wurde zur selben Zeit die Monarchie abgeschafft. Ungeachtet seiner äußeren Erfolge und seines beginnenden Ruhms als junger Schriftsteller fühlte sich Karamzin, von seinen ehemaligen Freunden verlassen, vereinsamt und in zahlreiche Händel verwickelt, aus denen er sich nur schwer herausfand.

Im Zusammenhang mit dem Erscheinen des *Moskovskij Žurnal* war es auch zur Abkühlung des freundschaftlichen Verhältnisses zwischen Karamzin und Kutuzov gekommen. In drei Schreiben von 1790 und 1791 an Kutuzov hatte Karamzin einen Ton angeschlagen, der die beginnende Entfremdung zwischen beiden ankündigte, und in denen er auf seine Rückkehr von der großen Europareise Bezug nahm: „Über mich kann ich nur sagen", so hieß es, „dass ich bald 25 Jahre alt sein werde, und zu der Zeit, als wir uns voneinander trennten, bin ich zweiundzwanzig gewesen. Wenn ich mich verändere, dann wenigstens nicht in meiner Liebe zu Ihnen."[32] Kutuzov empfand diese Zeilen als „ein wahrhaftiges Rätsel", was den verstimmten Karamzin zu der Antwort an seinen nunmehr in Berlin lebenden Freund verleitete: „Wenn Sie denken, ich hätte aufgehört, meine früheren Freunde zu lieben, dann denken Sie ungerecht, mein liebster Bruder!" So enthalte sein *Moskovskij Žurnal* eigene und fremde Stücke, Kleinigkeiten, Bagatellen und nichts dergleichen, was Kutuzov interessieren könnte. Dieser selbst bedauerte, dass Karamzin ihm offensichtlich kein Exemplar seiner Zeitschrift schicken wolle, was Karamzin zu der kurzen Antwort veranlasste: „Was mich betrifft, lebe ich in Moskau meistens in der Einsamkeit, rauche Knaster, trinke Kaffee, lese ausländische Journale und Zeitungen, applaudiere guten Dingen und guten Menschen."[33] Dieses Schreiben Karamzins war freilich ebenso kühl und inhaltsarm gehalten wie seine vorherigen.

Auch aus seiner Umdichtung von Magnus Gottfried Lichtwers *Die seltsamen Menschen* (*Strannye ljudi*) von 1792 wurde die Abwendung deutlich, die der russische Dichter nach der Heimkehr von seiner Bildungsreise durch Europa zu erkennen gab.[34] Es kann angenommen werden, dass Karamzin mit diesem Werk vor allem den Moskauer *Martinisten* zusetzen wollte, wurden diese doch ihrer mystischen und alchimistischen Vorliebe wegen gern als „seltsame Menschen" bezeichnet. Dabei kam ihm das bei Lichtwer enthaltene Suchen nach dem Stein der Weisen bei seiner Auseinandersetzung mit den Alchimisten zupass, um auch seine ehemaligen Lehrmeister und Freunde ins Lächerliche zu ziehen. Trotz der recht erfolgreichen Arbeit lebte Karamzin in diesen Jahren, wie er berichtete, in deprimierter Stimmung. Er nahm Anteil am Schicksal seiner verfolgten, unglücklichen Moskauer Freimaurerfreunde, besonders auch der Pleščeevs. Mit ihnen, bei denen er längere Zeit wohnte, fühlte er sich besonders eng verbunden. 1801 heiratete Karamzin die Schwester seiner Hauswirtin, die jedoch bereits im darauffolgenden Jahr starb. Er selbst geriet immer mehr in finanzielle Schwierigkeiten und befürchtete bereits die Einstellung auch seiner literarischen Arbeiten auf Allerhöchste Anordnung.

In den Jahren der Freimaurerverfolgungen[35] – er selbst galt ja bei Katharina II. noch immer als *mason* – suchte Karamzin Zuflucht im eigenen Herzen, in der Freundschaft und in der Natur, wie sein Gedicht *An sich selbst* (*K samonu sebe*) von 1795 verdeutlichte, in dem er über eine Poesie der gefühlvollen Intimität, der Liebe und der Freundschaft nachsann. 1794 hatte er seine Stücke aus dem *Moskovskij Žurnal* unter dem Titel *Meine Kleinigkeiten* (*Moi bezdel'ki*) in gesonderter Ausgabe herausgebracht, 1794/95 zwei Hefte seines ersten empfindsam-galanten Almanachs *Aglaja (Der Glanz)*; 1796 bis 1799 folgten drei Hefte des Almanachs *Aonidy (Die Musen)*, 1798 das *Pantheon ausländischer Literatur*. In den Jahrgang 1795 der *Aglaja* hatte Karamzin zudem die Fortsetzung seiner *Reisebriefe* sowie mehrere Erzählungen, Gedichte und philosophisch-ethische Studien eingerückt.[36]

Zu ihnen gehörte als bedeutendster Beitrag der in der *Aglaja* 1795 erschienene fiktive *Briefwechsel zwischen Melodor und Philaleth*, zweier Männer, die sich über die Französische Revolution unterhielten. In ihm erinnerte Melodor seinen Freund an ihre früheren Gespräche über die Aufklärung und den baldigen Anbruch des *Goldenen Zeitalters*. Aber, so klagte er jetzt, die Revolution in Frankreich mache alles, was man im 18. Jahrhundert erwartet hatte, vollständig zunichte. Statt Glück, Wohlstand, Vernunft und Aufklärung sehe man überall Blut, Tränen, Feuer, Gewalttat, Mord, Zerstörung und Brandfackeln, und die Feinde von Wissenschaft, Philosophie und Moral triumphierten. Und Melodor beendete seinen Brief mit dem verzweifelten Ausruf: „Ich schaue auf die aufgehende Sonne und frage: Wozu gehst du auf? Ich stehe unter einer rauschenden Eiche und frage: Wozu rauschst du? Jetzt ist alles für mich sinnlos [...]. Bisweilen falle ich auf die Knie und erhebe meine Hände – zum Unsichtbaren [...]. Keine Antwort [...]. Der Himmel ist mit Nebel bedeckt. Der Himmel ist schrecklich".[37]

Ebenfalls zutiefst erschüttert, gab Philaleth seinem Freunde Recht, jedoch wollte er aus dem unerhörten Geschehen retten, was seiner Seele wert war. Und so ließ er Melodor wissen: „Möge die Welt von Grund auf zusammenstürzen, lächelnd werde ich unter dem todbringenden Getöse fallen und mein Lächeln wird mitten im allgemeinen Entsetzen dem Himmel sagen: ‚Du bist gut und weise, gut ist die Schöpfung deiner Hände, gut ist das menschliche Herz, das schönste Erzeugnis der göttlichen Liebe!'" Und Philaleth schloss mit einem Ausblick auf das Leben in einer besseren Welt: „Melodor! Wir müssen nicht ewig in dieser Welt leben [...] dort, dort, hinter dem blauen Ozean, weit in der Ferne, in der purpurenen Dämmerung, dort erwartet die Krone der Unsterblichkeit die unermüdlich Wartenden".[38]

Zu den im Briefwechsel zwischen Melodor und Philaleth aufgeworfenen Fragen hat Karamzin zur selben Zeit auch in anderen[39] Erzählungen, Gedichten und Briefen Stellung genommen, so in dem Gedicht *Pesń Božestvu (Lied für die Gottheit)* von 1793, wo er sich entschieden gegen den Atheismus der französischen Revolutionstheorie wandte. In Frankreich hatte er die Revolution in vollem Gange und die *bonne companie* bereits im Zerfall erlebt. Es war bezeichnend für den liberal-konservativen russischen Edelmann, dass er mit großem Eifer, aber fast vergeblich mit der guten Gesellschaft in Verbindung zu kommen und sich bewusst, aber ebenso vergeblich von der Revolution fern zu halten suchte. Sicherlich spielte die Rücksicht auf die russische Zensur eine Rolle bei der neutralen Haltung, die er in den nach seiner Rückkehr in St. Petersburg veröffentlichten *Reisebriefen* einnahm, hatte er anfangs insgeheim doch mit gewissen Seiten des Revolutionsgeschehens in Frankreich nicht nur sympathisiert, sondern die ersten Ereignisse, wie er rückblickend gestand, geradezu begrüßt: „Als die ganze Welt erzitterte, aufgewühlt von den bösen Leidenschaften, da suchte mein Blick deine Banner; ich folgte ihnen mit dem Herzen! Ich brachte Opfer, [...] vergoß Tränen der Freude und des geheimen Kummers. Wer wurde in diesem wunderbaren, außergewöhnlichen Zeitalter nicht von diesem Trugbild betrogen ?"[40]

Während seines Pariser Aufenthalts im April, Mai und Juni 1790 und in den unmittelbar darauf folgenden Jahren waren es wohl vorrangig die von der Französischen Revolution vertretenen Ideale des bürgerlichen Konstitutionalismus sowie der Gleichheit und Brüderlichkeit, die ihn für das große Ereignis einnahmen. Bei den emphatisch ablehnenden Äußerungen in den gedruckten *Reisebriefen* über die Revolution handelte es sich um spätere Zusätze und auch der spöttische Ton, der aus ihnen erklingt, war den in Russland herrschenden Zeitbedingungen geschuldet. Die wahre Stimmung hat Karamzin in den Worten ausgedrückt, die er bei seiner Abreise an die Stadt richtete: „Inmitten deiner lärmenden Szenen lebte ich ruhig und fröhlich, als sorgloser Bürger der ganzen Welt; ich sah auf deine Erregung mit aller Stille, wie ein friedlicher Hirte von einem Felsen herab auf das stürmische Meer siehet. Weder deine Jakobiner noch deine Aristokraten haben mir das mindeste Böse getan."[41]

Bereits um 1793/94 wurde bei Karamzin der Stimmungsumschlag deutlich. Er begann jetzt in der Französischen Revolution eine Bedrohung der Einheit Europas, der Eintracht zwischen den dortigen Völkern sowie zwischen der Staatsmacht, Kultur und Bildung zu sehen. 1794 äußerte er sich in einem persönlichen Brief an seinen Freund Ivan Dmitriev über das ausgehende Zeitalter: „Das Ende unseres Jahrhunderts schätzten wir als das Ende der größten Nöte der Menschheit und dachten, daß [...] die Menschen [...] von der Vortrefflichkeit der Gesetze der Vernunft, [...] unter dem Schatten des Friedens, im Schutze der Stille und Ruhe die wahren Werte des Lebens genießen würden. Auch ich gab mich

Träumen hin; ich liebte die Menschen inbrünstig wie zärtliche Brüder und Freunde. Ich wünschte ihnen von ganzem Herzen Gutes und war bereit, mein Blut für ihr Glück zu opfern. In meinen eigenen Kümmernissen ergötzte ich mich an der süßen Hoffnung für sie [die Menschen], nicht unnütz zu leben [...]. Doch diese Jugendideale erwiesen sich als Einbildung und Täuschung."[42]

Aus diesen Worten wird die tief gehende weltanschauliche Krise deutlich, die Karamzin erfasst hatte. All seine anthropologischen, ethischen und politischen Jugendüberzeugungen waren dahin, wie er nicht nur Ivan Dmitriev, sondern auch andere Freunde, so die Pleščevs und deren Sohn Aleksej Aleksandrovič, wissen ließ.[43] Es waren vor allem der Terror und die Schreckensherrschaft in Paris sowie die Kriege in Europa, die bei ihm Angstzustände erzeugten. So hatte Karamzin bereits 1793 an Dmitriev die Frage gerichtet: „Glaubst Du, daß die schrecklichen Ereignisse in Europa meine ganze Seele umwälzen? Ich laufe in das tiefe Dunkel der Wälder – aber der Gedanke an die Zerstörung der Städte, an den Untergang der Menschen bedrückt überall mein Herz."[44] „Was bleibt uns nun, geliebter Freund", so fragte er weiter, sollen wir die große Welt ihrem Schicksal überlassen und uns „ein stilles Dach im Dunkel der Wälder" bauen, wo wir „ohne Furcht und Hoffnung in Frieden mit uns selber leben" sowie „mit reinen Herzen das Dämmern abendlicher Jahre genießen".[45] Nur „Liebe und Freundschaft", so schrieb er weiter, dürften „die Ideale des zurückgezogenen Lebens sein", die Trost spenden.[46] Es war die Frage nach dem Sinn des Lebens, die sich nach der Französischen Revolution für Karamzin völlig neu stellte. An die Stelle des freimaurerischen Schwärmens für eine allumfassende Nächstenliebe und des Traums von der Verbrüderung der Menschheit traten bei ihm Skepsis und Resignation. Es war ein zurückgezogenes, stilles Leben, fern vom großen Weltgetriebe, umrahmt von Freundschaft und Liebe in privater und individueller Atmosphäre, das Karamzin nunmehr erstrebte.

Die Gewalttätigkeiten und der Terror der Französischen Revolution wurden, wie aus Karamzins Stellungnahmen hervorgeht, für ihn zu einem Katastrophenerlebnis. Die geistige Krise in seinem Schaffen führte Karamzin beständig zu der Frage, welche Wege aus ihr herausführten. Dabei zeigte sich immer mehr, dass nach den Ereignissen in Frankreich und im alten Europa für den russischen Edelmann eine Beschäftigung mit Aufklärung und Freimaurerei wie vordem nicht mehr möglich war.[47] Karamzins Gedichte, Oden, Erzählungen und Briefe aus den Neunzigerjahren waren daher gleichermaßen von Nüchternheit, Skepsis, Resignation, abgeklärter Weisheit und Ergebung gekennzeichnet. So dominierten in dem Gedicht *Erfahrene salomonische Weisheit* von 1796 Skepsis und Resignation; im Unterschied dazu stand im Mittelpunkt der fünfzig Strophen umfassenden Ode *Begabungen* die Poesie, deren Behandlung noch rosenkreuzerische Beeinflussung erkennen ließ. So bezeichnete der Dichter die Welt im Sinne der Freimaurer als *Spiegel des weisen Schöpfers* und nannte die Natur ein Abbild Gottes.[48] Auch in weiteren Gedichten, Oden, Liedern und Erzählungen fanden sich religiöse Erörterungen über Gott und die Unsterblichkeit der menschlichen Seele.

Aus den angeführten Stücken geht hervor, dass Karamzin in dieser für ihn ungeklärten Zeit literarisch nichts Rechtes fertig brachte.[49] Er selbst beschwerte sich, gab sich unzufrieden und übte Selbstkritik. Hinter alledem verbarg sich die Abneigung gegen die ihm von der alternden Herrscherin entgegengebrachte Gleichgültigkeit und Kälte, die seinen Arbeitselan lähmten. Dass er nicht weiter in die Novikov-Affäre hineingezogen wurde, hatte Karamzin dem mit der Untersuchung beauftragten Fürsten Prozorovskij zu verdanken, der seine schützende Hand über ihn hielt. So überstand er auch die letzten Regierungsjahre Katharinas II. ohne besondere Anstößlichkeiten.

Während der Herrschaft Pauls (1796-1801) schrieb Karamzin so gut wie nichts. Nach der Thronbesteigung Alexanders I. wartete er 1802/03 mit der Zeitschrift *Vestnik Evropy (Europäischer Bote)* auf. Das ebenfalls kurzlebige Organ enthielt wie die *Aglaja* literarische und politische Beiträge, sollte jedoch nicht mehr dem Vergnügen des Lesers, sondern der sittlichen Erziehung und Bildung des Volkes dienen. Die Regierungszeit Alexanders I. (1801-1825) bedeutete für Karamzin nach der sichtbaren Verkümmerung seiner schriftstellerischen Tätigkeit in den Neunzigerjahren die Möglichkeit, wieder voll zu Wort zu kommen.[50] Der *Vestnik Evropy* mit seiner offiziösen Ausrichtung kommentierte die Erlasse der Regierung und die europäischen Zeitereignisse. Er zeigte sich bemüht, gleichzeitig auf den Geschmack und das Urteil der Gesellschaft in schöngeistigen Dingen einzuwirken. Karamzins veränderte Geisteshaltung wurde nicht sogleich und überall bemerkt. So galt er in der vor 1812 im Lande vorherrschenden antinapoleonisch gestimmten Atmosphäre von seinen *Reisebriefen* her vielen als engagierter Französling und wurde noch 1810 vom Kurator des Moskauer Lehrkreises, Pavel Ivanovič Goleniščev-Kutuzov, in einem Schreiben an den Minister für Volksaufklärung, Graf Aleksej Kirillovič Razumovskj, als ein Autor von Werken bezeichnet, die von freigeistlerischem und jakobinischem Gift, Gottlosigkeit und Anarchie erfüllt sei.

Hatte sich Karamzin, wie er im Mai 1800 an seinen Freund Dmitriev schrieb, bereits als alt und verbraucht bezeichnet, so verlieh ihm die Herausgabe des *Vestnik Evropy* neue Kräfte.[51] Auch an die Abfassung eines ausführlichen Werkes über die Regierungszeit Katharinas II. war er herangegangen. Für den *Vestnik* verfasste Karamzin mehrere Beiträge, so die Novelle *Ein Held unserer Zeit*, die ein Beispiel für seine sentimentale Religiosität abgab. Das Gleiche galt für die kurze Erzählung *Anekdot*, deren Zielsetzung jedoch vorrangig in der Belehrung der Leser bestand. Zu Karamzins Aufsätzen, die im *Vestnik Evropy* erschienen, gehörten zahlreiche zeithistorische und politische Arbeiten. Im dort veröffentlichten *Piśmo sel'skogo žitelja (Brief eines Dorfbewohners)* behandelte Karamzin Fragen der Landwirtschaft und der im Lande bestehenden Leibeigenschaft. Inhaltlich verwandt mit dem *Brief* war die Schrift *Angenehme Aussichten, Hoffnungen und Wünsche unserer Zeit*. In ihr machte der Verfasser darauf aufmerksam, dass üppiges Leben und unvernünftiger Luxus schädlich für Sitte und Gesellschaft seien, und lobte die politische und sittliche Wohlfahrt, die es unter Alexander I. gebe, der ein Reich regiere, das in der Weltpolitik noch nie so geschätzt worden sei wie gegenwärtig. Als Gesellschaftsideal pries Karamzin das zurückgezogene, stille, häusliche Leben, die Freude an der Familie, die zärtlichen Gefühle der Ehegatten und Eltern, und er ermahnte die Erzieher, sich als wahre Philanthropen zu betätigen.

Alles in allem gab sich Nikolaj Michajlovič Karamzin in seinen im *Vestnik Evropy* veröffentlichten Beiträgen als konservativer politischer Denker zu erkennen, der um die Verbreitung von Bildung, Moral und Sittlichkeit in Staat und Gesellschaft bemüht war und in Familienglück und Arbeit den Lebenssinn für die Allgemeinheit als auch für das Individuum sah. Dabei fällt auf, dass er im Unterschied zu seinen unmittelbar nachfolgenden Arbeiten die Rolle der orthodoxen Staatskirche in Erziehung und Bildung nur am Rande erwähnte.

Anmerkungen

1 Rothe, Einflüsse; derselbe, Karamzins Reise, S. 74 ff.; Bryner, Karamzin, S. 83 ff.; Bittner, Karamzin, S. 87 ff.; Harder, Karamzin, S. 304 f.; Bächtold, Karamzin; Nikolai Preobraženskij, Frankfurt am Main und Deutschland in Karamzins „Briefen eines russischen Reisenden“, in: Festschrift für Alfred Rammelmeyer, hrsg. von Hans-Bernd Harder, München 1975, S. 175-183. Siehe jetzt auch Dietrich v. Engelhardt, Naturwissenschaften und Philosophie in N.M. Karamzins Briefen eine reisenden Russen (1791/92), in: Ingrid Kästner/Regine Pfrepper (Hgg.), Medizin und Pharmazie im 18. und 19. Jahrhundert. Beiträge zur Geschichte der Wissenschaftsbeziehungen zwischen Deutschland und der dem Russischen Reich, Bd. 2, Aachen 2000, S. 23-33.

2 Zitiert nach: N. M. Karamzin, Briefe eines russischen Reisenden, Berlin 1977, S. 44-47.

3 Rothe, Karamzinstudien II, S. 272 ff.

4 Harder, Karamzin, S. 304 ff.

5 Renate Knoll (Hrsg.), Johann Georg Hamann 1730-1788, Bonn 1988.

6 Hans-Bernd Harder, Johann Gottfried Herder, Frankfurt/Main u. a. 2000.

7 Karamzin, Briefe (wie Anm. 2), S. 160.

8 Karamzin, Perepiska s Lafataterom, S. 3-9.

9 Harder, Karamzin, S. 308 ff.

10 Petrov, Piśma k Karamzinu.

11 Lauer, Russische Literatur, S. 121 ff.

12 F. W. Neumann, Karamzins Verhältnis zu Schiller, in: Zsl Ph 9 (1932), S. 359-367; Hans-Bernd Harder, Schiller in Rußland. Materialien zu einer Wirkungsgeschichte 1789-1814, Bad Homburg, Berlin, Zürich 1969, S. 19-40.

13 Karamzin, Briefe (wie Anm. 2), S. 576.

14 Harder, Karamzin (wie Anm. 9).

15 Diese sind in allen Arbeiten, die sich mit Karamzin befassen (vgl. Anm. 1), ausführlich behandelt. Hier nur einige Ausgaben, die mehrmals benutzt wurden: Karamzin, Piśma russkogo puteśestvennika (kritische Ausgabe 1984); Karamzin, Briefe eines reisenden Russen, 6 Bändchen, übersetzt und hrsg. von Johann Richter, Leipzig 1799-1802 (von Karamzin autorisiert). Nachdrucke: Wien 1922, München 1966, Berlin 1977 (21981). Vgl. grundlegend: Lotman, Ėvoljucija mirovozzrenija Karamzina 1784-1803. Auch Kisljagina, Karamzin.

16 Lauer, Russische Literatur, S. 119 ff.

17 Bächtold, Karamzin, S. 25 ff.

18 Stender-Petersen, Russische Literatur, Bd. 2, S. 20 ff.

19 Die einschlägigen Quellenmaterialien, die Karamzins Bruch mit den Moskauer Rosenkreuzern bezeugen, sind in der Forschung bereits mehrmals herangezogen worden. Vgl. die in Anmerkung 1 aufgeführten Arbeiten, hier insbesondere: Bächtold, Karamzin, S. 18 ff. mit diversen Belegen. Die deutschen Texte in der Folge nach Bächtold.

20 Barskov, Perepiska, S. 3.
21 Ebenda, S. 6.
22 Ebenda, S. 28, 29.
23 Ebenda, S. 58.
24 Ebenda, S. 70
25 Ebenda, S. 89.
26 Ebenda, S. 94f.
27 Ebenda, S. 99.
28 Ebenda, S. 106.
29 Zitiert bei Bächtold, Karamzin, S. 25.
30 R. Neuhäuser, Karamzin's Spiritual Crisis of 1793 and 1794, in: Black, Karamzin, S. 75-90; L.G. Kisljagina, N.M. Karamzin and the Great French Bourgois Revolution, in: Ebenda, S. 91-104.
31 Vgl. Rothe, Karamzins Reise, S. 91 ff.
32 Barskov, Perepiska, S. 30 f.
33 Ebenda, S. 148.
34 Bryner, Karamzin, S. 87 ff.
35 Lauer, Russische Literatur, S. 98.
36 Bryner, Karamzin, S. 121 ff.
37 Auch in der Folge deutsche Zitate nach Bryner, Karamzin, S. 122 ff., Zitat S. 122. Ansonsten Rothe, Karamzins Reise, S. 254 ff.
38 Bryner, Karamzin, S. 123.
39 Ebenda, S. 128 ff.
40 Mitter, Karamzin, S. 181.
41 Karamzin, Briefe eines russischen Reisenden (wie Anm. 2), S. 575.
42 Mitter, Karamzin, S. 182; Bryner, Karamzin, S. 129-130. Bereits in seinem persönlich gehaltenen Brief vom 14. Juni 1792 hatte Karamzin Ivan Ivanovič Dmitriev, dem er sich in Freundschaft und Achtung verbunden wusste, ein Denkmal gesetzt, als er schrieb: „Einen solchen Menschen darf man nicht so beurteilen, wie man gewöhnliche Leute beurteilt. Er ist scheu, gefühlvoll - in Gegenwart unbekannter Menschen schweigsam und abweisend, aber bei einem Freunde ein wahrer Schatz." Karamzin, Piśma k Dmitrievu, S. 26. Schon Bittner, Karamzin, S. 84, Anm. 22.
43 Bryner, Karamzin, S. 131.
44 Karamzin, Piśma k Dmitrievu, S. 42.
45 Ebenda, S. 138; Bryner, Karamzin, S. 131.
46 Ebenda.
47 Rothe, Karamzinforschung II, S. 392.
48 Bryner, Karamzin, S. 140.
49 Pypin, Geistige Bewegungen, S. 292 ff.
50 Bächtold, Karamzin, S. 53 ff.
51 Bryner, Karamzin, S. 145 ff.

Epilog: Von der Freimaurerei zur aufklärerischen Frömmigkeit und sentimentalen Religiosität

Für die Frage nach Karamzins Vorsehungsglauben, Religiosität und Lebensauffassung, nach seinem Verhältnis zur orthodoxen Kirche und zu den religiösen Bewegungen seiner Zeit besitzen die persönlichen Äußerungen, die sich in seinen Briefen finden, besondere Bedeutung. Aus Karamzins Jugend, aus seiner Zeit als Dichter und Herausgeber literarischer Zeitschriften, haben sich verhältnismäßig wenig Briefe erhalten. Hier handelt es sich insbesondere um Sammlungen von Briefen an Johann Kaspar Lavater, Ivan Ivanovič Dmitriev, Karamzins Bruder Vasilij und Aleksej Michajlovič Kutuzov. Hinzu kommt ein Konvolut Alexander Andreevič Petrovs mit Schreiben an Karamzin. Die meisten der veröffentlichten Briefe aus Karamzins Feder stammen aus den Jahren 1803-1826. Diese sind unter dem Blickwinkel von Karamzins Verständnis des Christentums, seiner religiösen Gedankenwelt und seines Verhältnisses zur Theologie, Kirche und den religiösen Bewegungen seiner Zeit bereits von dem Schweizer Kirchenhistoriker Erich Bryner[1] untersucht worden. Was noch aussteht, ist eine gründliche Erforschung von Karamzins Verhältnis zur Literatur und Philosophie der europäischen Aufklärung.

Nach dem Tode Kaiserin Katharinas II. konnte Nikolaj Karamzin seine zu führenden russischen Dichtern bereits angebahnten Verbindungen erweitern und intensivieren. Die gegen ihn angestrengten Denunziationen erwiesen sich als haltlos und versandeten. Sie fanden weder bei Paul I. noch bei dessen Nachfolger Alexander I. Gehör, hatte sich Karamzin doch auch unter jene Schriftsteller eingereiht, die die Regierungsantritte der beiden Monarchen in Oden besangen und verherrlichten. Die Weltanschauung von Pauls ältestem Sohn Alexander, der 1801 dem ermordeten Vater auf dem Kaiserthron folgte, war geprägt von der Idee der Einheit der christlichen Völker und der Verwirklichung eines überkonfessionellen Reiches Christi auf Erden, die außenpolitisch in dem Konzept der *Heiligen Allianz* ihren Ausdruck fand. Innenpolitisch wurde dieser Weg mit der 1817 erfolgten Einrichtung des Doppelministeriums für Geistliche Angelegenheiten und Volksaufklärung verfolgt. In dessen Gründungserlass war die rechtliche und administrative Gleichstellung aller im Russischen Imperium vorhandenen christlichen und nichtchristlichen Religionsgemeinschaften vorgesehen. Der religiösen Übereinstimmung sollte neben der Reform des Bildungswesens, das die Verschmelzung weltlicher und kirchlicher Schulen zum Ziel hatte, die Verbindung der Bibelübersetzungen in alle im Russischen Imperium gesprochenen Sprachen dienen. Bei der Gründung der *Russischen Bibelgesellschaft* im Jahre 1812 hoffte die Regierung auf die freiwillige Mitwirkung der gesellschaftlichen Kräfte und forderte zur Bildung lokaler Bibelvereinigungen auf. Indes traten bald Differenzen zwischen einer universal-christlichen und der orthodox-christlichen Sicht zu Tage. Schließlich war die Wirksamkeit der Bibelgesellschaft in Russland auch eine Frage des internationalen Prestiges und der Glaubwürdigkeit Alexanders I., wurde die Bibelgesellschaft doch als Teil der weltweiten von der *British Bible Society* ins Leben gerufenen Bewegung betrachtet, die ihrerseits auf materielle Unterstützung aus den Ressourcen des Zarenreiches hoffte.

Die von Alexander I. in der Religionspolitik verfolgten Ziele trugen zur Stärkung des weltlichen Elements in Staat und Gesellschaft Russlands bei. Unter seiner Regierung erreichte die konfessionelle Toleranz ihren Höhepunkt. Der Kaiser, der bereits in seiner Jugend zu religiös-schwärmerischen Auffassungen neigte, vertrat die Meinung, es sei völlig gleichgültig, zu welcher Kirche ein Christ sich hingezogen fühle. So konnte auch die *Erweckungsbewegung*[2], die auf chiliastische Predigten Jung-Stillings[3] und der Baronin Juliane v. Krüdener zurückging, am Petersburger Hof eine große Rolle spielen, ja ein verinnerlichtes, mystisches, konfessions- und kirchenloses Christentum war zu Alexanders Zeiten geradezu eine Modeerscheinung. Gegen dieses überkonfessionelle Christentum setzte freilich bereits im zweiten Jahrzehnt des neuen Jahrhunderts eine starke orthodoxe Gegenbewegung ein, deren Zentrum die *Pravoslavnaja Družina (Rechtgläubige Gefolgschaft)* bildete. Die in Russland im Zusammenhang damit in Gang gekommenen scharfen Auseinandersetzungen um die Bedeutung von Religion und Christentum, Moral, Sittlichkeit, Aufklärung und Lebensauffassung der Menschen waren zugleich die Fragen, die den auf dem Abweg von der Freimaurerei befindlichen Karamzin in der zweiten Hälfte seines Daseins begleiten sollten.

Mit diesen unter Alexander I. erneut aufgeworfenen Problemen hatte sich Karamzin freilich bereits in den Achtziger- und Neunzigerjahren des 18. Jahrhunderts befasst, jedoch sind aus dieser Zeit nur verhältnismäßig wenige Briefe von ihm erhalten geblieben. Im Unterschied hierzu wurden die meisten seiner Briefe, die er in der Zeit von 1803 bis 1826 schrieb, veröffentlicht. In den genannten Jahren gehörte der 1803 zum russischen Reichshistoriographen avancierte Karamzin bereits zu den Führungsgestalten in Literatur und Politik. Als berühmte und anerkannte Persönlichkeit verkehrte er mit bedeutenden Männern und Frauen seiner Zeit und unterhielt einen ausgedehnten Briefwechsel. So korrespondierte er mit Kaiser Alexander I. persönlich, ebenso mit dessen Gemahlin Elizaveta Alekseevna, mit der Kaiserinmutter Maria Fëdorovna und zahlreichen anderen Briefpartnern, die auch zu seinen FreundInnen zählten. Mit dem Status eines Reichshistoriographen verbunden war für Karamzin ein jährliches Gehalt von 2000 Rubel und das Recht, alle Archive des Russischen Reiches für seine Studien zu benutzen. Nach Übernahme dieses ihm Allerhöchst übertragenen Amtes trat er als Herausgeber des *Vestnik Evropy* zurück, um sich ganz seiner Arbeit als erster Historiker Russlands widmen zu können. 1818 lagen die ersten acht Bände des monumentalen Werkes, der *Geschichte des Russischen Reiches* (*Istorija gosudarstva Rossijskogo*), vor, 1829, nach dem Tode des Verfassers, auch die Bände 8-12.[4]

Einen zentralen Platz in Karamzins Geschichtsphilosophie nimmt der Gottesbegriff ein. Seine empfindsame Gotteserkenntnis brachte er bereits in dem *Lied an die Gottheit* von 1793 und der Erzählung *Ein Held unserer Zeit* von 1803 zum Ausdruck. Gott war für ihn in erster Linie der Schöpfer der Welt und der Natur, zugleich aber auch der Vater der Menschen. All die von Karamzin in diesem Zusammenhang geäußerten Ansichten wurden freilich das gesamte 18. Jahrhundert hindurch verbreitet. In der Aufklärungstheologie und -philosophie der westlichen Länder nahm die Lehre von Gott als dem Schöpfer der Welt, als *Weltbaumeister*, dessen Größe und Weisheit aus der wundersam geschaffenen Natur erkennbar sei, einen zentralen Platz ein. Gott (*bog*) war auch das Thema von Deržavins *Ode* (1784), in der der Schöpfer der Welt verherrlicht wurde. Ähnlich pries Cheraskov den gütigen und allweisen Demiurgen in seinem Gedicht *Wie herrlich ist unser Gott in Zion*. All diese Gedanken und Motive waren Ausdruck der aufklärerischen Frömmigkeit des 18. Jahrhunderts.

Ein anderes Modethema der Aufklärungsphilosophie und -theologie war die Frage der Unsterblichkeit der menschlichen Seele. Karamzin kannte die Diskussion, die darüber in westlichen Ländern geführt wurde, recht gut, kam aber in seinen Gedichten, Erzählungen und Aufsätzen nur gelegentlich darauf zurück. Wie bei der Gotteserkenntnis stellte sich für ihn auch die Erkenntnis der Unsterblichkeit als eine Sache des Gefühls dar. Nach seiner Meinung verwese der Mensch nicht im Grabe, sondern das neue Leben werde für ihn in einer besseren Welt ohne jegliche Beschwernisse kommen. Karamzins sentimentale Religiosität trug auch deutliche Züge von Naturmystik. So waren seine Naturerlebnisse, die er insbesondere als russischer Reisender hatte, meist mit einem überschwänglichen Dankgefühl gegenüber dem Schöpfer verbunden, worin sich offensichtlich auch der Einfluss Rousseaus äußerte.

Im November 1811 hatte Karamzin Großfürstin Ekatarina Pavlovna, der Schwester des Kaisers, ein Album mit zahlreichen Auszügen aus Werken bekannter Dichter und Denker der Antike und Neuzeit geschenkt. In der Sammlung war von Gott, Tugend, Freundschaft, Liebe, Lebensweisheit und anderem mehr die Rede, wobei aus der Reihe der neuen Autoren Rousseau, Bossuet, Montaigne, Pascal, Milton und Goethe bemüht wurden. Von den Russen waren es Deržavin, Dmitriev und Karamzin selbst, die in das Album Aufnahme gefunden hatten. Der Reichshistoriograph Karamzin hielt es dabei vornehmlich mit den Auffassungen des großen Theologen der römisch-katholischen Kirche, Jacques-Bénigne Bossuet, von dem der Satz stammte, dass Aufstieg und Niedergang der Staaten vom Willen der Vorsehung abhingen. Unter dem Eindruck des sich bereits abzeichnenden großen Waffengangs Alexanders I. mit Napoleon kleidete Karamzin Bossuets Auffassung in die Worte: „Gott hält von zuoberst in den Himmeln die Zügel aller Königreiche: Er hat alle Herzen in seiner Hand“.[5] Eroberer, Gesetzgeber, die gesamte menschliche Weisheit, Sieg und Niederlage, alles hänge nach Karamzin vom Willen der Vorsehung ab. Die *Vorsehung* sei es, die den Gang der Weltgeschichte bestimme. Diesen für seine *Geschichte des Russischen Reiches* grundlegenden Gedanken Bossuets rief

Karamzin bei dieser Gelegenheit der kaiserlichen Familie und allen Russen ins Gedächtnis.

In den Jahren seiner Arbeit an der *Geschichte des Russischen Reiches* führte Karamzin, wie er es sich gewünscht hatte, ein ruhiges und zurückgezogenes Leben. Tiefe Erschütterungen sollten ihm jedoch bald die Ereignisse des Jahres 1812 und der Tod seines Sohnes Andrej 1813 bringen. Seine Briefe aus dieser bewegten Zeit machen jedoch ganz deutlich, dass er unerschütterlich am Vorsehungsglauben festhielt, in dem er auch in schweren Stunden Trost fand. Der Einmarsch Napoleons in Moskau führte zu seiner Flucht nach Jaroslavl', von da zusammen mit seiner Familie nach Nižnij Novgorod. Seine Bücher, die er in Moskau zurücklassen musste, wurden dort ein Opfer der Flammen, jedoch hatte er das Manuskript seiner *Russischen Reichsgeschichte* retten können. Erst im Frühjahr 1813 vermochte er nach Moskau, das einen trostlosen Anblick bot, zurückzukehren und dort seinen geliebten Andrjuša zu begraben. Angesichts des Ablebens seines todkranken Sohnes schrieb Karamzin an seinen Schwager und Halbbruder seiner zweiten Frau, den bekannten romantischen Dichter Fürst Peter Andreevič Vjazemskij: „Unser Schicksal liegt in Gottes Hand [...] Wir übergeben unser Schicksal in seinen heiligen Willen."[6]

Wie ersichtlich betrachtete Karamzin die Leiden der Menschen als etwas von Gott Gewolltes. „Wenn wir Christen sind", so ließ er auch Fürst Andrej Petrovič Obolenskij wissen, „dann nehmen wir mit Ergebenheit den uns gesandten Kummer an und empfangen von ihm einen größeren Nutzen, da wir uns so am meisten an Gott halten, den einzigen Trost und das Licht der Menschen".[7] Und in mehreren Schreiben aus dem Jahre 1816 stellte Karamzin den Vorsehungsglauben geradezu als Kern seiner Lebensauffassung hin, so in einem Brief an Fürst Sergej Petrovič Rumjancev, wo es bündig heißt: „Sie kennen meine Philosophie: Vorsehung! Vorsehung!"[8] Gleiches teilte er Alexander Ivanovič Turgenev mit: „Im übrigen, Sie kennen die Philosophie meines Herzens: Es geschehe der göttliche Wille".[9]

In den Jahren nach 1812 unterhielt Karamzin auch zum Kaiserhof nur lose Kontakte. In das Jahr 1816 gehört sein bemerkenswerter Briefwechsel, den er mit dem greisen Nikolaj Novikov führte, der von ihm ansonsten nur selten erwähnt wurde. Karamzin hatte Novikov eine mehrbändige Ausgabe seiner Werke zugesandt, die dieser aufmerksam durchgegangen war und mit einem heftigen Angriff auf die im fingierten Briefwechsel zwischen Melodor und Philaleth vertretene Philosophie beantwortete. Novikov hatte in der genannten Korrespondenz, wie er schrieb, „mehr Witzigkeiten der Phantasie und Hingerissensein in das Reich der Möglichkeiten als Begründetes und Vernünftiges" gefunden. Er teilte Karamzin deshalb mit, was er selbst unter „wahrer Philosophie" verstehe: Diese müsse von „himmlischer Herkunft" sein. Ihre wichtigsten Probleme seien die Fragen nach der Erkenntnis Gottes und der Geheimnisse der Natur, nach Gott, was in der Dreieinigkeit und in der Einheit sei, nach der Schöpfung der Welt und der Menschen, nach Christus. Auch astronomische, physikalische, chemische und anthropologische Fragen gehörten dazu.

Wie aus Karamzins kritischer Gegenstellungnahme hervorging, waren Novikovs Auffassungen noch zwei Jahre vor dessen Tod gänzlich von der theosophischen und mystischen Gedankenwelt erfüllt. Karamzin hatte ihm am 3. Mai 1816 geantwortet, dass er selbst nicht auf seinen philosophischen Ansichten beharre, die er in seinen Jugendwerken vertreten habe, und er erkläre sich durchaus damit einverstanden, dass die „Erkenntnis des wahren Gottes die wichtigste und beste aller Wissenschaften" sei. Was deren Möglichkeiten anlange, empfehle er freilich Zurückhaltung. Wörtlich: „Es genügt, wenn wir hier die Süße der Liebe zu ihm mit vollem Vertrauen in seine Weisheit erkennen".[10]

Im Todesjahr Novikovs, 1818, hat sich Karamzin in seiner *Zapiska o Novikove* nochmals über ihn geäußert und darauf hingewiesen, dass der bekannte Schriftsteller, Verleger, Philanthrop und Freimaurer Novikov sich als Bürger Russlands allgemeine Anerkennung erworben und als „theosophischer Träumer" keineswegs verdient habe, von Katharina II. ins Gefängnis geworfen zu werden. Im Unterschied zu Johann Georg Schwarz habe sich Novikov den freimaurerischen okkulten Zeremonien und Übungen gegenüber mehr als gleichgültig, wenn nicht gar ablehnend verhalten. Wie Karamzin selbst hätten die *Brüder* auch Novikov mehr Raum zu praktischer Wirksamkeit eingeräumt. Karamzin hat Novikov (wie dessen Gegner) gelegentlich als „Oberhaupt der Martinisten" bezeichnet, womit aber wohl die gesamte Freimaurerschaft gemeint war.[11]

Der auch von Novikov in seiner Polemik mit Karamzin ins Spiel gebrachte apokryphe Briefwechsel zwischen Melodor und Philaleth besitzt für die Ergründung von Karamzins Weltanschauung größte Bedeutung und erregte schon zu dessen Lebzeiten die Geister, ja er wurde in der Karamzin-Forschung nahezu bis in unsere Zeit hinein immer wieder debattiert. Die meiste Zustimmung hat dabei die Ansicht gefunden, dass Melodor ein Abbild Karamzins vor und Philaleth ein solches Karamzins nach der Französischen Revolution gewesen sei. Dabei gäben die in den Briefen vorgenommenen Einschätzungen nicht eine falsche und eine richtige Wertung Karamzin wieder, sondern in beiden Fällen handle es sich um die Meinung Karamzins.[12]

Viel Aufmerksamkeit widmete Karamzin in seinen letzten Lebensjahren der Erweckungsbewegung, für die er sich bereits auf seiner Europareise interessiert hatte. So waren während seines Aufenthalts in Berlin auch die Werke Jung-Stillings zur Sprache gekommen, den er sehr schätzte und mit dem er auch gern persönlich zusammengetroffen wäre. Die erhoffte Begegnung kam aber wohl nicht zustande. Als alter Mann äußerte sich Karamzin über die unter Alexander I. nun auch in Russland aktive Bewegung und die dortige Bibelgesellschaft äußerst kritisch: „Bei uns", so schrieb er, „ist jetzt auch die Bibel in der Mode; in den Zeitungen, in den Journalen spricht man mit Texten der Heiligen Schrift; aber wurden die Menschen besser? Ich sehe es nicht, weder in Moskau, noch in Petersburg; vielleicht werden wir es noch sehen".[13]

Auch später blieb er abweisend. So empfahl er Alexander Sturdzas Buch *Considérations sur la doctrine et l'esprit de l' Eglise orthodoxe* seinem Freund Ivan Dmitriev im April

1817 zur Lektüre, mit dem Bemerken, bei den dort vertretenen Ansichten handle es sich um eine „mystische Blödsinnologie“.[14] Dmitriev selbst tadelte es, weil dieser, wie er gehört habe, Mitglied der Bibelgesellschaft geworden sei. Über den Präsidenten dieser Vereinigung schrieb Karamzin: „Der Fürst Golicyn ist ein guter Mensch und immer höflich mit mir, aber ich stehe ihm ganz und gar nicht nahe, und mit Košelev bin ich nicht bekannt [...]. Bisweilen schaue ich zum Himmel, aber [er] spricht nicht zur gleichen Zeit, wenn andere zu ihm hinauf schauen“. Und an anderer Stelle ließ der alt gewordene Karamzin verlauten: „Allgemein kann ich sagen, daß ich hier keine Verbindung mit den so genannten erleuchteten Menschen habe“. Das heißt Karamzin lehnte die Petersburger Erweckungsbewegung gänzlich ab.

Auch über die Freimaurerei fällte er ein negatives Urteil. Von der Mystik wollte er überhaupt nichts hören, wie aus seinem Schreiben an Graf Sergej Petrovič Rumjancev vom 7. Januar 1823 hervorging, wo gesagt war: „[...] ich bin kein Mystiker, geben wir einander die Hand“.[15] Über seine ehemalige Freimaurerzeit hatte er schon einmal Nikolaj Ivanovič Greč erklärt, er habe die Rosenkreuzer wegen ihres aufrichtigen Suchens nach Wahrheit und wegen ihrer philanthropischen Betätigung geschätzt, deren Lehren und Zeremonien seien ihm jedoch fremd geblieben, weil er in ihnen nicht fand, was er erwartet hatte. Schon 1811 hatte Karamzin an Alexander Ivanovič Turgenev geschrieben: „In Tveŕ sah ich Feßler und sprach mit ihm über Metaphysik, Freimaurerei und dergleichen. Er erinnerte mich an alte Zeiten. Alles Worte, aber wenig Taten“.[16]

Erweckungsbewegung, Bibelgesellschaft, Freimaurerei und Mystik stießen bei dem kaiserlichen Hofhistoriographen Nikolaj Michajlovič Karamzin allesamt auf eindeutige Ablehnung. Für diese Modeströmungen, wie er sie nannte, zeigte er keinerlei Verständnis. So belehrte er seinen alten Freund Alexander Ivanovič Turgenev, mit dem er viele Briefe austauschte, über den Sinn des Lebens mit den Worten: „Leben, das ist nicht Geschichte schreiben, nicht Tragödien verfassen, sondern so gut als möglich denken, fühlen, handeln, das Gute lieben, sich mit der Seele zu ihrem Ursprung erheben; alles andere, mein lieber Freund, ist Hülse – meine acht oder neun Bände [der *Geschichte des Russischen Reiches*] eingeschlossen“. Und in einem nachfolgenden Brief von ihm hieß es erneut und gegen die Freimaurerei gerichtet: „Ich bin kein Mystiker und kein Adept; ich will ein ganz einfacher Mensch sein, so viel als möglich lieben, ich träume weiter nicht über die sittliche Wiedergeburt im Körper“.[17]

Aus Karamzins Briefen seiner letzten Lebensjahre geht hervor, dass er in einem engen Verhältnis zur russisch-orthodoxen Kirche stand und auch an deren Gottesdiensten und Beichten teilnahm. Viel lag ihm an der christlichen Erziehung seiner Söhne und Töchter. Karamzins „Ergebenheit in den Willen der Vorsehung und seine Sehnsucht in die wahre, himmlische Heimat [...] weisen auf eine natürliche, ehrliche und herzliche Frömmigkeit.“[18] Dabei war Karamzin weder Theologe noch religiöser Schriftsteller. Jedoch war die Religion, die er seine Gestalten artikulieren ließ, wesentlicher Bestandteil seiner Überzeugung und empfindsamen Weltanschauung. Auch Vokabular, Stil und Stimmungen in seiner großen *Geschichte des Russischen Reiches* wiesen Karamzin als einen sentimentalen Schriftsteller aus. Aus dem zwölfbändigen Geschichtswerk geht die innere Verbindung zu seinen Frühschriften ganz deutlich hervor. Dem Christentum in der Geschichte Russlands wies Karamzin eine entscheidende Rolle zu. Er lehrte die Russen Sittlichkeit, Moral, Menschlichkeit und Tugend, für deren Hebung nach seiner Ansicht vor allem die hohe Geistlichkeit die Verantwortung trug. Es genügt nicht, so schrieb Karamzin in seiner Denkschrift *Über das Alte und das Neue Russland* vom Jahre 1811, Russland gute Gouverneure zu geben, sondern es seien auch gute Priester nötig.

Das Christentum war für Karamzin ein innerliches, unaussprechbares himmlisches Gefühl, die persönliche und moralische Angelegenheit eines jeden einzelnen Menschen. Im Zusammenhang damit verlor der Begriff *prosveščenie* (Erleuchtung) bei Karamzin seinen ursprünglichen theologischen Sinn und wurde von ihm stets säkular gebraucht in der Bedeutung von *Aufklärung*, das heißt als Äquivalent für Bildung, Sittlichkeit, Kultur, Wissenschaft und Kunst. Dabei verstand er Christentum und Aufklärung als eng miteinander verbundene Begriffe. Als Gegenstück zur Aufklärung betrachtete er den *Aberglauben.* In Religion, Christentum und Kirche sah er nützliche, staatserhaltende Kräfte.

Als Karamzin von dem Pädagogen und Literaturkritiker Nikolaj Ivanovič Greč nach seiner Freimaurerzeit gefragt wurde, sagte er diesem: „Ich wurde in meiner Jugend durch die Umstände in diese Gesellschaft hineingezogen, und ich konnte nicht umhin, die Menschen in ihr zu schätzen; denn sie suchten aufrichtig und ohne Habsucht die Wahrheit, und sie gaben sich allgemeinnützlicher Arbeit hin. Aber niemals konnte ich mit ihnen ihre Überzeugungen teilen, anscheinend war dafür irgendetwas Geheimnisvolles nötig – und ihre Zeremonien konnten mir nicht gefallen, sie erschienen mir immer geschmacklos. Vor meiner Abreise ins Ausland erklärte ich dieser Gesellschaft offen, daß ich, auch wenn ich nicht aufhören werde, ihre geehrten Mitglieder zu achten und für ihre ständige Güte mir gegenüber dankbar zu sein, indessen auf Grund eigener Überzeugungen an ihren Versammlungen weiterhin nicht teilnehmen werde, und daß ich mich verabschieden müsse. Ihre Antwort war wohl wollend: sie bedauerten, hielten mich aber nicht zurück, und zum Abschied gaben sie mir ein Mittagessen. Wir schieden freundschaftlich. Bald darauf begab ich mich auf die Reise.“[19]

Aus diesem autobiographischen Zeugnis geht ein weiteres Mal hervor, dass Karamzin seine rosenkreuzerischen Freunde sehr schätzte, deren mystischen, alchimistischen und arkanisch-esoterischen Handlungen jedoch verständnislos und ablehnend gegenüberstand. Karamzin wurde als alter Mann häufig von Schwermut befallen und von Krankheiten gepeinigt. Um so wichtiger war für ihn, seiner Ergebenheit in den Willen Gottes Ausdruck zu verleihen. So dankte er im Rückblick auf das Jahr 1821 dem Allerhöchsten für die Bewahrung vor neuen Heimsuchungen, die er mit Liebe zu vergelten suche. Dabei schrieb er: „Ich bin kein Heiliger und kein Scheinheiliger; aber Gott ist mir Vater: ich will mich nicht vor seinem Gericht fürchten“.[20] Unmittelbar vor seinem Tod dachte Karamzin oft an den bevorstehenden Heimgang und das Leben in einer anderen Welt. Er dankte schon jetzt Gott für die Bewahrung seiner Familie, übergab ihm seinen Willen und zeigte sich hoffnungsvoll und bereit, die für ihn bereitete Heimstatt zu beziehen.

Karamzins Bildungsgang war ein komplizierter, schwieriger von inneren Widersprüchen gekennzeichneter Prozess, der, mehrmals angehalten und von äußeren Einwirkungen unterbrochen, sich als eine gewundene Entwicklung mit beständig wechselnden Positionen darbot.[21] Das Verhältnis der Moskauer Rosenkreuzer, zu deren Gemeinschaft der *mason* Karamzin gehörte, zur Aufklärung war zwielichtig, was dazu führte, dass bei diesem Loslösungsversuche, zeitweilige Trennung und Wiederannäherungsbestrebungen miteinander einhergingen. Als Persönlichkeit zählt Nikolaj Michajlovič Karamzin zu den Hauptgestalten der russischen Geistesgeschichte, freilich ohne in Europa auf ein breiteres Interesse zu stoßen, und dies obwohl seine Werke bereits zu Lebzeiten in mehrere europäische Sprachen übersetzt wurden.[22] So fanden Karamzins Schriften außerhalb des Russischen Kaiserreiches die Aufmerksamkeit nur eines beschränkten Leserkreises und lediglich für eine kurze Zeitspanne, wobei es dabei mehr um das „Phänomen Russland" als um den Dichter und Historiker Karamzin selbst ging. Im Unterschied dazu dürften die Wirkungen, die Karamzin im russischen Kultur- und Geistesleben ausübte, kaum zu überschätzen sein. Zeitgenosse jener Umwälzungen, die im westlichen Europa den Aufstieg der bürgerlichen Gesellschaft einleiteten, trat Karamzin bewusst als Wegbereiter auf und führte das aufgeklärte Denken in Russland an die Maßstäbe der Moderne heran.

Anmerkungen

1 Bryner, Karamzin, insbesondere S. 159-244.
2 Ebenda, S. 226 ff.
3 Michael Schippan, Zwei Romane Jung-Stillings in Rußland, Siegen 2000.
4 M. N. Karamzin, Istorija Gosudarstva Rossijskogo, 12 Bände, St. Petersburg 1816-1829; deutsche Ausgabe: Geschichte des Russischen Reiches, 11 Bände, Riga 1820-1833. Kritische Neuausgabe der Originalfassung in 12 Bänden, Moskau 1989 ff.
5 Istorija Gosudarstva Rossijskogo (Ausgabe 1851-1863), Bd. 5, S. 8; Bryner, Karamzin, S. 220. Vgl. auch Karamzin, Piśma k Vjazemskomu. Ausgabe des Albums: M.N. Karamzin, Al'bom dlja kn. Ekateriny Pavlovny 1811 g., Moskau 1860.
6 Bryner, Karamzin, S. 218,
7 Ebenda.
8 Ebenda, S. 219. Vgl. auch Karamzin, Piśma k Rumjancevu.
9 Bryner, Karamzin, S. 219.
10 Ebenda, S. 224.
11 Karamzin, Neizdannye sočinenija i perepiska, S. 223, 224, 225; Mitter, Karamzin, S. 179-180. Vgl. auch Karamzin: Zapiska o Novikove, in: Longinov, Novikov i martinisti, Beilage 49.
12 Bryner, Karamzin, S. 224.
13 Ebenda, S. 225.
14 Ebenda.
15 Ebenda.
16 Ebenda, S. 226.
17 Ebenda.

18 Ebenda, S. 243.
19 Ebenda, S. 89 f.
20 Ebenda, S. 222.
21 Rothe, Karamzins Reise, S. 17 ff.
22 Bartel/Lindemann, Karamzin, S. 448 f. Vgl. jetzt auch Dirk Uffelmann, Die russische Kulturosophie, Frankfurt/Main u.a. 1999; S. 119 ff.

Abkürzungen

ADB = Allgemeine Deutsche Biographie
IF = Zeitschrift für internationale Freimaurerforschung
PSZ = Polnoe Sobranie Zakonov Rossijskoj Imperii
SIRIO = Sbornik Imperatorskogo Russkogo Istoričeskogo Obščestva
ZfSl = Zeitschrift für Slawistik
ZslPh = Zeitschrift für slavische Philologie

Ausgewählter Literaturnachweis

Bächtold, Karamzin = Rudolf Bächtold, Karamzins Weg zur Geschichte, Basel 1946

Bakounine, Répertoire = Tatiana Bakounine, Le Répertoire Biographique des Francs-Maçons Russes, Brüssel 1940 (Nachdruck Paris 1967)

Bakunina, Russkie masony = T. A. Bakunina, Znamenitye russkie masony, Paris 1935, Moskau 1999

Bakunina, Russkie vol'nye kamenščiki = T. A. Bakunina, Russkie vol'nye kamenščiki, Paris 1934

Barskov, Perepiska = Ja. L. Barskov, Perepiska moskovskich masonov XVIII veka, 1780-1792, Petrograd 1915

Bartel/Lindemann, Karamzin = Heinrich Bartel/Mechthild Lindemann, Karamzin entdeckt Deutschland, in: Deutsche und Deutschland, S. 480-516

Barton, Feßler = Peter F. Barton, Ignatius Aurelius Feßler. Vom Barockkatholizismus zur Erweckungsbewegung, Wien, Köln, Graz 1969

Bašilov, Masonstvo = Boris Bašilov, Istorija russkogo masonstva, Moskau 1995

Bašilov, Russkaja Evropija. Rossija pri pervych preemnikach Petra I. Načalo masonstva v Rossii, Boenos Aires o. J.

Beförderer = Beförderer der Aufklärung in Mittel- und Osteuropa. Freimaurer, Gesellschaften, Clubs, hrsg. von Eva H. Balázs u. a., Redaktion: Heinz Ischreyt, Berlin 1979

Berkov, Žurnalistika = P. N. Berkov, Istorija russkoj žurnalistiki XVIII veka, Moskau-Leningrad 1952

Biografičeskij slovaŕ = Biografičeskij slovaŕ professorov i prepodavatelej Imperatorskogo Moskovskogo Universiteta, 2 Teile, Moskau 1855

Bittner, Karamzin = Konrad Bittner, Der junge Nikolaj Michajlovič Karamzin und Deutschland, in: Herder-Studien, hrsg. von Walter Wiora, Würzburg 1960, S. 81-94

Black, Karamzin = J. L. Black (Hrsg.), Essays on Karamzin, Russian Man-of-Letters, Political, Thinker, 1766-1826, Den Haag, Paris 1975

Bourychkine, Bibliographie = Paul Bourichkine, Bibliographie sur la Franc-Maçonnerie en Russe (ergänzt von Tat'jana Bakunina), Paris 1967

Brang, Kutuzov = Peter Brang, A. M. Kutuzov als Vermittler des westeuropäischen Sentimentalismus in Rußland, in: ZslPh 30 (1962), S. 44-57

Bryner, Moskauer Freimaurer = Erich Bryner, Die Moskauer Freimaurer, in: Deutsche und Deutschland, S. 378-392

Bryner, Karamzin = Erich Bryner, N. M. Karamzin, eine kirchen- und frömmigkeitsgeschichtliche Studie, Erlangen 1974

Čyževśkyj, Aus zwei Welten = Dmytro Čyževśkyj, Aus zwei Welten. Beiträge zur Geschichte der slavisch-westlichen literarischen Beziehungen, S'Gravenhage 1956

Deutsche und Deutschland = Deutsche und Deutschland aus russischer Sicht. 18. Jahrhundert: Aufklärung, hrsg. von Dagmar Herrmann, München 1992

Dmitriev, Vzgljad na moju žizń = I. I. Dmitriev, Vzgljad na moju žizń. Zapiski tajnogo sovetnika I. I. Dmitrieva, 3 Teile, Moskau 1866, St. Petersburg 1895 (Reprint Cambridge 1974)

Donnert, Katharina II. = Erich Donnert, Katharina II., die Große. Kaiserin des Russischen Reiches, Regensburg, Darmstadt 1998

Donnert (Hrsg.), Europa in der Frühen Neuzeit = Erich Donnert (Hrsg.), Europa in der Frühen Neuzeit. Festschrift für Günter Mühlpfordt, Bände 1-6, Weimar, Köln, Wien 1997-2002

Donnert, Zarenreich = Erich Donnert, Das russische Zarenreich. Aufstieg und Untergang einer Weltmacht, München, Leipzig 1992

Donnert, Aufklärung = Erich Donnert, Rußland im Zeitalter der Aufklärung, Leipzig 1983 (engl. und frz. 1986)

Elagin, Zapiska = I. P. Elagin, Zapiska, in: Russkij Archiv 1864, S. 93-110

Fleischhacker, Katharina II. = Hedwig Fleischhacker, Mit Feder und Zepter. Katharina II. als Autorin, Stuttgart 1978

Goerdt, Russische Philosophie = Wilhelm Goerdt, Russische Philosophie, 2 Bände, München 1984, 1989

Hammermayer, Europäische Freimaurerei = Ludwig Hammermayer, Zur Geschichte der europäischen Freimaurerei, in: Beförderer, S. 9-68

Handbuch der Geschichte Rußlands, Bd. 2, hrsg. von Klaus Zernack, Lieferungen 1 ff, Stuttgart 1981 ff.

Harder, Karamzin = Hans-Bernd Harder, Nikolaj Karamzin und die philosophisch-literarischen Kreise in Königsberg, Berlin, Weimar und Zürich, in: Beförderer, S. 304-319

Ivanov, Intelligencija i masonstvo = V. F. Ivanov, Ot Petra do našich dnej. Russkaja intelligencija i masonstvo, Charbin 1934 (Neudruck Moskau 1998)

Karamzin, Al'bom = M. N. Karamzin, Al'bom dlja kn. Ekateriny Pavlovny 1811 g., Moskau 1860

Karamzin, Briefe eines reisenden Russen = M. N. Karamzin, Briefe eines reisenden Russen. Aus dem Russischen von Johann Richter, 6 Bändchen, Leipzig 1803. Unter dem Titel: Briefe eines russischen Reisenden: Wien 1922, München 1964, Berlin 1977[2], 1981

Karamzin, Izbrannye Sočinenija, 2 Bände, Leningrad 1964

Karamzin, Neizdannye sočinenija = M. N. Karamzin, Neizdannye sočinenija i perepiska, Teil 1, St. Petersburg 1862

Karamzin, Perepiska s Lafaterom = Perepiska Karamzina s Lafaterom 1786-1790, hrsg. von F. Waldmann, in: Zapiski Imperatorskoj Akademii Nauk, Bd. 73, St. Petersburg 1894, Beilage Nr. 1, S. I-V, 1-67 (Nachdruck bei Lotman/Uspenskij, Piśma, S. 464-498)

Karamzin, Piśma k Dmitrievu = Piśma a N. M. Karamzina k I. I. Dmitrievu, St. Petersburg 1866

Karamzin, Piśma k B. M. Karamzinu, in: Sbornik otd. russ. jaz. i slovesn. 48 (1895), VIII-XII
Karamzin, Piśma k Malinovskomu = N. M. Karamzin, Piśma k Aleksiju Fëdoroviču Malinovskomu, hrsg. von M. N. Longinov, Moskau 1860
Karamzin, Piśma k Rumjancevu = N. M. Karamzin, Piśma k grafu S. P. Rumjancevu, in: Russkij Archiv 1869, S. 587-599
Karamzin, Piśma k Turgenevu = N. M. Karamzin, Piśma k A. I. Turgenevu 1806-1825, in: Russkaja Starina 30 (1899), Nr. 1-4, und in: Moskovskij literaturnyj i učënyj Sbornik na 1847 god, Moskau 1847, S. 388-392
Karamzin, Piśma k Vjazemskomu = N. M. Karamzin, Piśma k kn. P. A. Vjazemskomu 1810-1826, in: Starina i Novizna 1 (1897), 1-204
Karamzin, Piśma russkogo putešestvennika = N. M. Karamzin. Piśma russkogo putešestvennika, hrsg. von Ju. M. Lotman, N. A. Marčenko und B. A. Uspenskij, Leningrad 1984, S. 525-606
Karamzin, Polnoe sobranie stichotvorenij = M. N. Karamzin, Polnoe sobranie stichotvorenij, hrsg. von Ju. Lotman, Moskau-Leningrad 1966
Karamzin/Dmitriev, Izbrannye stichotvorenija = N. M. Karamzin/ I. I. Dmitriev, Izbrannye stichotvorenija, hrsg. von A. Ja. Kučerov, Leningrad 1953, 1958
Kasack, Russische Literatur = Wolfgang Kasack (Hrsg.), Hauptwerke der russischen Literatur, München 1997
Katharina II. = Russland zur Zeit Katharinas II., hrsg. von Eckhard Hübner, Jan Kusber und Peter Nitsche, Köln, Weimar, Wien 1998
Katharina II., Rußland und Europa = Katharina II., Rußland und Europa. Beiträge zur internationalen Forschung, hrsg. von Claus Scharf, Mainz 2001
Kisljagina, Karamzin = L. G. Kisljagina, Formirovanie obščestvenno-političeskich vzgljadov N. M. Karamzina (1785-1803), Moskau 1976
Lauer, Russische Literatur = Reinhard Lauer, Geschichte der russischen Literatur. Von 1700 bis zur Gegenwart, München 2000
Lehmann-Carli u.a. (Hrsg.), Russische Aufklärungsrezeption = Gabriela Lehmann-Carli u.a. (Hrsg.), Russische Aufklärungsrezeption im Kontext offizieller Bildungsdokumente (1700-1825), Berlin 2001
Lennhoff/Posner/Binder, Freimaurerlexikon = Eugen Lennhoff, Oskar Posner, Dieter Binder, Internationales Freimaurerlexikon, München 2000
Lichotkin, Freimaurertum = G. A. Lichotkin, Freimaurertum und Aufklärung, in: Literaturbeziehungen im 18. Jahrhundert, Berlin 1986, S. 221-235
Longinov, Novikov i martinisty = M. N. Longinov, Novikov i moskovskie martinisty, Moskau 1867 (Neudruck St. Petersburg 2000)
Lopuchin, Masonskie trudy = I. V. Lopuchin, Masonskie trudy. I. Duchovnyj Rycaŕ. II. Nekotorye čerty o vnutrennej cerkvi, Moskau 1913
Lopuchin, Zapiski = I. V. Lopuchin, Zapiski, London 1860

Lotman, Karamzin = Ju. M. Lotman, Ėvoljucija mirovozzrenija Karamzina 1789-1803, in: Učenye zapiski Tartuskogo universiteta. Trudy Ist.-Fil. Faka, vyp. 51, Tartu 1957, S. 122-163

Lotman/Uspenskij, Piśma = Ju. M. Lotman/B. A. Uspenskij, Piśma russkogo putešestvennika". Karamzina i ich mesto v razvitii russkoj kultury, in: N. M. Karamzin, Piśma russkogo putešestvennika, hrsg. von J. M. Lotman, N. A. Marčenko und B. A. Uspenskij, Leningrad 1984, S. 525-606

Lubjanovśkyj, Vospominanija = F. P. Lubjanovśkyj, Vospominanija, in: Russkij Archiv 1872, 98-185, 449-533

Madariaga, Catherine II. = Isabella de Madariaga, Russia in the Age of Catherine the Great, New Haven 1981

Madariaga, Russia = Isabella de Madariaga, Politics and Culture in Eighteenth-Century Russia, London/New York 1998

Masonstvo = Masonstvo v ego prošlom i nastojaščem, 2 Bände, Moskau 1914, 1915 (Reprint Moskau 1991)

Mitter, Karamzin = Wolfgang Mitter, Die Entwicklung der politischen Anschauungen Karamzins, in: Forschungen zur osteuropäischen Geschichte 2 (1955), S. 165-285

Onasch, Liturgie = Konrad Onasch, Liturgie und Kunst der Ostkirche in Stichworten, Leipzig 1981

Petrov, Piśma k Karamzinu = A. A. Petrov, Piśma k Karamzinu, 1785-1792, in: Russkij Archiv 1866, S. 881-895 (Neuausgabe, in: Lotman/Uspenskij, Piśma russkogo putešestvennika, S. 499-512)

Platonov, Masonstvo = O. A. Platonov, Tajnaja istorija masonstva, 2 Bände, Moskau 2000

Pypin, Geistige Bewegungen = A. N. Pypin, Die geistigen Bewegungen in Rußland in der ersten Hälfte des XIX. Jahrhunderts. Bd. 1: Die russische Gesellschaft unter Alexander I., Berlin 1894

Pypin, Issledovanija = A. N. Pypin, Issledovanija i materialy po ėpoche Ekateriny II i Aleksandra I, Petrograd 1916

Pypin, Masonstvo = A. N. Pypin, Russkoe masonstvo XVIII i pervaja četvert' XIX v., Petrograd 1916 (Reprint Düsseldorf-Vaduz 1970)

Pypin, Obščestvennoe dviženie = A. N. Pypin, Obščestvennoe dviženie v Rossii pri Aleksandre I, St. Petersburg 1908

Pypin, Quellen = A. N. Pypin, Quellen und Beiträge zur Geschichte der Freimaurerlogen Rußlands, Riga 1896

Pypin, Religioznye dviženija = A. N. Pypin, Religioznye dviženija pri Aleksandre I, Petrograd 1916

Reinalter, Freimaurer und Geheimbünde = Helmut Reinalter (Hrsg.), Freimaurer und Geheimbünde im 18. Jahrhundert, Frankfurt/Main 1983

Rexheuser, Geistliche Freunde = Adelheid Rexheuser, Geistliche Freunde und geistliche Kinder. Studien zum Problem Bildung und Frömmigkeit in Rußland Ende des 18. und Anfang des 19. Jahrhunderts, Erlangen 1992

Rothe, Einflüsse = Hans Rothe, Zur Frage von Einflüssen in der russischen Literatur, in: ZslPh 33 (1966), S. 21-68

Rothe, Karamzins Reise = Hans Rothe, N. M. Karamzins europäische Reise: Der Beginn des russischen Romans. Philologische Untersuchungen, Bad Homburg, Berlin, Zürich 1968

Rothe, Karamzinforschung = Hans Rothe, Die Entwicklung der Karamzinforschung seit ihren Anfängen, I und II, in: ZslPh 34 (1968), S. 129-148; 34 (1969), S. 385-396

Rothe, Karamzin-Studien = Hans Rothe, Karamzin-Studien I und II, in: ZslPh 29 (1960), S. 102-125; 30 (1962), S. 272-306

Rothe, Religion und Kultur = Hans Rothe, Religion und Kultur in den Regionen des russischen Reiches im 18. Jahrhundert, Opladen 1984

Russen und Rußland = Russen und Rußland aus deutscher Sicht. 18. Jahrhundert, hrsg. von Mechthild Keller, München 1987

Schmid, Ichentwürfe = Ulrich Schmid, Ichentwürfe. Die russische Autobiographie zwischen Avvakum und Gercen, Zürich 2000

Serkov, Masonstvo = A. I. Serkov, Russkoe masonstvo 1731-2000. Enciklopedičeskij slovaŕ, Moskau 2001

Serkov, Masonstvo = A. I. Serkov, Istorija russkogo masonstva 1845-1945, St. Petersburg 1997

Smith, Freemasonry = Douglas Smith, Working the Rough Stone. Freemasonry and Society in Eighteenth-Century Russia. De Kalb: Northern Illinois University Press 1999

Stender-Petersen, Russische Literatur = Adolf Stender-Petersen, Geschichte der russischen Literatur, 2 Bände, München 1957 (4. Auflage 1984)

Svodnyj katalog = Svodnye katalog russkoj knigi graždanskoj pečati XVIII veka, 1725-1800, 5 Bände, 1 Supplementband, Moskau 1962-1975

Sytin, Bëber = A. K. Sytin, Iogann fon Bëber (1746-1820), zabytnyj Peterburgskij kollektor, in: Botaničeskij žurnal 85 (2000), Nr. 9, S. 138-147

Vernadskij, Masonstvo = G. V. Vernadskij, Russkoe masonstvo v carstvovanii Ekateriny II, Petrograd 1917 (Neudruck Düsseldorf, Vaduz 1970; 2. Aufl. St. Petersburg 1999)

Vernadskij, Freimaurerei = G. V. Vernadskij, Beiträge zur Geschichte der Freimaurerei und des Mystizismus in Rußland, in: ZslPh 4 (1928), S. 162-178

Vikent'ev, Sobranie = V. M. Vikent'ev, Sobranie masonskich predmetov Rossijskogo Istoričeskogo Muzeja, Moskau 1918

Waegemans, Russische Literatur = Emmanuel Waegemans, Geschichte der russischen Literatur, Konstanz 1998

Personenregister